JN268606

カナダの教育 2

21世紀にはばたくカナダの教育

Education in Canada at the Dawn of the 21st Century

小林順子・関口礼子・浪田克之介・小川洋・溝上智恵子 編著

東信堂

序　文

　OECDで実施した国際学力評価(PISA)においてカナダが上位を占めていることは日本では余り知られていないのではないだろうか。これはOECD加盟国の15歳の生徒を対象として行われたもので、カナダでは全国から千校以上の生徒約3万人が参加した。その結果は、「読む力」において、1位フィンランドに次ぐ2位、州に教育の自治権のあるカナダは州ごとに結果をまとめているので、国の順位に州を挿入していくと、実に、1位がアルバータ州、3位がブリティッシュ・コロンビア州、4位がケベック州、続いて、オンタリオ州となっている。また、「数学」と「理科」については、国としては5位であるが、国の順位に州を組み込んでみると、「数学」は2位がケベック州、3位がアルバータ州、「理科」は3位がアルバータ州、4位がケベック州となっている。北米大陸でアメリカ合衆国の隣国として一歩引いた印象を与えながら、学力テストでははるかに上位の成績を獲得するカナダとはどんな国なのであろうか。

　日本では、アメリカ合衆国と余り変わらない国と考える傾向が大きかった。和歌山県三尾村(現美浜町)は明治時代に初期のカナダ移民を送り出したところであるが、アメリカ村と呼ばれていた。岬パークにあるアメリカ村資料館を見てもわかるように、かれらはカナダのバンクーバー周辺の太平洋岸で漁業をするために渡ったのである。確かに、アメリカ大陸に位置するのでアメリカではある。カナダ人と話すときに、しばしば「われわれ北アメリカ人」という表現を聞く。しかし、「われわれアメリカ人」とは言わない。イギリスの植民地色をできるだけ払拭するために、あの美しい楓の葉をデザインした紅白の国旗を1965年になって定め、1969年にはカナダとしての公用語を英語とフランス語とする公用語法を制定、1980年には"O Canada"で始まる歌を国歌と宣言し、カナダ人としてのアイデンティティに誇りを持つ国として歩んできている。

また、カナダとアメリカ合衆国は建国の事情が異なる、むしろ、対照的であるとさえ言える。アメリカ合衆国の建国のコアとなった人々はイギリスに反抗して新天地を求めた人々、そして、独立運動を支持した人々である。カナダは、むしろ、本国の植民地政策に呼応して移住した人々がカナダ社会建設の核となった。とくに、アメリカ独立運動に反対して北上してきた王党派イギリス人がイギリス植民地としてのカナダの基盤を築いたのである。いわば、アメリカ合衆国は急進的な人々によって、カナダは保守的な人々によってつくられたのである。その後、ヨーロッパ大陸を初めとする各地からの移住者が流入し続けているが、その移住の事情を調べると本国に何らかの異変があって安住の地をカナダに求めたケースが多いことがわかる。カナダへの移住の歴史をみると、世界史を裏側からみる思いがする。

　カナダには政治的な抗争の歴史もあるが、それでも何か穏やかなものが流れているように感じるのである。そして、今でもエリザベス女王を元首とする立憲君主制の連邦国家なのである。連邦制度の基礎となったのが1867年憲法で、日本の大政奉還も1867年である。共に同じ時期に現在の国家体制が誕生したといってもよい。興味深い共通性である。しかし、日本が中央集権的であったのに対して、カナダは連邦政府への集権と州政府への分権を行い、州の主体性・独自性を認めたところに両国の大きな違いがある。とくに、州の自治に一任されたのが教育であった。各州は相互に影響し合い共通点を有しながらも、独自の教育政策を展開し今日に至っている。そのため、カナダの教育制度について質問されても、カナダでは〇〇ですと一概に説明することは難しい。

　近年、日本からカナダへ旅行する人や留学する人が増えているようである。カナダについての日本語による情報も以前とは比べられないほど増加している。しかし、カナダの教育についての情報は、簡単な紹介や留学案内などはあるが、日本語によるまとまった文献は驚くほど少ない。それは、表面的にはアメリカ合衆国の教育事情と似通ったところが多いために、その必要がな

いと思われがちであったからだろう。しかし、アメリカ合衆国やヨーロッパ諸国の影響を受けながらも、カナダとしての教育政策や教育制度が独自の展開をしているのである。また、カナダの教育に関する研究者も非常に少ない。州別に展開する教育政策や制度をカナダ全土にわたって把握することは大変な作業である。しかし、最近になってカナダの教育についての研究者が増加し始めている。そこで、カナダの教育に関する文献の需要にできるだけ早く応えようと、1999年に発足したカナダ教育研究会が中心となって本書の出版を企画することとなった。

　まず、できるだけ新しい情報を提供することを考え、21世紀を意識して1990年頃から教育改革の気運が高まり、現在改革を実現しつつある状況を、主として初等中等教育を中心に紹介することとした。そこで、第1部において、政治・経済・文化などの面で大きな影響力をもっているいくつかの州を取り上げ、具体的にどのような教育改革が展開しているかを紹介し、カナダの教育界がいかに活発に動いているかを示そうとした。取り上げた州は、オンタリオ州、ケベック州、ブリティシュ・コロンビア州、アルバータ州で、人口の多い順に挙げてみたが、実にこの4州はカナダの人口全体の85％を占めているのである。なお、カナダの州を挙げるとき、大西洋側から順に並べるが、日本を意識して、ここでは太平洋側から書き起こしている。

　第2部はテーマごとにまとめてある。1970年代から1980年代にかけて、学校教育に多文化主義教育が導入される一方で、環境や消費など従来にはなかった科目が設けられる傾向がみられた。1990年代はITすなわち情報技術を教育に導入する動きが活発化した。また、カナダは多民族・多文化社会を特徴とするが、多文化主義に対する考え方の変化がみられる一方で、その多様性の中味も変化している。また、国際関係がますます緊密かつ複雑化してきた。このような状況を反映して、コミュニケーションの手段としての言語の教育を新しい観点から見直そうとする動きもある。さらに、歴史上の位置づけを前面に出して 'First Nations' と呼ばれるようになった先住民に対する教育支援も新たな観点から展開している。この外にも、経済活性化のための

職業準備教育や起業教育を初め多くの試みがみられる。このような事情をふまえた上で、ここでは、カナダとしての教育行政の特徴(第1章)と生涯学習の観点からの社会人に対する教育支援(第2章)を紹介した上で、特殊な言語事情を有するカナダの言語教育(第3章)、1990年代の特徴である情報技術の教育への影響(第4章)、教育における多文化社会への対応(第5章)、先住民に対する教育政策(第6章)を取り上げることとした。事例として特定の州の試みも紹介しているが、第1部では取り上げなかった州にも言及している。なお、できるだけ多くの情報を提供することを意識し、巻末にカナダの教育に関する多様な資料や統計を掲載した。

　現在、日本でも、教育基本法の見直しの機運が高まるなど教育について活発な動きが見られ、規制緩和の雰囲気の中で、さまざまな試みが、各地で、各校で、活発に行われており、それが教育の多様化を促進している。本書は、こうした日本の状況を意識して、その観点からカナダの教育事情の紹介を試みた。しかし、カナダと日本とを比較してどちらが優れているかという論議ではなく、異なった事情を知ることが新たな発想を刺激する要因となり得るという認識に立っている。とはいえ、両国の教育改革の動きの中には、同じような問題認識、似通った試みなども見られるのである。本書の提供する情報が何らかの意味で日本の教育について考えていく上で参考になれば幸いである。

　本書が出版の運びにいるまでには、私費による現地調査、献身的な編集作業など、執筆者の多大な努力、情報や資料の提供者や出版事情の厳しい状況にあって出版の労を引き受けられた出版社の寛大なご協力などがある。日本語社会にカナダの教育事情の認識を広め、一歩でも平和な国際交流を促進するよすがとなることを願って、本書を刊行する次第である。

カナダ教育研究会
代表　小林　順子

はしがき

『カナダの教育1』を出版してからすでに何年も経ってしまった。カナダの教育についての日本語文献が少ないということで、まず、カナダの教育の歴史的背景を紹介することから企てた。カナダは各州が教育に関する立法権・行政権を有しているので、州ごとに歴史の古い順に出版していく予定であった。すでに、オンタリオ州は関口礼子氏、ブリティッシュ・コロンビア州は鹿毛基生氏による原稿も完成し、何回か出版継続のルートにのせる試みを行ったが、出版事情の厳しい折から諸般の事情で出版を継続することができなかった。そこで、歴史的背景については、鹿毛基生氏が訳されたF. ヘンリー・ジョンソン著『カナダの教育史』(A Brief History of Canadian Education)が学文社より1984年に出版されているので、歴史に関心のある読者にはこれを参照していただくこととして、本書『カナダの教育2』では、読者の関心を考慮して、現代カナダを取り上げることとした。また、州ごとに別冊出版をするのは困難であるのでこれを断念し、カナダを全体的に扱うこととした。教育制度の見直しが世界的潮流となっており、カナダでも21世紀を意識した教育改革の活発な動きがあるので、現代カナダを扱った本書の出版はタイムリーな企画と思われる。

以下『カナダの教育1 ケベック州の教育』のはしがきを再録しておきたい。

文責：小林　順子

「カナダの教育」シリーズ刊行に当たって

世界で二番目に大きな国土を持つカナダについては、まずその巨大な規模と民族的多様性が挙げられる。面積は約990万平方キロメートル、日本の約27倍であるが、人口は約2,500万人に過ぎない。カナダは、17世紀のはじめより約150年間フランスの植民地として発展した後、イギリスの

植民地となり、現在でも国家元首をエリザベス女王とする立憲国家である。このような歴史的・政治的事情を背景に、同じアメリカ大陸にありながら、同じような多民族国家であるアメリカ合衆国とは異なった要素を感じさせる国である。

　行政的には10州と2準州に分けられ、州が教育行政上の自治権を有する。各州は独自の教育政策を有し、それに基づいて自州内の教育制度を発展させてきた。連邦政府の役割は極めて限られており、州管轄外の先住民、国内外に在住する軍人とその家族、刑務所服役者等の教育を担当しているに過ぎない。連邦政府は、また、その政策遂行に関連する補助金交付、例えば、公用語第二言語(英語またはフランス語)の普及、移住者の民族言語の保存、高等教育や技術教育の普及、外国との学術・文化交流等を目的とした補助金交付を行っている。

　このように、カナダでは州が大幅の教育行政権を有するとともに、それぞれ独自の成立過程を経てきているので、カナダの教育を本当に理解するためには、州ごとに、しかも通時的に把握しなければならない。全州の教育担当大臣が一堂に会する会議は定期的に開催され、州相互の情報交換や調整は行われ、カナダ全体としての共通点や他州との共通点も見られる。しかし、これらの共通点は、各州の主体的な政策の結果として位置づけられているのである。本書では、このようなカナダの教育の事情を日本の読者に伝えることを目的として、人口の多い州、すなわち、全国人口の約36％を有するオンタリオ州、約26％を有するケベック州、そして、約12％を有するブリティッシュ・コロンビア州を取り上げた。これらの州は、それぞれ独自の教育制度を発展させてきているので、歴史の古い州から、州別に独立した分冊としてシリーズとして述べていく。

　カナダの教育史の権威であるウィルソンは、1960年代のカナダの教育は「揺れ動いた」時期だが、70年代は「安定した」時期であったと述べている。80年代はこれを受けて内容を充実させる方向に進んだ。本書では、これらの時期に重点を置いて、上記3州の教育の発展の軌跡を辿る。多民

族社会の教育問題の解決に挑戦しているこれら各州の教育改善への努力が日本の教育問題解決への示唆となれば幸いである。

　カナダの教育史を全面的に扱った日本の著者による書籍はまだ刊行されていないことを意識して、カナダの教育史を出版しようと話し合ったのはもう何年も前のことである。その後、東信堂の下田勝司氏が出版を引き受けてくださるとの朗報に、出版の準備にかかった。環太平洋諸国の一つとしてカナダへの関心が高まってきている今日、カナダという国を育んできた教育の歴史を日本に紹介することは急務であると考え、不備な点が多くあるが、本書の出版に踏み切った。この出版にあたって協力を惜しまれなかった東信堂の下田氏に著者一同感謝の意を表する次第である。

　　　　　　　　　　　　　　　　　　　　　鹿毛　基生
　　　　　　　　　　　　　　　　　　　　　関口　礼子
　　　　　　　　　　　　　　　　　　　　　小林　順子

カナダの教育2　21世紀にはばたくカナダの教育／目　次

序　文（i）
はしがき（v）

第1部　1990年代の教育改革 …………………………………… 3

第1章　民族融合の進むブリティッシュ・コロンビア州の教育改革 ……………………………… 5
　第1節　第3の州 ……………………………………………………… 6
　第2節　教育の拡大と教育改革 ……………………………………… 9
　第3節　標準化の流れ ……………………………………………… 18
　第4節　新たな移民と21世紀の教育 ……………………………… 22
　コラム："住み分け"と"混住"(27)

第2章　卓越性を求めるアルバータ州の教育 ……………………… 31
　第1節　アルバータ州 ……………………………………………… 32
　第2節　アルバータ州の学校制度概観 …………………………… 34
　第3節　中等教育から職業・中等後教育への移行 ……………… 45
　第4節　社会に開かれた教育 ……………………………………… 49
　第5節　教員養成と教員研修 ……………………………………… 54
　コラム：ある学校の意思決定の組織と手順(59)

第3章　「子どもを第一に考えよう」とオンタリオ州の新保守主義的教育改革 ……………………… 63
　第1節　教育政策・制度 …………………………………………… 64
　第2節　中等学校教育カリキュラム改革 ………………………… 70
　第3節　学校教育とアカウンタビリティ ………………………… 74
　第4節　教員資格と教員採用 ……………………………………… 87
　コラム：オンタリオ州における教員生活(93)

第4章　変容するケベック州の学校……………………95
　第1節　教育制度におけるフランス的要素の変容 …………96
　第2節　21世紀を意識したカリキュラム改革 ……………103
　第3節　新カリキュラムの実施に向けて …………………110
　　　　　——学習評価・パートナーシップ・教員養成
　コラム：CEGEP（セジェップ）(121)

第2部　カナダの教育の諸問題……………125

第1章　教育行政の動向……………127
　第1節　カナダの教育行政制度の特徴 ……………………128
　第2節　憲法と教育行政 ……………………………………130
　第3節　教育委員会制度と憲法 ……………………………134
　第4節　学校評議会の新しい動き …………………………140
　　　　　——諸州におけるスクールカウンシル

第2章　社会人に対する多様な学習機会の展開……………147
　第1節　カナダの生涯学習社会の展開 ……………………148
　第2節　カレッジ政策 ………………………………………157
　第3節　ミュージアム政策 …………………………………162

第3章　言語教育の特徴……………167
　第1節　言語教育の背景 ……………………………………168
　第2節　カナダにおける言語教育 …………………………173
　第3節　第二言語としての英語教育 ………………………182

第4章　ITと教育……………189
　第1節　日本の状況からの問題提起 ………………………190
　第2節　小学校におけるIT政策——BC州の事例を中心に …………191
　第3節　高校カリキュラムのIT関連科目 …………………197
　　　　　——アルバータ州の事例を中心に
　第4節　図書館での授業——ITの教育実践での活用 ……204

第5節　学校教育の転換をもたらすIT技術 …………………………210
第5章　多文化問題と教育 ………………………………………………213
　　第1節　多文化問題と教育――オンタリオ州を中心に ………………214
　　第2節　ケベック州の挑戦 ………………………………………………221
　　　　　　――フランス語の維持と多文化・多言語社会の構築に向けて
　　第3節　成人移民に対する公用語教育 …………………………………227
第6章　連邦政府の先住民教育制度 ……………………………………231
　　第1節　先住民教育制度の法的枠組み …………………………………232
　　第2節　先住民協定における先住民の教育権限 ………………………237
　　第3節　『力を結集して―カナダ先住民行動計画』下の
　　　　　　先住民教育行政 …………………………………………………246

引用・参考文献一覧 …………………………………………………………251

資　　料 ………………………………………………………………………265
　〔1〕統計資料(266)
　〔2〕カナダ教育年表(282)

付　　録 ………………………………………………………………………293
　　国際教育の機会と挑戦：カナダのアプローチ(294)
　　　――ディビッド・キルゴール(David Kilgour)氏の講演
　　コラム：カナダ留学①　単位取得(長期留学)(303)
　　コラム：カナダ留学②　交換留学(短期留学)(305)

あとがき ………………………………………………………………………309
執筆者紹介 ……………………………………………………………………311
索　　引 ………………………………………………………………………313
英文目次

執筆分担（執筆順）

〇印 編者

〇小林　順子（こばやし じゅんこ）	序文、はしがき、第1部第4章、第2部第1章第1節、第3節、統計資料、年表、コラム
〇小川　　洋（おがわ よう）	第1部第1章、コラム
〇関口　礼子（せきぐち れいこ）	第1部第2章第1節、第2部第4章第1節、第4節
岡部　　敦（おかべ あつし）	第1部第2章第2節、第2部第4章第3節、コラム、年表
栗原　和子（くりはら かずこ）	第1部第2章第3節、年表
平田　　淳（ひらた じゅん）	第1部第3章第1節、第3節、第2部第1章第3節、コラム
成島　美弥（なるしま みや）	第1部第3章第2節、第2部第2章第1節、年表
坂本　光代（さかもと みつよ）	第1部第3章第4節、コラム
成嶋　　隆（なるしま たかし）	第2部第1章第2節
〇溝上智恵子（みぞうえ ちえこ）	第2部第2章第2節、第2部第2章第3節、あとがき
〇浪田克之介（なみた かつのすけ）	第2部第3章第2節
品田　実花（しなだ みか）	第2部第3章第1節
風間　香織（かざま かおり）	第2部第3章第3節
浪田　陽子（なみた ようこ）	第2部第4章第2節
児玉　奈々（こだま なな）	第2部第5章第1節、第3節、コラム
時田　朋子（ときた ともこ）	第2部第5章第2節
広瀬健一郎（ひろせ けんいちろう）	第2部第6章
下村　智子（しもむら ともこ）	第2部第6章第2節(3)
宮本健太郎（みやもと けんたろう）	キルゴール氏講演翻訳
水畑　順作（みずはた じゅんさく）	年表

xiii

カナダの国旗

カナダの州

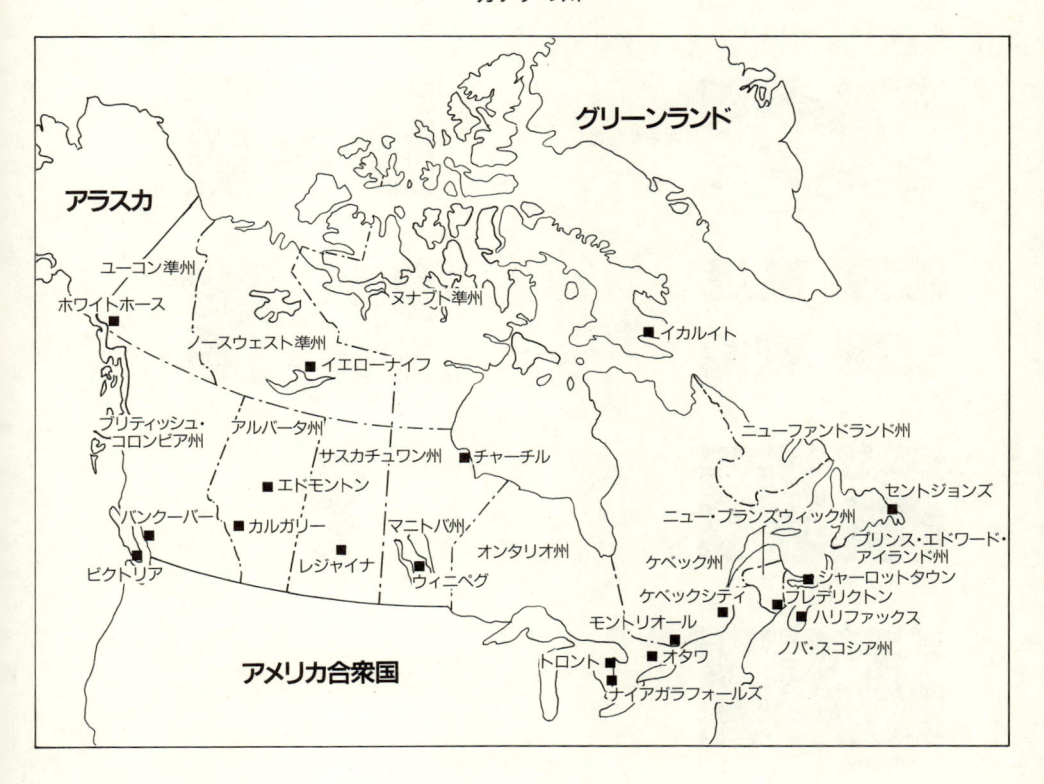

アラスカ
グリーンランド
ユーコン準州
ホワイトホース
ヌナブト準州
イカルイト
ノースウェスト準州
イエローナイフ
ブリティッシュ・コロンビア州
アルバータ州
サスカチュワン州
チャーチル
ニューファンドランド州
セントジョンズ
エドモントン
バンクーバー
カルガリー
マニトバ州
ニュー・ブランズウィック州
プリンス・エドワード・アイランド州
ビクトリア
レジャイナ
ウィニペグ
オンタリオ州
ケベック州
シャーロットタウン
フレデリクトン
ケベックシティ
ハリファックス
モントリオール
アメリカ合衆国
トロント
オタワ
ノバ・スコシア州
ナイアガラフォールズ

カナダの州の旗

ニューファンドランド・ラブラドール州

サスカチュワン州

プリンス・エドワード・アイランド州

アルバータ州

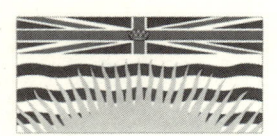

ノバスコシア州

ブリティシュ・コロンビア州

ニュー・ブランズウィック州

ノースウェスト州

ケベック州

ユーコン準州

オンタリオ州

ヌナブト準州

マニトバ州

カナダの憲法——教育に関する条文

1867年憲法(英領北アメリカ法)

第93条　各州の立法府は以下に規定するところに従い、〔当該州の〕教育に関し専属的立法権を有するものとする。
　　一　連邦成立時に当該州法によって一定の者に与えられた宗派学校に関する権利または特権に不利な影響を与えないこと。
　　二　アッパー・カナダにおいて連邦成立時に法律によって女王のローマ・カトリックの臣民の分離学校および学校理事会に与えられ課せられたすべての権力・特権・義務は、ケベックにおける女王のプロテスタントおよびローマ・カトリックの少数派の宗派学校にも適用されなければならず、これより運用すること。
　　三　分離学校あるいは非国教派学校の制度が連邦成立時に法律によって存在しているか、または、州立法府によって今後制定される場合、教育に関して女王の臣民のプロテスタントまたはローマ・カトリックの少数派の権利または特権を侵害する州当局の法令または決定に対して枢密院における総督に訴えることができる。
　　四　以上に関連して州当局が本条の正当な執行に必要と総督が判断する州立法を行わない場合、または本条に基づいた訴えに対する総督の決定を然るべく実施せぬ場合、その事例の状況が必要とする限りにおいてのみ、カナダ議会は本条の規定および本条に基づく総督の決定の執行のための補修法令を制定することができる。

第93条A　第93条の第1号より第4号まではケベック州に適用されない。
　　　　　　　　　　　　　　　　　　　　　　　　　　　　　　（1997年に追加）

1982年憲法

第1章　権利及び自由に関するカナダ憲章
少数言語教育権
第23条　次の各号のいずれかに該当するカナダ国民は、自己の子弟に少数言語による初等教育及び中等教育を受けさせる権利を有する。
　　一　自分が最初に学び、現に理解する言語が英語又はフランス語であり、かつその言語が自己の居住する州において言語的少数民族の言語である者。
　　二　カナダにおいて英語又はフランス語による初等教育を受け、かつその言語が自己の居住する州において言語的少数民族の言語である者。
　2　過去にカナダ国内で英語もしくはフランス語による初等教育もしくは中等教育を受け又は現に受けている子弟を1人でも有するカナダ国民は、他の子弟についても同一の言語による初等教育及び中等教育を受けさせる権利を有する。
　3　前2項に基づいて、特定の州において自己の子弟に英語又はフランス語の少数言語による初等教育及び中等教育を受けさせることができるカナダ国民の権利は、次の各号の定めるところに従う。
　　一　この権利は、特定の州において、該当する国民の子弟が公費による少数言語教育を十分正当化できる程度の数による場合に適用する。
　　二　この権利は、前号の条件が満たされた場合には、該当する子弟に公費によって運営される少数言語教育施設における教育を受けさせる権利を含む。

注）訳文は日本カナダ学会編『史料が語るカナダ』有斐閣(1997)を参照。

カナダ各州・準州の教育行政機関一覧

Newfoundland	Department of Education Department of Youth Services and Post Secondary Education
Prince Edward Island	Department of Education
Nova Scotia	Department of Education
New Brunswick	Department of Education／Ministère de l'Éducation Department of Training and Employment Development／ Ministère de la Formation et du Développement de l'emploi
Québec	Ministère de l'Éducation
Ontario	Ministry of Education Ministry of Training, Colleges and Universities
Manitoba	Department of Education and Youth Department of Advanced Education and Training
Saskatchewan	Department of Learning
Alberta	Ministry of Learning
British Columbia	Ministry of Education Ministry of Advanced Education
Yukon	Department of Education
Northwest Territories	Department of Education, Culture and Employment
Nunavut	Department of Education

カナダの初等・中等教育の基本学校体系

Newfoundland	3－3－3－3
Prince Edward Island	6－3－3
Nova Scotia	6－3－3
New Brunswick	5－3－4（英語系） 8－4（フランス語系）
Québec	6－5
Ontario	8－4
Manitoba	8－4
Saskatchewan	5－4－3
Alberta	6－3－3
British Columbia	7－5
Yukon	7－5
Northwest Territories	6－3－3
Nunavut	6－6

注）カナダでは教育は州の管轄事項であるとはいっても、州によっては各地方教育委員会にかなりの権限が付与されており、学校体系についても教育委員会によって多様である場合が多く、また教育委員会の中でも様々な形態が存在するので、必ずしも単一ではない。左に示したものは、州の傾向を敢えて一般化を試みればこのような形になる、として表したものである。ゆえに、例えば表中で小学校8年となっていても、小学校レベルの後半数年が中学校（ミドル・スクール）として別に存在する場合もある。また、多くの州においては就学前教育として幼稚部が小学校に含まれているが、ここでは除外している。

カナダの教育 2
21世紀にはばたくカナダの教育

第1部
1990年代の教育改革

第1章　民族融合の進むブリティッシュ・コロンビア州の教育改革

第2章　卓越性を求めるアルバータ州の教育

第3章　「子どもを第一に考えよう」とオンタリオ州の新保守主義的教育改革

第4章　変容するケベック州の学校

第1章　民族融合の進むブリティッシュ・コロンビア州の教育改革

統合教育：手話も使った授業

学校図書館：中国語の表示もみられる

第1節　第3の州

(1) 歴史的性格

　太平洋岸に位置するブリティッシュ・コロンビア州(以下、BC州)は、様々な点でカナダ第3の州である。まず面積と人口は、それぞれオンタリオ州とケベック州に次いで3番目。面積は約94.5万k㎡、日本のほぼ2.5倍である。人口は、21世紀を迎える直前に約400万人に達し、カナダ全体の約13%を占める。人口増加率も高く、最近の平均では年4%を越え、アルバータ州、オンタリオ州に次いで3番目である。もっとも増加の4分の3は移民の流入によるものである。また歴史的には、1867年に成立したカナダ連邦へ、マニトバ州に次いで1871年に加盟している。

　英領植民地時代のブリティッシュ・コロンビアでは、アメリカへの併合を唱える勢力のほうが強かった。その植民地政府がカナダ連邦への加盟を選んだのは、多分に打算的な動機からである。当時、西岸を含む大陸国家を建設することを望んでいた連邦政府は、BC州を説得するために大陸横断鉄道の早期建設と植民地政府の累積赤字を負担することを約束した。峻厳なロッキー山脈に平原諸州と隔てられたBC州は、完成した鉄道のお陰で、その主産品であった木材を平原に搬送できるようになったのである。以来、BC州は、連邦政府に対して独特の距離を保ってきた。ケベック州主権連合問題など連邦にとっての重大事に対しても、この第3の州は、隣のアルバータ州とともに第三者ともいえる態度を示してきたのである。カナダ各州はそれぞれ個性的であるが、BC州のユニークさを理解するには歴史的・地理的条件の理解が欠かせない。

　BC州は連邦加盟以来、現在に至るまで常に州民の過半は国内の州間移動と外国からの移民とによって占められてきた。つまり人口の自然増が一度として社会増を上回ることはなかったのである。イギリス国王から毛皮交易の

独占権を認められていたハドソン湾会社による開拓に始まり、カリフォルニアより小規模だったもののゴールド・ラッシュも経験したBC州は、その後、石炭、銅などの鉱山資源、鮭などの漁業資源、さらに森林資源など、もっぱら一次産品の産出を拡大することによって発展を遂げてきた。同じく開拓の新しい西部のサスカチュワン州やアルバータ州が小麦や畜産などを中心に発展してきたのとは対照的である。新しい産品が注目されるたびに、イギリスを初めとする欧米各国の資本と人、そして、沿岸や山間部での過酷な労働に従事する労働者を世界各地から集めてきた。当然、労働者は単身の男性に偏っていた。また、農業は振るわなかった。耕地面積は領域の約5％と狭小であり、農民が開拓を進めるという姿も農耕に適した谷間など、ごく限られた範囲であった。

このような開発の歴史は、特定の社会集団が特権階級として根を張る余地を与えなかったし、カトリック教会などの権威が社会に根を張る土壌も提供しなかった。多様な民族からなるカナダ各州のなかでも、BC州はその初まりからして多様性の際立った地域であった。

(2) 政治的風土と教育の特徴

資源収奪型の経済は、この州の人々に「一獲千金(get-rich-quickly)」のメンタリティを育ててきたといわれる。それは、既存の支配的な階級の不在と相まって、労働者たちも含めて保守的な色彩の濃いポピュリズムの要素をもつ政治風土を生み出した。

それは教育にも反映される。BC州の学校教育の歴史は、1849年にイギリス国教会が教師を派遣したところから始まる。バンクーバー島にあったハドソン湾会社の幹部子弟を教育するためである。しかし、1858年に本土側で金鉱が発見されると、カナダ各地のみならずアメリカ合衆国から、その年だけでも3万人を超える人々の波が押し寄せた(Barman, 1991)。この時点の植民人口は500名程度だったから、ハドソン湾会社やその学校は移住者の波に圧倒された。

新たに移住してきた人々の手によって、その後、公立の共通学校が設置され、以来、BC州にはアメリカの多くの州に似た、公立学校中心の学校制度が形成されていく。特権階級のための学校や特定の宗派による教育が地位を確立する前に、ごく一般的な公立学校教育の普及が実現したのである。東部諸州からは、移民を追ってやって来たカトリック教会やプロテスタント系の人々も学校を創設するが、これらの学校が州から公式に認められたのは、1970年代になってからである。

政治的保守性と公立学校尊重の姿勢は、現在に至るまで州の教育政策の基調となっている。第二次世界大戦後は、初期の自由党(Liberal Party)の時期を除いて、社会信用党(Social Credit Party)が長期政権を保った。社会信用党とは、1930年代の大恐慌時代に隣のアルバータ州に生まれた宗教的色彩をもった中道右派の保守的性格の濃い政党であった。社会信用党は政権にある間、教員組合(British Columbia Teachers' Federation)の勢力を削ぐことには努めたが、イギリスのサッチャー政権のようにイデオロギーを持ち込んだり、大幅な制度改革を実行したりすることはせず、穏健な姿勢を保った。

1991年、保守票が社会信用党と自由党に分れたことに乗じて中道左派の新民主党(New Democratic Party)が政権についた。この政権も、教育政策については前政権の流れを引き継いだ。例えば、政権につくまでは反対していた、教育委員会の支配下にない独立学校(後述)への補助金制度廃止は避けた。しかし障害を持つ子どもの統合教育や貧困家庭の子どもに対する給食制度など、教育のなかに社会保障的な政策を持ち込むことには熱心だった。その新民主党も、BC州では労働組合を基盤とする安定した政権運営を続けることは難しく、2001年春の総選挙では得票率21.6％、79の総議席中わずか2議席という壊滅的な敗北を喫した。次いで政権についた自由党の教育政策は未知数の部分が多いが、前政権が教育予算に導入した社会保障的な部分のカットなどにはすでに着手している。しかしアメリカで広く実施され、アルバータ州でも一部導入されているチャータースクールのように公立学校制度を大きく変えるような政策転換は行わないだろう。

第2節　教育の拡大と教育改革

(1) 学校制度の特徴

　義務教育は、日本と違って1年早い5歳の幼稚部から16歳の誕生日までである。就学率について州教育省は、7年生から12年生までの統計をとっている。先住民の子どもなどには、6年生以前に通学をやめてしまうケースもあるが、これは教育問題でもあるが、先住民政策の課題と捉えられている。また、明らかに15歳以前の年齢の子どもが学校に行かずに路上などを徘徊し、非行に関わっているような場合もあるが、これも、学校教育の問題と受け止められることはない。少年福祉や治安対策の課題である。したがって「不登校」という概念はない（小川、2000）。

　基本的に初等学校において幼稚部から第7学年までの教育が提供され、8年生（日本では中学校2年生に当たる）で中等学校へ移り、多くの地域では5年制の中等学校で12年生の卒業まで学ぶことになる。初等学校の規模は平均すると一校当り320名、各学年40名余りである。もちろん大都市部ではもっと多くなる場合もあるが、日本の都市部に比べても初等学校の通学範囲は狭いように感じられる。5歳の子どもでも歩いて通える範囲に学校があるのが原則だからだろう。中等学校になると通学範囲は大きく広がる。生徒たちはスクールバスや公共交通手段を利用して通学するようになる。生徒数も学年当り平均で200名近くになる。

　バンクーバー圏の生徒数2000名を超えるバーナビーサウス（Burnaby South）という中等学校の様子を紹介しよう。

　大規模校であり州教育省の管轄する聴覚障害者の学校が併設されているため校長一人に教頭が4名と、管理職の数の多さが目立つ。また常駐の警察官が1名、医師と看護婦がやはり1名ずつ配置されている。その他に各

学年にカウンセラーが1名ずつ管理棟の建物の一角に部屋を並べている。したがってカウンセラーは5名いるが、そのうちの1名は、先住民の生徒の担当を兼務し、他の1名も非行などの問題を抱えた生徒の扱いを兼務している。

　第1時限目は8時50分に始まる。授業は75分で、1日5時限あり、終了は4時30分である。4時限と5時限の間の休み時間は4分間で、通常、2単位ものの科目の授業が入り、1時限を講義、1時限を資料調べというような授業が行われている。教室は、語学や自然科学あるいは社会科などの分野別にまとめられ、教員はそれぞれ自分の授業教室とその準備室に常駐し、毎日5時限のうち4時限は授業が入っている。日本の教員と違って、いわゆる雑務にあたる部分の多くはカウンセラーなどの仕事だから、授業の指導に集中する体制になっている。夕方から始まる大学の修士課程の授業に通い、専門分野の能力開発に努める教員もいる。修士号をとると自動的に給与が上がることもあるのだが。

　また、この学校は比較的新しい校舎のためか、地域の人々も利用できるホール(シアター)も併設されている。

最近、日本でもカウンセラーの学校配置が話題になっているが、多少の誤解があると思われる。アメリカでもカナダでもカウンセラーの最大の仕事は、生徒の学習進度や進路希望などを勘案して科目選択などの相談に乗ることである。履修が始まってからは学習状況の相談に応じる。

　カウンセラーにとっては外国人生徒も含めて、その学年に属する生徒の問題はすべて仕事の対象となる。最近目立つ韓国や中南米など海外から来る生徒たちの履修や適応の問題も基本的に彼らの仕事である。なおBC州では市民権や定住権を認められていない外国人生徒を「インターナショナル・スチューデント」と呼び、相当額の授業料を徴収し、教育委員会などの収入源のひとつになっている。

(2) 改革の動き

　州の教育に大きな影響を与えたのは、1980年代の経済拡大であった。日本などアジア向けに主として木材、パルプ、石炭などの輸出が急増し、観光も大きな産業になった。83年から90年までのGDPは年率平均3.6％、年によっては7.7％の成長を記録する。人口の増加も著しく、1960年の160万人から、90年には325万人と倍増している。輸出の拡大は、交易センターとしてのバンクーバー市への人口集中を促した。現在では州人口の約半数の200万人が、大バンクーバー圏と呼ばれるバンクーバー市と周辺の20市からなる地域に居住している。

　このような経済構造の高度化は、学歴の価値を大きく高めた。学歴よりも経験がものをいった鉱山開発や森林開発といった分野でも技術革新が進んだ。また都市部でビジネスに携わろうとすれば中等教育の修了は最低要件となり、大学教育への需要も高まった。BC州の高等教育の歴史は浅く、カナダで最も古い、モントリオールのマギル大学との提携による大学教育が始まったのは1899年のことである。大学教育の充実の必要を認めた州政府により1915年にブリティッシュ・コロンビア大学が創立された。その後、1960年ころまで大きな動きは見られなかった。しかし、1960年代にはサイモン・フレーザー大学を初めとする大学の新設が続き、さらにおもに成人教育を行うコミュニティ・カレッジも整備され、中等後教育は一気に拡大した。近年では、「ユニバーシティ・カレッジ」という新しい制度を設け、コミュニティ・カレッジの一部を学士号の出せる大学に昇格させている（佐藤、2002）。

　州民の教育への関心が高まるなか、教育改革への気運が高まった。1987年、約30年ぶりに教育に関する州の調査委員会が発足し、翌年には報告書『学習者への遺産』（*A Legacy for Learners*）が提出された。代表者の名前から、一般に『サリバン報告書』と呼ばれる。報告書は、カリキュラム、教職、学校財政、教育行政の4つの分野にわたって問題を広範に取り上げ、80項目を超える提言を行った。提言のリストはそのまま当時の州の教育課題の所在を示していた。カリキュラムについては、その全面的な見直しと再編、生涯学習を意識

した中等教育修了条件の見直しと整備などが示された。教職については教員免許の更新制度や計画的教員養成と養成課程の充実、あるいは過疎地での教員確保などの課題が指摘された。また州と地方との教育予算の分担比率の見直しが提案されるとともに、教育効果の測定方法の開発やその測定結果を教育予算の配分に結びつける施策の検討なども提案された。

　州教育省は大部分の提言を受け入れ、改革のタイム・スケジュールを示して取組みの姿勢を示した。提言のなかの一部には理想主義的に過ぎたものもあり、また直後に政権交代があったりしたため実行されずに終わっているものも少なくないが、90年代に進められることになる一連の教育改革を方向づけるものとなった。

(3) カリキュラム改革

　現行のカリキュラムは、サリバン報告を受けた後、検討が重ねられ、1995年度に実施に移されたものである。フランス語を必修から外し、情報教育を各科目に取り込むなどBC州の状況に応じた現代化を図ったといえる。カリキュラムは大きくは初期・中期・卒業の3段階課程に分けられている。初期課程が幼稚部から第3学年まで、中期課程が第4学年から第10学年まで、さらに11–12学年が最終段階であり、卒業課程と呼ばれている。つまり、学校の区分とは一致していない。

　カリキュラムは、①言語と市民教育 ②科学・数学および技術 ③体育 ④芸術 ⑤応用技術 ⑥生活設計の6分野から構成される。初期課程の教育では、6分野の時間数の配分も含めて基本的に教員の裁量に任されている。中期課程はさらに4–6学年、7–8学年、9–10学年の3期に分けられ、段階が進むごとに授業時間の配分、科目の指定、教育内容などについて徐々に細かく指定されていく。とくに初等学校の低学年では日本の学校と違って、学習指導の方法は担任による違いが大きいようである。

　10学年まで共通のカリキュラムで学習したあと、卒業課程においては進路に応じた選択科目が増える。この課程は以前、コース制であり進学者向けと

就職者向けに単純に振り分けられる傾向があった。新しい課程ではより柔軟な科目選択ができるように単位制が採用された。卒業課程の見直しにともなって卒業要件も変更された。以前は、2年間で13コースを修得することが求められていたが、単位制では必修科目から28単位、選択科目から24単位、計52単位を修得することとなった。1単位の履修には30時間の学習活動が必要である。必修科目は当然ながら11年生に集中している。「英語」または「コミュニケーション」あるいは「フランス語」から1科目(4単位)、「数学」(4単位)、「社会科」(4単位)、「自然科学」(4単位)、「芸術」(2単位)、「応用技術」(2単位)、「職業生活設計」(2単位)の22単位である。

　語学や数学などの教科にはレベルの異なる科目があるから、11年生になった時点で、生徒たちの進路はだいたい決まる。大学に進むためには、大学が入学資格として要求するアカデミックな科目を取らなければならない。コミュニティ・カレッジあるいは職業訓練的な専門学校に行くのであれば、それほど厳しい科目を取らなくてもよい。また就職するのであれば、現場実習を中心とした職業実践的なアプレンティスシップ(徒弟見習)と呼ばれるプログラムを選択することもできる。そして、12年生になれば、必修科目は「語学」と「職業生活設計」(Career and Personal Planning)の計6単位のみになる。

　なお、「職業生活設計」は、以前の「消費者教育」に代わる科目であり、目まぐるしく変化する社会への適応力を育てる、幅広い意味でのキャリア教育を意図した科目である。また、11年生か12年生の間に1単位(30時間)の「職場体験学習」(Work Experience)が必修化された。地元の企業など(例えばデパート)で仕事を経験することが期待されている。もちろんすべての生徒にそのような機会を与えることは困難であり校内での職業調べの学習でもよい。

　BC州の新しい教育課程では、キャリア教育にひとつの力点が置かれているのだが、必ずしもうまくいっているようには見えない。「職業生活設計」科目の見直しも始まりそうである。また「職場体験学習」も「生徒にとって授業のないただの気晴らしの時間になっている」というような批判も聞かれる。後期中等教育の多様性とキャリア教育の充実は、先進国共通の課題である。

BC州でも今後、他州との情報交換などを通して改善を続けていくことになるだろう。

(4) 中等教育の修了

　中等教育の修了率は、75％程度とされる。教育省が生徒数を把握している7年生のうち6年後までに修了した者の割合である。中等教育修了までの最初のハードルは、中等学校の初年度にある。初等学校では目立たなかった学力差が、中等学校では明らかになってくる。9年生に進級させることが適当でないと判断された生徒は留年することになる。その割合は5％弱である。次の大きなポイントは、16歳の誕生日の義務教育終了時である。そのまま、何となく学校に来なくなれば「ドロップアウト」ということになる。この数字は大きいだろうが、正確な数字はない。

　修了への最後のハードルは、最後の2年間の卒業課程である。指定された必修科目のすべてと、必要な単位数を修得することが必要である。また日本と異なり州試験制度(後述)がある。主要科目においては、州試験の点数が最終評価の40％を占める。学校での教科担当者の評価と州試験成績の合計が不十分であれば単位の修得は認められず、正規の修了証明(Dogwood Diploma)は得られない。ちなみに、Dogwood＝ハナミズキは、BC州の州花である。州試験制度のない州もあり、BC州の教育が比較的高い水準を維持しているのは、この制度が理由のひとつとも評価される(Holmes, 1998)。

　現在、教育省はこの修了率の引上げを図ろうとしているが、中等教育を修了しない者の割合についての正確な統計はない。実は、学年の替わり目や途中で保護者と共に他州へ移動した生徒数などは把握されていない。日本人に比べれば仕事を求めたりして州境や国境を気軽に越えて移動する人々だから、この数字だけでも誤差は大きいはずだ。さらに、7年以上かけて中等学校を修了したり、あるいは、中等学校教育を中断後、コミュニティ・カレッジで中等教育修了に必要な単位をとったりする生徒が相当数いる。したがって、最終的な修了率は80％台半ばで、日本の高校修了率とあまり変わりないと想像

される。しかも日本では高校の卒業認定は学校に任され、卒業生の学力は外部チェックを受けていない。BC州の修了制度のほうが学力の保証という点では日本より優れているといえるかもしれない。

それでも、東アジアの学校文化に慣れた目から見ると、BC州のとくに公立学校の生活は緩やか過ぎるように見えるのだろう。イギリス式の厳しい教育に慣れた香港などからの中国系移民からは、このような学校教育に飽きたらず、制服着用も含む、より厳しくよりアカデミックなコースの設定を教育委員会に対して働きかける動きも出ている (Ungerleider, 2003)。

(5) 独立学校 (Independent School)

サリバン報告の勧告に従って法制化されたものに、独立学校の扱いがある。BC州は現在、カナダ連邦のなかで、もっとも整備された私学助成制度をもち、全州生徒数に占める非公立学校生徒の割合も連邦中もっとも高い8.8%である。先述のように、BC州では公立学校制度が早期に整えられたが、その一方で、カトリック教会やイギリス国教会も早くから教育を提供してきた。さらには、ハタライトやメノナイト、デュカボーズなどカルバン派系の小規模なプロテスタント集団が農村部に定住し、自分たちの社会習慣を守るために、子どもたちを公立学校に通わせず、自分たちの学校で教育していた。これらがまとめて独立学校と呼ばれるので教育水準や内容は多様である。

独立学校の数は現在、全州で356校、生徒数は約6万人である。1校当りでは170名程度と、小さな学校が多い。学校の性格別では、カトリック教会の学校が約2.1万人の生徒を受け入れて最大である。次いで、イギリスのパブリック・スクール型のエリート校が8000人ほど、プロテスタント系の学校が同じく8000人ほど、その他の約2.3万人は、先住民や諸宗教団体など、様々な社会集団によって営まれている学校である。近年、生徒数は多少増加傾向にあり、毎年2.7%程度の伸び率で増加している。

したがって都市部であれば公立学校の他に、男女別学のカトリック教会の学校か、イギリス風の男子エリート校、あるいは、その他の教会運営の学校

などの選択肢がある。また教育委員会によっては、シュタイナー教育など、特別の教育プログラムを提供する場合もある。バンクーバー圏や州都のビクトリア地区では学校の選択幅は狭くはない。

　これら独立学校への公費支出は、1978年に始まった。教育委員会の支配下にない宗教的な学校への公費支出に対しては、教員組合を初め、様々な方面からの強い反対があったが、この壁を破ったのはカトリック教会であった。カトリック教会は他の私立学校とともに、他州では宗派別教育委員会が教育財政権をもっていることなどを根拠に公費助成を求めて運動を展開した。公費支出に踏み切った当時の社会信用党政権は、一般の家庭からも学費の高い私立学校へ入りやすくすることで、学校選択の幅をより一層広げようとしたのである。

　最終的には1989年、「独立学校法」が成立する。これにより、すべての独立学校は基準にしたがって5種類に分類され、資格を認められた学校は、最大で学校運営費の50％を補助されることになった。助成を受けるためには、「州の規定するカリキュラムを完全に遵守」し、「資格のある教員を雇用」し、「定期的に監査を受けること」が条件である。

(6) ホーム・スクーリング

　2002年9月の新学年を控えて、各地の学区で多くの公立学校の閉鎖が発表された。初等・中等学校を併せて44校にのぼった。全州学校数の約2.5％に当たる。財政難と過疎の進行によるものであり、この数は今後、しばらく増えることになるだろう。

　学校が閉鎖されれば、生徒たちは存続する遠い学校に吸収されることになる。もっとも深刻な事例は、ウェルズという町の小学校の閉鎖である[1]。ゴールド・ラッシュの中心になった山間部にある。全生徒数が18名という過疎地である。この学校が閉鎖されると、生徒たちはもっとも近い学校まで片道77kmの山道をスクールバスで通うか、移住して転校するしかないわけだが、BC州の制度では、もうひとつの選択肢がある。自宅で親から教育を受ける

ホーム・スクーリングである。

　もともと山岳地帯が多く、鉱業や林業あるいは漁業などの一次産業に従事する人々が広い地域に拡散していたBC州では、学校に通えるはずのない地域に住む子どもたちが少なからずいた。また、宗教的理由から公立学校の教育を嫌って子どもの就学を拒否する保護者も地域によっては少なくなかったが、それらは義務教育の建前からは非公認であった。サリバン報告は実態を踏まえて、ホーム・スクーリングを公認することを提言し、教育省はただちに教育法を改正して合法化したのである。

　自分の子どもを家庭で教育したいのであれば、手続きは簡単である。毎年9月30日までに、公立学校であれば属する学区のいずれかの学校、またはもっとも近い通信教育の事務所、独立学校であれば希望するいずれかの学校に登録すればよい。教科書などの教材や指導資料は、その学校から無償で貸与される。学校は、そのような生徒一人につき、平均的経費の0.25人分を教育省から受け取ることになる。

　一部の科目（例えば体育）だけを学校の授業に参加させたいのであれば学校の窓口に行って相談すればよい。たぶん、手続きは簡単だ。大学まで行かせたければ、それも可能である。年度末などのテストを受けて、学校に履修歴を保存してもらっておくほうが確実だが、州統一試験を受けるなど中等教育の修了を認めてもらう方法はいくつかある。また、大学によっては中等教育の履修歴に代えて、SAT (Scholastic Assessment Test) の点数などを提示することで入学許可を得られる場合もある。

　ただし、ホーム・スクーリングを届け出る保護者に渡される書類には、いくつかの条件が示されている。落ち着いて学習できるスペースが確保されていること、毎日一定時間以上の学習指導をする者がいることなどである。また、警告めいた注意も書かれている。家庭という密室は、しばしば学校よりもはるかに危険な場所になる。子どもに対する児童虐待を疑われた場合、地域の住民が教育委員会に通告することは市民の権利として認められている。

　この教育を利用したのは、2001年度、全州で約3651名、全生徒数の0.6％に

満たない。また大部分は、独立学校への登録である。

第3節　標準化の流れ

(1) 標準化とアカウンタビリティ

　改革が進められた1990年代には二つの流れが顕著になった。ひとつは、教材や教育方法の基準作りあるいは標準テスト導入など、教育の標準化の進行であり、いまひとつは、学習成果に関するデータの社会への積極的な公開など、アカウンタビリティの向上である。いずれもサリバン報告でも提案されていたものである。

　標準化の政策はどこでも教員側に警戒される。BC教員組合もいくつかの政策に反対している。しかし、BC州には日本のように検定教科書があるわけではなく、また義務教育期間終了時に後期中等教育への「入学試験」があるわけでもない。教育の標準化は、教育の普及にともなう自然な要請であったと考えられる。標準化は、次に挙げるような施策によって進められているが、必ずしも政治指導者や教育省によって強権的に進められているとはいえない。標準テストの導入にしても、自分の日常的な指導の妥当性を確認したり、新しい工夫を考えたりする機会として、肯定的に評価している教員も多いようだ。

(2) 標準化の施策

　第一に、カリキュラム改革に関連して進められているものに、統一教材パッケージ (Integrated Resource Package) と呼ばれる教員向けの教科指導資料の作成がある。これは継続的に改訂が繰り返されている。各科目とも100ページを超えるもので、日本の学習指導要領の教科解説書に近いものだ。基本的には、卒業課程の学年を中心に各科目をカバーしている。教科用図書、ビデオやテープなどの教材の例示、教科指導法のアドバイス、学習評価のポイントな

どによって構成されている。学校では今後、教材購入予算がついた際に、これらを参考に教科書の更新などが行われていくだろう。これは教育省のホームページでも閲覧できるし、CD-ROMを入手して閲覧することもできるようになっている。

　第二に、保護者への通知表の形式を整えたことである。1994年から95年にかけて導入され、保護者に生徒の学習状況を通知する回数と内容および形式が詳細に決められた。例えば、幼稚部から第3学年までは文章で学習状況を年に3回、保護者に報告することになっている。4年生からは、これに「A」～「F」までの記号による評定が付け加わることになり、さらに11、12学年の卒業課程では、100点中何％の得点であったかも加えられる。なおBC州では初等教育から中等教育までを通して、一貫して絶対評価である。

　第三に、12学年の州統一試験科目の増加である。現在は次の20科目にまで拡大している。「応用数学」、「応用物理」、「生物」、「化学」、「コミュニケーション英語」、「英文学」、「フランス語」、「地理」、「地学」、「ドイツ語」、「歴史」、「日本語」、「標準中国語」、「物理」、「高等数学」、「パンジャブ語」、「スペイン語」、「技術コミュニケーション」、「第一言語としてのフランス語」、「フランス語(イマージョン)」。最後の2科目は、フランス語を教授言語とする学校用である。これらの科目では成績は表1-1-1のようにつけられる。

　大学に進学しようとすれば、大学の指定する科目の成績が一定以上の水準でなければならないし、奨学金の受給資格も点数に左右される。例えばブリティッシュ・コロンビア大学の工学コースに進むためには、12年生の英語、化学、数学、物理の点数の平均が一定以上であることなどが求められる。

　卒業課程の授業を担当する中等学校の教員にとって、州試験は自分の教科指導の適切さを問われることになる。実施科目が増えれば、それだけ教員の教科指導の標準化が進むことになる。日ごろ自分の子どもの学

表 1-1-1

科目	校内成績(%)	州試験(%)	最終成績	評定
生物12	80	90	84	B
英語12	68	65	67	C+
化学12	68	69	68	C+

出典)BC教育省Website

習状況にあまり注意を払っていない保護者でも、州統一試験の結果については強い関心をもつから、教員としても神経を使わざるをえない。

ただ、実施科目を拡大すれば、「応用数学」のような、アカデミックでない科目にまで広がる。このような科目を、大学側が入学条件として認めるかどうかは微妙な問題を含む。高校の学習指導要領が改訂されるたびに実施科目を増やしている日本の大学入試センター試験と同様の問題も抱えている。

(3) 標準テスト

2000年度からFSA (Fundamental Skills Assessment) と呼ばれる共通標準テストが全州規模で実施されるようになった。これは以前、学習状況調査のために一部の地域を抽出して行っていたテストを発展させたもので、サリバン報告では、その拡大が勧告されていた。以前のテストは、生徒の理解度などを探り教育課程の改善資料とすることを目的としていたのに対して、FSAは、言語能力と計数能力について生徒たちが満足できる学力レベルに達しているかを、教育省が調査するという性格が強まっている。

4年生、7年生、10年生の各学年の、基本的に全員を対象にして6月に実施されている。公募で集められた教員が採点に当たり、夏休み明けの新学年の始まりには結果が発表される。各学年とも「読解力」と「文書作成」、「算数（数学）」の3分野にわたり、1日を費やして実施している。

近年、「学力低下」をめぐって議論が戦わされている日本にとっても、BC州が生徒に求めている「学力」がどのようなものであるかは参考になるだろう。日本の高校1年生に当たる10年生の例題の一部を紹介しよう。

「読解力」テストは、13ページの冊子であり、4つの分野に分かれ、計21の問題を45分で解かせる。文章の内容を正確に読み取れているか、筆者が読者に伝えたいことが理解できているかなどの質問に、四者択一形式と簡単な記述式で答える。

第一問は、14パラグラフからなるモーターバイクの旅行についての随筆

を読み、文章を正確に読めているかを問う択一問題と、筆者の主張を読み取れているかを問う簡単な記述問題からなる。第二問は、3パラグラフの科学的な説明文を読んで、正確に読めているかの択一問題である。第三問は、19行の詩を読み、より深い言語能力を試す択一問題と、詩文に出てくる比喩と同様の比喩2つを文章で答えさせる問題である。最後の問題は、会話を交えた20パラグラフの文章を読み、会話のやり取りが正確に読めているかをテストする択一問題である。

「文章作成」の問題は、二部からなる。第一部は「運転免許を取れる年齢を20歳に引き上げよう」という見出しの新聞が提示される。生徒は、この記事に対して投書すると仮定して、その文章の作成を求められる。3段落程度で自分の意見を明確に伝えることという示唆が与えられる。採点基準は文章構成の適切さや主張の論理性などである。

第二部は、「人間にとって第一印象の持つ重要性」をテーマとした文書作成である。段落は5つ程度で自分が実際に経験した人物や場所、あるいは想像上の人物や場所を取り上げて書いてもよい、との示唆が与えられる。いずれも、下書きが容易になるように、事例やそれについてのコメントなどを整理するための表形式のページなども用意されている。それぞれ60分の時間が与えられている。

数学の問題を一題だけ挙げる。「光の速度は3.0×10^5km/sである。地球から1.316925×10^{12}km離れている星に光が届くには何日、何時間、何分、何秒かかるか。」

指数の概念理解と小数点の計算能力が問われている。

これらのテストの評価は、「期待すべき水準」を、「超えている」、「水準内」、「水準を下回っている」かの三段階の絶対評価で行われる。採点結果は、教育省から概要が公表されるが、教育省ホームページなどで、学区単位、学校単

位の成績に関するレポートが、誰でも入手できるようにもなっている。学校には、個人別のデータも渡される。FSAが始まってからは、各教育委員会の年間報告書には必ず、全州平均に比べてどの程度の成績だったか、学区の中であるいは前年度に比べて、どうかといったデータが詳しく掲載されるようになっている。その結果、当然のこととして、水準を下回る生徒の割合が多い学区や学校には、学習指導の改善への圧力がかかるようになっている。

このような動きは、アメリカ各地で進められた改革を追うものであり、また、カナダ他州の改革の動きと軌を一にしている。しかし、イギリスやアメリカの一部地域のように、標準テストの結果に予算や人事を絡ませていくような政策がBC州で取られることは当面ないであろう。政治風土的にも考えにくいからだ。

標準化が徹底しすぎて教育の硬直化が行き着くところまで行った日本が、現在、「総合的な学習の時間」や絶対評価の導入などによって、その画一化を緩めようとしているのを見ると、BC州の標準化がどこに向かうか、興味のあるところである。

第4節　新たな移民と21世紀の教育

(1)　中国系移民の波

バンクーバーの中心街からスカイ・トレインという、州の誇る無人電車で東へ20分ほどのメトロタウンという駅で降りると、二階建ての巨大なショッピング・モールとそれを囲むように高層住宅が林立する景観が目に入る。バンクーバー市に隣接するバーナビー市(Burnaby)という郊外都市である。どの学校でもいい。朝8時半から9時頃にかけて、校門の前に立ってみよう。実に興味深い光景が展開する。

先に紹介した中等学校は中心からさほど遠くない住宅地の中に建つ。次々と登校する生徒たちの顔つきは半数程度が東洋系、白人は2割程度だろうか。

他の2割程度にはインド系、南米系の顔つきもあれば黒人もいる。グループで登校してくる生徒たちの多くは、同じ系統の仲間で登校してくる。したがって、そこには様々な言語が飛び交う。東洋系の生徒たちの言語も、韓国語、中国語、タガログ語など多様だ。どれぐらいの数の言語が話されているか質問すれば、学校の先生が、事もなげに、「74言語」と正確に答える。バンクーバー圏のいずれの学校でも、これに近い数字になるだろう。

　バンクーバーの中心から今度は車で南へ30-40分、国際空港を横目に見ながら走ると、平坦な土地に広々とした道が東西南北に走り、広大な駐車場に囲まれた巨大なショッピング・モールが点在する景色が広がる。北米の郊外都市ならどこにでもあるような、何の変哲もない光景だ。ここが、「第二の香港」あるいは「第二のシンガポール」になりつつあると言われても、誰も容易には信じないだろう。しかし、このリッチモンド市 (Richmond) の人口の50％近くは非白人（統計などでは「ビジブル・マイノリティ」という概念で扱われる）からなる。その多くがこの10年ほどの間に移住してきた中国系市民である。学校では新入生の約3分の1は、英語が不自由だ。第一言語が中国語であるケースが多い。

　戦前から中国人などが農業開発を行ってきたこの地域には、80年代に入ると、農村の雰囲気を残す郊外住宅地としての魅力から、市の中心部から人々が移住してきた。90年代には、中国人のネットワークも手伝って、資金力のある中国系移民が大挙して移住してきたのである。

　このようにBC州が多くの中国系移民を引き寄せた理由は、カナダの移民政策が大きく変わったことにある。出身地による区分が完全に撤廃され、一定以上の職業経験や資格あるいは資金などをもつ者を優先的に移民として受け入れ始めたのである。BC州にとっては、NIES（新興工業地域）の香港や台湾などから、一定以上の経済力をもつ移民を招き寄せる結果となった。とくに1997年の香港の中国への返還は、香港に住む経済力のある中国人たちにカナダへの移住を強く促した。香港からの移民の波が引いた後は、中国本土からの急激な移民の波を引き受けている（図1-1-1）[2]。

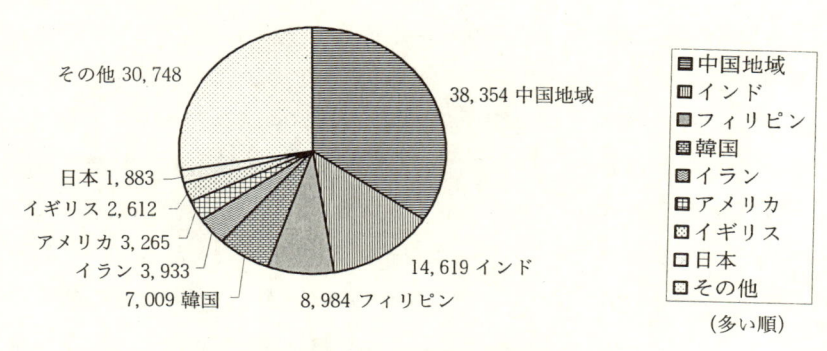

図1-1-1　1999-2001年の出身地別移民（人）

凡例（多い順）:
- 中国地域　38,354
- インド　14,619
- フィリピン　8,984
- 韓国　7,009
- イラン　3,933
- アメリカ　3,265
- イギリス　2,612
- 日本　1,883
- その他　30,748

彼らの移住先としてもっとも好まれるのがアジアから距離的にも近いBC州であり、子どもたちの教育を考えれば、バンクーバー圏が望ましかった。そのため、1990年代にはバンクーバー圏はカナダ全国で、もっとも住宅価格の高騰が著しい地域となったほどである。

最近のBC州では、自分の民族的出自を「カナダ人」と思っている者が17.3％、以下、「イギリス人」が16.4％、「中国人」が13.6％となっていて、すでに中国人は主要な構成民族としての地位を得ている。また、バンクーバー圏の家庭で話されている言語についての調査でも、137万人の英語に次いで、中国語が19万9千人と大きな割合を占めている。

中国系の移民の年齢層は他の移民より全般的に若く、子どもをもつ夫婦も多い。これからもカナダ全体が移民を受け入れ続け、そのなかでBC州は、東アジアからの移民を集中的に受け入れることになるだろう。BC州での東アジア系民族の占める割合はもうしばらく増え続けるはずだ。

(2) 融合の進む社会と21世紀の課題

バンクーバーには、北米ではサンフランシスコに次ぐ最大規模のチャイナ・タウンが存在する。その起源は19世紀末にまで遡る。しかし、新しい中国系移民たちの多くは古いチャイナ・タウンを目的地には選ばない。経済力に応じて自由に居住地を選ぶ。リッチモンド市のように中国系の人々が集中

する地域もあるが、カナダの他の地域に比べても民族別の集住傾向は薄まって、拡散傾向が進んでいる。

1986年から1991年の5年間をみると、同じように移民人口が急増したトロントでは中国人の特定居住地への集中度がほとんど変化しなかったが、バンクーバー圏ではその度合いは低下した(Balakrishnan and Hou, 1999)。つまり、他の都市と比べても混住化が進んでいる。とくに中国系の場合、飲食業や小売業などの企業を経営する経済的に優位な移民が多く、旧来の中国人ネットワークに依存しなくても、生活基盤を容易に確立することができる人々が多いからである。この傾向は、90年代半ばから顕著になった香港系中国人の移住によってさらに加速されているはずである。

子どもをもつ豊かな移住者にとって、最大の関心事はよい教育環境である。公立学校の教育レベルは、その地域住民の社会経済的地位によって大きく左右されるから、彼らは所得水準の高い住宅地に家を求める。移民が溢れるバンクーバー圏では、白人の多い古くからの住宅地にアジア系の人々が入ってきたからといって、白人たちが出て行くということはない。BC州が発展を続けていくためには、移民たちの新しいバイタリティを吸収していかねばならないことは社会的に合意されている。そして、質の高い教育が維持される必要があることも理解されている。BC州の教育は、80年代末から進められてきた標準化政策などにより、質の高さが維持されてきた。また、今までのところ差別感情の希薄さや学校での英語を母語としない子どものための英語教育であるESL (English as a Second Language)の充実など、教室での多文化主義は着実に進み、教育は新しい時代への対応に成功しているといえる。

一方で、移民の子どもたちが現地社会に適応していくにしたがって、親たちは別の危機感を抱く。子どもたちの適応の速さは驚くほどだ。友人たちと、ホッケー・ゲームの話に興じ、ポケモンなどのアニメーションやテレビ番組を共通の話題にして現地社会に溶け込んでいく。同時に家庭での親子の話は通じにくくなっていく。最近、中国人会はバンクーバーのチャイナ・タウンとリッチモンド市で、放課後の教室などを利用した中国語や中国文化の補習

授業を始めた。民族構成が急激に変化するなかで、教育にまた新しい課題が生まれている。　　　　　　　　　　　　　　　　　　　　　　（おがわ　よう）

　小論をまとめるにあたり、ブリティッシュ・コロンビア大学のアンガーレイダー (Charles Ungerleider) 教授（教育社会学）にインタビューする機会を得て、多くの示唆をいただくとともに、貴重な資料の提供を受けた。この場を借りて感謝の意を表したい。

(1) WELLS-BARKERVILLE Save Our School. http://www.claireart.ca/strike.htm 2002/10/30採取
(2) Ministry of Management Service, Government of BC. BC STATS. http://www.bcstats.gov.bc.ca// 2002/10/30採取

バンクーバー市©カナダ大使館

〈BC州〉スタンレー・パーク©カナダ大使館

コラム："住み分け"と"混住"

　アメリカの都市を歩くと、民族や人種による住み分けが徹底されていることに気付くはずだ。多くの場合、それは貧富の差をともなっている。基本的に高校教育までを地区の学校で受けるアメリカでは、学校の雰囲気や教育水準は地域による格差が大きい。

　アジア系を中心とする移民によって急速に多民族化が進むBC州では、どうなっているのか。バンクーバー圏のいくつかの学校を訪問した経験などから、その特徴を考えてみたい。結論からいえば、一部の下層を除けば、居住地選択には所得水準が決定的であり、民族はあまり大きな要素になっていない。例外のひとつは、難民として移住し、言語能力も不充分な人々が相互に助け合って集住するケースである。もうひとつの例外は、インディアン保留地である。地図を注意してみれば、川沿いや海沿いに保留地が点在していることがわかる。そこでは、ファースト・ネイションズと呼ばれる先住民たちが生活を営んでいるが、その側を通りかかっても、現地の人に教えられなければ分からない。

　また、アジア系の人々があまり入っていかない白人中心の居住地も一部にはある。この二つを除いてバンクーバー圏一帯では、一定以上の経済力をもち、基本的な英語力をもつ人々は、自由に居住地を選んでいるという印象が強い。

　以前、バンクーバー市の教育委員会に中等学校見学を依頼した際、大学進学者の多い教育水準の高い学校とオルタナティブ・コースを持つ学校を一つずつ、とお願いした。

☆

　「オルタナティブ」を日本語に置き換えるとすれば「代替」だろうが、教育の画一性の強い日本ではこの言葉は理解しにくい。BC州の教育では、通常の学習活動は「メイン・ストリーム」と呼ばれている。文字通り、あくまで主流であって、副流などがあることが前提になる。この副流に当たるのが、「オルタナティブ」である。犯罪など非行に関わってメイン・ストリームから離れざるをえなくなった子どもたちに対する教育は一つの典型である。戦乱の続く地域から逃れてきた難民の子どもたちのなかには、母語さえ学習する機会を奪われて育ったものもいる。その場合、通常の教室での学習は困難であり、特別な学習活動が必要になる。だから、「オルタナティブ・コースを持つ学

校」といえば、一般には経済的に恵まれない人々が多く住む地区にあると考えてほぼ間違いない。

実際、後者として紹介された学校は、チャイナ・タウンの裏手に広がる低所得者層の住む地域にあった。といっても、アメリカほど激しい格差を感じることはなく、生徒はアジア系が目立つが白人も少なくなかった。廊下の掲示板に張り付けられていた連絡用の名簿には、"Ngyen"（グエン）などの名前が目立ち、ベトナム系の顔つきの生徒が多いことに気付く。この地域には、「ボート・ピープル」として脱出してきた難民が多く居住している。港町であるバンクーバーは麻薬の取引拠点にもなっていて、カナダの中では犯罪なども多く、悲惨な生活をしている人々も少なくない。校内を案内してくれた社会科の教師も、「この地区は、北米でもっとも麻薬や犯罪の多い貧困地域の一つなのである」と強調していたが、アメリカの大都市に見られる絶望的な貧困地域に比べれば、「北米最悪」は大袈裟ではないかと思った。

体育館の脇を通ったとき、「これがオルタナティブ・クラスのひとつだ」と言われた。なかでは、十数名の生徒たちがバレーボールをしていた。そう言われてみれば、ゲームをしている生徒たちの行動は緩慢で、なんとなく投げやりな雰囲気があった。担当している教員の様子も、快活に指示を飛ばす、という感じとは程遠いものだった。一般的な学習が難しい生徒たちに、座学とスポーツなどを組み合わせて学校生活を送らせているのである。しかし、このクラスを除けば、日本のいわゆる「荒れた学校」の実情を知るわれわれから見ると、実に落ち着いた雰囲気で授業が行われ、秩序が保たれている。大学進学希望者の多い学校と異なりコンピュータなどの実技科目も用意され、自動車整備実習場もある。全体的に、けっこうきめ細かな教育が施されているという印象を受けた。

☆

さて、もう一方の水準の高い方の学校であるが、これはダウンタウンの南にあたる緑豊かな高台の高級住宅地のなかにあった。校舎に一歩足を踏み入れると、白人と中国人と思われるアジア系の生徒ばかりである。2対1くらいの割合だろうか。あとで教えられたことだが、アジア系の大部分は90年代に移住した香港系や台湾系の子どもたちだった。学校の周りを見渡すと最近建ったばかりの高層住宅が目立つ。カナダの物価からすれば安くはない分譲住宅である。このような住宅は、バンクーバーのあちこちでこの十数年、お

もに裕福な中国系移住者の需要を当て込んで建設が続いている。

　日本の観光客がよく案内されるクィーンエリザベス・パークという美しい公園もこの高台の一角にある。この公園に隣接する一戸建てばかりの高級住宅地のなかの学校でも、すでに半数近くはアジア系の生徒によって占められるようになっている。現地の人と一緒に歩けば、「ここはフィリピン人」「ここは台湾からの家族」「ここは香港……」、と一軒一軒、教えてくれる。もとは白人の高額所得者を中心とした住民構成だったが、この十数年ですっかり変わってしまったという。現在のバンクーバーでは、顔付きや生活習慣あるいは言葉の違う人が隣近所に来るのを避けて暮らそうと思ったら、行き場を失うだろう。

☆

　移民受入れに積極的なカナダのなかでも、BC州への移住者はアジア系に偏っているほか、年齢が若いことと学齢の子どもを連れた若い夫婦の比率が高いことが特徴である。2001年の移民の平均年齢は29.8歳、州全体より8.2歳も若い。移民が連れてくる子どもたちの4分の3は英語力をもたない。親たちは、より良い教育環境を求めてなるべく生活水準の高い住宅地に住まいを定めていく。

　移民の集中しているバンクーバー市のFSAの結果では、語学（英語）の点数が州平均より多少低いという結果が出ているが、数学は高い。アジア系の子どもたちも逞しく学力をつけ、社会を支える人材として育ちつつある。難民を出自とするベトナム系などの若者たちも教育を受けて社会進出していけば、経済力に応じた住宅を求めて移動して行くだろう。BC州では、学校教育が人々の空間あるいは世代間の移動を促し、社会の活力を維持するうえで重要な役割を果たしていることが見て取れるのである。　　　（おがわ　よう）

第2章　卓越性を求めるアルバータ州の教育

バス通学の風景

日本語の授業もある高校

第1節　アルバータ州

　カナダにもっとも早く住み着いたのは、何千年も前にベーリング海峡をわたってアジアから来た人々であったと考えられている。現在アルバータ州のある地域は、かつてノースウェストテリトリーズといわれたところの一部であった。まず、現在のユーコンあたりに住み着いたけれど、陸地伝いに内陸部まで進み、さらに南下して、現在のアルバータの地域に住んでいた。

　その後の時代、この地域に住み着いたのは、世界の他の地域で何らかの理由で居づらくなった人々であった。そのおもな理由は、例えば宗教的・政治的な理由であった。例えば、ロシアから移住したデュカボーズや、米国から移住してきたハタライト、という極めて厳しい独自の戒律に基づくキリスト教の一派であるとか、ドイツ系の言語を話し独自の生活様式を保持するメノナイトとか、ロシアとの関係で故国の地を逃れたウクライナ系の人々などが挙げられる。彼らは、カナダのなかで比較的空白であったアルバータ地域の各所に集団で住み着いた。

　彼らは、割拠し、他と交わらず、自給自足の生活をし、それぞれ独自の文化を醸成してきた。当然自分たちの文化を世代から世代へと伝達する手段をもっていた。教育を、文化を伝達するための意図的な行為、と定義するならば、教育は、最初の民族がアルバータ地域に住み着いたときから存在していたことになる。

　しかし、これらは習俗的な教育とでも呼ばれるものである。もし、ヨーロッパで始まったような「学校」を中心とするいわゆる「近代的な」教育制度のみを教育と考えるならば、アルバータは後進地域である。その意味でのカナダの歴史は、東から始まっているからである。ヨーロッパ人が、ニューファンドランドに上陸したのは1497年であったし、プリンスエドワードアイランドを発見したのは、1534年であった。それ以来、フランス系、イギリス系の

人々は次第に西に足を伸ばし、定住し、そして同時にヨーロッパ型の文化と社会制度や学校制度を築いてくるのであるが、それがアルバータの地域まで到達するのは、ずっと後になってからであった。

アルバータが、ノースウェストテリトリーズと一括して呼ばれる未開の地域から、州として独立するのは、実に、1905年になってからである。その意味で、制度的にも教育的にもカナダの中の後進地域であった。ところが、アメリカで進歩主義教育が唱導されるようになると、1930年代に、アルバータ州政府はそれを積極的に受け入れた。小学校と中等学校しかなかった他の州と異なり、13～15歳の年齢層の特殊性に着目して他の州にはないジュニアハイスクールを取り入れ、また、社会科なども導入した。他の州とは異なる6-3-3の制度の基礎を築いたのは、実に1930年代であったのである。それまで後進地域であったがゆえにそれまでの伝統に邪魔されずに、新しい制度を取り込むことができたのかも知れないのである。アルバータが他の州にない6-3-3の制度を採用できたのも、深く根ざす伝統的な制度がなかったからであるということも言えよう。

1880年までは、州の人口は大部分先住民であった。その後、1921年まで、カナダ政府が土地の開拓と農業開拓のために移住奨励策をとったので、イギリス系はもとより、西や東のヨーロッパ系の移民が多数住み着くことになった。第二次世界大戦後は、移民のパターンも変わって太平洋周辺地域、アジア、カリブ海諸国など、世界中から移民が到着している。

この州でイギリス系に次いで多いのは、ウクライナ系、次いでドイツ系であるが、彼らはすでに第2、第3世代になっており、また、都会の地に住み着いて、アルバータの地にまったく適応しており、行政やビジネスの中枢を担い、祖先の出自を示すハイフン付カナダ人というのが違和感が感じられるほどにカナダ人になっている。

ちなみに、農業に適した肥沃な土地のみならず、石油の資源にも恵まれていることがわかって、カナダの各地域からも人々がアルバータに移住してきている。サービス部門が、GDPの6割以上を占め、州の就業者の3分の2以上

が、この領域で働いている。

そうした需要のなかで、新しい時代にあった教育制度を急速に整えようとしている州である（具体的な授業の展開の状況は、関口、1998を参照）。内容的にも、その充実振りは、国際学力テストで示されている。

アルバータは、1990年代を通じて教育制度の大改革を行っている。それは同時に、そのころ大きくなりすぎた州政府の財政赤字を削減する手段でもあった。同時に、卒業生が十分な学力を備えてきていないという、産業界の批判にも対応するものでもあった。1960年代にオンタリオ主導で普及した何でもありの「スーパーマーケット的」な自由主義的教育を去って、教育内容を制限しそのなかでのコントロールを強めた過程でもあった。いち早く改革に取り組んだだけに効を奏して、高い学力水準を示す州でもある。その意味でも、日本を考えるときの参考になるであろう。

本章では、はじめに、アルバータの初等中等教育の学校制度を概観し、次いで、新しい方向を打ち出した理念の典型として、学校から職業や上級学校への連絡の方法を明確に整理した高等学校の職業教育や社会との連携を例にとって詳述し、そして最後に、教育の実績を上げる鍵になる教員の養成および研修について述べる。

この州では学校制度が日本と同じ6-3-3制を採用しているので、それらの学校については、「小学校」「中学校」「高等学校」という語を用いる。

第2節　アルバータ州の学校制度概観

(1) アルバータの学校制度は日本と同じ6-3-3制

制度そのものの概略について、述べておこう。

学校は、公立、カトリック、フランコフォン（フランス語系住民）、チャーター、私立の各教育委員会によって運営され、親は自分の子どもに、どのタイプの学校で教育を受けさせるか選択できる。

教育に関する州の最高責任部署は、学習省である。学校は、州教育法(Education Act)によって、コントロールされている。おもな学校制度のほかに、自宅学習(home education)、オンライン学校(online/virtual schools)、アウトリーチプログラム(outreach programs)、オルタナティブスクール(alternative schools)などを含む「独自・革新プログラム」と総称されるものがある。学習省の下に教育委員会があり、実際の学校運営は、教育委員会によって運営され、教育委員会が大きな力をもっている。公立学校の教育委員会が典型的なものであるので、以下ではそれについて述べることにする。カリキュラムは、「K to 12」と呼ばれる。Kはすなわち幼稚部であり、12は第12学年、日本流にいえば、高等学校3年の学習内容である。州学習省が教育内容の大綱を定めているが、教育委員会によって開発されたプログラム(科目)もたくさん存在する。

先に学校制度が6-3-3であるとしたが、その下に幼稚部がある。一応2年保育ということになっているが、義務教育ではないので、必ずしも2年来なければならない、ということではない。幼稚部は通常小学校に併設されている。義務教育は、6歳になった次の9月1日から、いずれかの学校に在籍しなければならないという形で始まる。

小学部(elementary)は6年である。これは、たいてい小規模であり、遠隔地の農場などに住む場合を除いて、子どもの足で通えるぐらいあちらこちらにある。しかし、少し遠い子どもたちのためには教育委員会はスクールバスも走らせている。あちらこちらにあるので規模が小さくなり、二つ以上の学年を1学級に編成する複式学級も稀ではない。原則として、クラス担任が全教科を教える。

中学校(junior high)は3年である。いくつかの小学校から進学してくる程度の規模になる。学年は、小学校から通算して、中1をgrade 7、中2をgrade 8、中3をgrade 9と呼ぶ。

高等学校(senior high)はたてまえは3年である。これも、小学校から通算して、grade 10、grade 11、grade12と呼ぶ。高等学校は規模がとても大きい。科目の選択が大幅に広がるので、選択を保証するために、いきおい大規模にな

らざるを得ない。生徒は、自分の進路・学歴に対する考え方と、学校の提供する授業、その授業に入るために求められる前提条件を知って、自分の今までクリアしてきた状況と考え合わせ、学習カリキュラムを自分で作ることを求められる。カウンセラーがその援助をしてくれる。カウンセラーのおもな職務は、そうした生徒の進路指導であるといってもよいであろう。

　義務教育は16歳までである。16歳の誕生日が来るまでは、生徒はいずれかの学校に所属しなければならない。20歳までは公立学校教育委員会によって運営される学校は無料である。注意することは、義務教育は、中学校を卒業するまでとか、高等学校1年生までとかいうように学校区分と連動していないことである。16歳という生物学的な年齢で定められている。成人の年齢についても同様である。19歳の誕生日になれば成人として扱われる。それまでは親または保護者の監督下にある。成人・未成人の区別は日本の運用と完全に異なる。すなわち、19歳の誕生日以前は、その生徒についてすべてに親または保護者が責任を持つし、持つことが求められる。例えば、無断欠席があれば、学校はすぐ保護者に連絡をとる。あるいは、例えば、コンピュータのアカウントを与えたりするような場合、学校はいちいち保護者のサインを求めるといった具合である。しかし、19歳の誕生日を過ぎると、生徒は自分でサインをし、自分について責任をもつことを許されるし、責任をもつことが求められる。すべて学年や学校を単位として扱う日本とは異なり、個人の条件によって事は運ぶ。

　同じ6-3-3の制度を採りながら、このように学校運用で日本と異なるものがあるので、それらの特徴を整理してみよう。

(2) アルバータの教育——六つの特徴

①特徴1：教育でなく学習

　アルバータ州は、1999年、教育を扱う省の名前をそれまでの「教育省」(Alberta Education)から「学習省」(Alberta Learning)に変えた。これは、考え方の大きな変化を意味する。すなわち、教育は与えるものではなくて、学習をするため

に受けるものであるという理念を表現したものである。中心的視点は、学習が国や州や教育委員会の責任でなく、生徒と親の責任で行われるということである。学習省や教育委員会などの行政機関と学校は、生徒の学習要求を充たす援助を行うためのものであるということである。

　これは、前述のように親が選択できるいろいろな学校種のあることによってもわかるであろうし、もはや義務教育ではない高等学校に明確に表われている。高等学校は、提供する授業科目を提示してその中から生徒と親に選択をさせるということになる。次に示すように、取得した単位はそれぞれ意味をもっており、結果は生徒自身の将来を左右する。単位についてはearnという言葉がよく用いられている。すなわち、単位は与えられるものでなくearnする（自分の努力で稼いで得る）ものである。

②特徴2：生徒と親による学習の選択：卒業の要件は？

　カリキュラムの組み方は次のようになっている。

　生徒は自分のカリキュラムを自分で作ることを求められることはすでに述べたが、それをするには具体的には、自分の進路や学歴に対する考え方と、学校の提供する授業、その授業に入るための前提条件を知らなければならない。

　高等学校を卒業する（すなわち、ディプロマという中等学校修了証書を取得する）ためには、**表1-2-1**の条件をクリアしなければならないと提示されている。

　すなわち、ディプロマをとってハイスクールを卒業するためには、
- 100単位以上を取得していること。
- 高3レベルの英語と社会の単位を取得していること。
- CALM（Carrier and Life Management 生活科・進路指導のような科目）という科目、および体育の単位が含まれていること。
- 理科と数学は、最低高2レベルまで取得していること。
- 社会・英語以外の高3レベルの授業が10単位含まれていること。

が必要である。表1-2-1で30と33というのは、高3レベルという意味である。一つの科目はおおむね二つの内容に分かれている。名称については、現在改

表1-2-1 アルバータ・ハイスクール・ディプロマを得るための最低の要件

単位数	科目		
15	英語 10-1/10-2	英語 20-1/20-2	英語 30-1/30-2
15	社会 10/13	社会 20/23	社会 30/33
10	応用数学 10 純粋数学 10 数学 14 数学準備 10 のうちのいずれか1つ	応用数学 20 純粋数学 20 数学 23/24 のうちのいずれか1つ	
10	理科 10/14	理科 20/24または 生物 20 化学 20 物理 20 のうちのいずれか1つ	
3	体育 10		
3	CALM		
56	定められた単位数		
44	自由選択単位数	10単位は英語・社会以外の30/33レベルのものであること 10単位は美術、体育20/30、第二言語、職業・技術学習または地域で開発された授業であること	
100	総単位数		

(Alberta Learning, 2002, p.xi)
注)従来それぞれの科目は、20と23、30と33というように名前がつけられていた。最後の0はアカデミックなレベル、3は実用的なレベルである。現在名称の変更がなされつつあるので、その進行状況によりいろいろになり混乱している。

革中であるので混乱が見られるが、アカデミックなレベルと実用的なレベルである。30はアカデミックな内容、33というのは実用的な内容である。それを英語では、30-1、30-2に名称変えを予定している。同様に20と23は高2レベルである。数学はアカデミックを「純粋数学」、実用を「応用数学」としている。

ここで注意するのは、一応わかりやすいように20は高2、30は高3レベルと説明したが、必ずしも、高3の生徒、高2の生徒が取るわけではないということである。それぞれの授業に出席できるためには、その前提条件があって、どの単位を取っていなければならないかが定められている。

ちなみに、日本と異なって、ハイスクールをディプロマを持って卒業しても、それは必ずしも中等後教育とくに大学への入学資格にはならないことも

```
    中3              高1           高2           高3
                 ┌─ 純粋数学10 → 純粋数学20 → 純粋数学30 → 数学31
           65%+ ╱              ↑  (75%+)        ↑
               ╱    ┌──────────┤                │
    数学9 ─50-65%→ 応用数学10 → 応用数学20 → 応用数学30
           ╲    └→              
         50%以下  ↓  ↑
               数学準備10
                 │
                 ↓
              数学14 → 数学24
              数学16 → 数学26
             （統合職業プログラム）
```

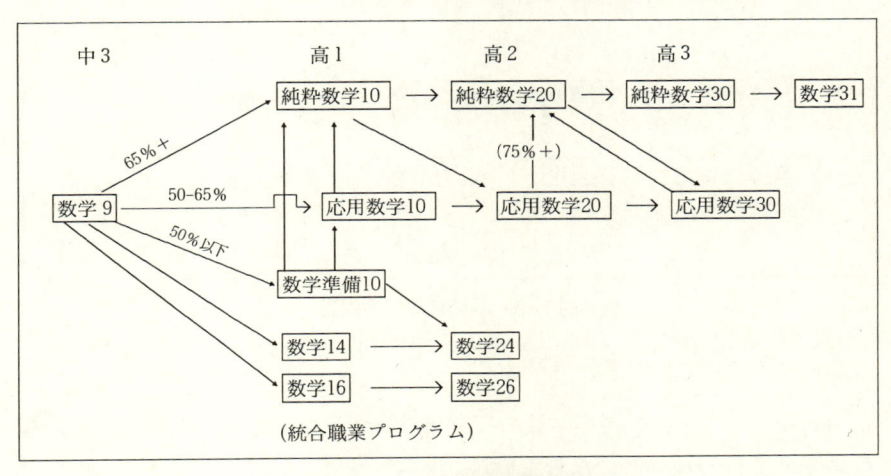

図1-2-1　数学の学習課程

(Alberta Learning, 2002, pp.7-10より作成)

付け加えておきたい。

　科目の流れと、その科目に入るための前提条件を、数学と英語の例にとって示してみよう（**図1-2-1、図1-2-2**）。

　大学の理科系の学科に進学したい場合は、おおむね、高等学校で数学30（多くの場合それより高度な数学31）の単位を取得していることを要求されるが、純粋数学30に入るためには純粋数学20を、純粋数学20に入るためには純粋数学10または応用数学20を75％（100点満点に換算したとき、75点）を越える成績でクリアしていなければならない。そして、純粋数学10に入るためには第9学年の数学、すなわち中学3年の数学9を65％以上の成績でクリアしていなければならない。中学3年のときに、数学が50％から65％の間であるならば、高等学校で応用数学10は取ることができるが、純粋数学10のクラスは取ることが許されない。50％に達しない場合は応用数学10も取ることが許されず、もっと別の補習目的のクラスまたは低度の数学のクラスにゆかねばならない。

　英語の流れも示しておこう（**図1-2-2**）。こちらの方はやや簡単である。

③特徴3：絶対評価

```
     中3           高1             高2             高3
                ┌─────────┐    ┌─────────┐    ┌─────────┐
              ┌→│ 英語10-1 │ → │ 英語20-1 │ → │ 英語30-1 │
              │ └─────────┘    └─────────┘    └─────────┘
  ┌───────┐   │      ↓ ↑           ↑              ↑
  │ 英語9 │ ──┼→┌─────────┐    ┌─────────┐    ┌─────────┐
  └───────┘   │ │ 英語10-2 │ → │ 英語20-2 │ → │ 英語30-2 │
              │ └─────────┘    └─────────┘    └─────────┘
              │      ↑              ↑              ↑
              └→┌─────────┐    ┌─────────┐    ┌─────────┐
                │ 英語16  │ → │ 英語26  │ → │ 英語36  │
                └─────────┘    └─────────┘    └─────────┘
```

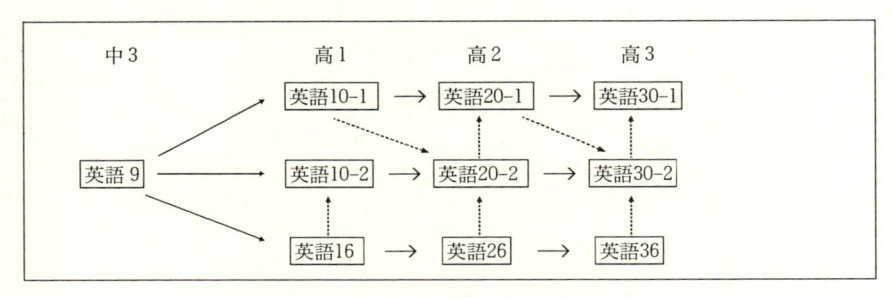

図1-2-2 英語の学習課程

(Alberta Learning, 2002, pp.3-4, 現在 改革の途中で、科目の名称の変更がある。筆者が、新しい科目名はこうなるであろうと推測して、変更してある。)

　おわかりだろうか。高等学校の授業は、一つ一つどのような内容のどの程度の水準で行わなければならないか、州学習省によってガイドラインが明確にされていて、生徒の達成水準がその要求水準に合わない場合は、単位が得られない。それは厳格に守られている。日本のように、休まずに出席したからお情けで単位を出すなどということはあり得ない。逆に、どこか別のところで学習してきて、すでにそのことができることを何らかの方法で証明できれば、上のクラスに出席することもできる。日本とちがい飛び級制度もあるが、飛び級はこのようにして行われる。

　言葉を換えていえば、生徒の成績評価は絶対評価である。ガイドラインに定められた内容を基準に評価される。日本の場合、今までは相対評価であった。生徒の中には、できる生徒とできない生徒がいるということが前提になっていて、クラスの中の生徒を標準に5、4、3、2、1をつけていたであろう。しかし、カナダの場合、ガイドラインが基準になっている。教師はそれに合わせて、そして自分の生徒の状況をみて、自分の授業の内容を構成する。しかし、成績評価の基準はガイドラインである。定められた水準をクリアしなければ、次の授業には出席させない。生徒は生徒の実力に合ったとみなされるレベルの授業クラスに誘導される。

　小学校・中学校の場合は、従来と異なり最近では生徒の学業面のみでなく社会生活面を重視することから、年齢よりひじょうに低い学年のクラスに配

属するということはしなくなった。しかし、その代わり同年齢児と同じクラスに留めながら、教師がその生徒の能力に合った課題を与えるという工夫をしている（このようなところからも、教師主導の一斉教授方法でなく、生徒中心の学習中心の指導方法であることが見て取れるであろう）。結果は、第6学年のクラスにいながら、第4学年のレベルの学習を行いその水準で評価されるということになる。すなわち、中学校を終了しても数学の学力水準は例えば小学校第6学年レベルでしかない、ということが起こる。

　カリキュラムの内容と水準は、州学習省が提示している。教師や学校がいい加減なことができないように、主要科目については第12学年に州統一試験を行っている。すなわち、第12学年の成績は教師の点数が半分、州統一試験の成績が半分である。教師たちは、自分の生徒たちが州統一試験でどの程度の成績を取ったか知っているようであるから、自分のつけた成績と比較して自分の授業と評価基準についての自己評価ができるようになっているようである。第3学年、第6学年、第9学年にも統一試験は行われている。これは参考ということになっているが、教育委員会ごとに成績が公表されている。

　先の例であると、英語9を英語10-1に入れるレベルで終えた生徒は続いて英語20-1→英語30-1と進めるが、英語16にしか進めなかった、移民の生徒などの例では、大学が通常求める英語30-1に達するためには、順調に行って、例えば、英語16→英語10-2→英語20-2→英語20-1→英語30-1という道筋をとおらなければならない。学年と年齢と学習内容はまったく別物であることがわかるであろう。ちなみに、高等教育機関のなかにも、高等学校レベルの授業を提供する機関もあることも付け加えておこう。

④特徴4：教育委員会と学校の自主性

　日本でも文部科学省は、学校運営に対する教育委員会の自主性と学校の自主性を重んじるという方針を打ち出している。教育委員会は、今までにないことで戸惑いを感じているようである。

　アルバータでは、学校の運営に対する校長の自主性が大いに尊重され、学校が個性を出すように工夫されている。それを、具体的に例を挙げて提示し

てみよう。

　高等学校の1単位になるための授業時数、小学校、中学校の授業日数は、州学習省によって定められている。しかし、それをどのように配分するかは、学校(校長とスクールカウンシル＝school council)の自由裁量である。

　例えば、通常、新学期は9月開始であるが、筆者の知っているカルガリー市のある小学校では、8月上旬に開始し、他の学校が授業をしている学期の途中に2週間の休みを入れている。校長は、夏休みが2ヶ月もあったのでは、生徒たちは習ったことを忘れてしまう。だから、連続した休みを短くしたと説明をした。そのほかに語られた理由は、休暇をとるのに州内の学校がみな同時期では、道路もホテルも満員になるので休暇を分散させるという理由もあった。筆者はそのほかに、キリスト教以外の宗教の者が宗教行事を優先して、ある時期に集中的に学校を休むことになるので、その時期に休業日を入れたのではないかと推測もする。

　また、ある高等学校では1年の授業を4学期にして行っていた。すなわち、伝統的方法では通年の授業を8科目履修するのであるが、この高等学校の生徒は午前1科目、午後1科目というように1学期に2科目のみ集中して学習する。次の学期は異なる科目を2科目履修するというようになっていた。この地域は、低所得者層なのでアルバイトをしている生徒が多く、疲れて学校に出て来られず、宿題もやって来ないで、結局単位を落としてしまう。このように組めば、2ヶ月半集中して学習すれば単位が取得できるから、このようにしてからドロップアウト率が下がったという。

　1単位を取得させるための学習時間はしっかり規定されている。しかし、それをどのように配分するかは、教育委員会と校長と学校運営委員会の裁量であり、その地域の生徒の状況に応じて、もっとも適合的な方法を案出し実施することができる。

⑤特徴5：校長と教師の自主性

　1時間の授業の長さと休み時間をどのようにするかは学校の裁量である。小学校では、午前中に間に1回休みをとるぐらいのところが多いようである。

しかし、午前中に2科目しか授業をしないというわけではない。いろいろな科目のいくつかの内容を次から次へとこなしている。学習すべき内容は規定されているが、それに費やす時間は規定されていないので、規定された学習内容をどのようにしてマスターさせるかは教師の裁量である。
　高等学校でも、授業と授業の間の休み時間は5分のところが多いようであるが、3分しかないところがあったりでいろいろである。先の4学期各学期2科目制を取っている学校は、休み時間をおいていなかった。教室移動の必要がないからであろう。校舎の広さ、生徒の教室移動にかける距離から何分必要か割りだされているようである。ある中学校では、教師も生徒も昼休みを2グループに分けて取っていた。生徒数に比して校舎が狭いので、昼休みを全校一斉に取ることはできない。半数のクラスが昼食を取っている間、残りの半数はまだ授業をしていた。先に昼食をとったクラスが教室に戻ると、別の半数のクラスが昼食を取りにやってきた。この学校では、図書館も狭い。昼休みは図書館にも生徒が現れる。司書教諭は、生徒がやってくる昼休みの時間帯をはずして自分の休憩時間を取る。いろいろな他の教師と話し合えるように、自分は1日おきに違った時間帯に休憩時間を取ると言っていた。
　様々な例を挙げたが、このように学校の生徒、設備の状況にあわせて、州全体の規定を守りながら様々な工夫がなされている。
　なお、学校の運営については、1995年よりスクールカウンシルを設置しなければならないことになっており、これは校長、教師の代表、親の代表、地域の代表、それに高等学校の場合は生徒の代表を加えて構成されることになっている。
　このことは、教員の配置、クラス編成にも関わってくる。基本的な教員の数は、生徒数に応じて配分される。日本のように学年のクラス数によってではない。したがって、校長はどのようなクラス編成にするか考えなければならない。小学校においては、教員全部を学級に張り付けてクラスの生徒数を少なくする場合もあるであろうし、専科教員や司書教諭を残してクラスの生徒数を多くする場合もある。異学年をいっしょにする複式学級もほとんどの

学校にあるように見受けられた。校長や教頭が授業をもっていることも普通である。中学校においても一人の教師が2科目ぐらいは担当している。自分の授業の一部を他のユニークな授業のできる教師と代わってもらうこともある。司書教諭とのティームティーチングも行われている。高等学校でも、その学校がどの選択科目を提供するかは教員の配置にかかってくる。電気工事の教員が退職したために、そのあとの補充がつかずその科目を廃止しなければならなかった学校もあった。技術系の科目は、単なる理論のみではなくてかなり実践的な内容を行う。例えば、建築の授業で家を作ったら、電気工事の資格を持った教員の指導のもとで生徒たちは配線を行う。

学校の状況によって、教員の加配があるようであるが、それは校長と教育委員会との交渉による。例えば、学習困難児を多く抱えているような学校には教員が加配される。フランス語イマージョンのクラス（第2部第3章第2節参照）をおいている場合は、1人の教師に対する生徒数は少ないというようにである。

⑥特徴6：教師の自由裁量と専門性

同様に、教員も自分の授業に対しては責任を与えられている。教員の手元には、教科書ではなく州学習省のガイドラインがいつもある。あるいは、学校の図書館に行けばそれは入手できるようになっている。そこに記された内容を授業でカバーしなくてはならないからである。しかし、それはあまり分厚いものではないようであった。生徒が達成しなければならない内容が簡潔に列挙してあった。

日本のような教科書は少なくとも小学校では見なかった。したがって、教科書に書いてあることを説明すればよいというわけにはゆかない。どれだけの教材を用意しどのような授業をするかは、教師の才覚にまかされている。小学校で同じ内容の図書館を使う授業を、続けて3クラス見学させてもらったことがあったが、3人のクラス担任が連れてきたクラスは3クラスとも異なる編成がなされていた。これは、いずれも司書教諭とクラス担任とのティームティーチングの授業であった。教材もこの場合、司書教諭が前任の

クラス担任たちと共同して開発したものであるとのことで、同じであり、方法はグループ学習であった。しかし、クラスの一つはグループが能力別に編成されていた。他のクラスは、気の合う同士で気持ちよく仕事ができるようにと好きな同士でグループが作られていた。もう一つは、そもそもクラスが複式学級でその課題相当の学年のみが来ていた。このように学級内のことは、横並びではなくて授業担当の教員の裁量にまかされる。

　教育活動そのものが、総じて個性に満ちており、柔軟性に富んでいるといってよいようである。　　　　　　　　　　　　　（せきぐち　れいこ）

第3節　中等教育から職業・中等後教育への移行

　90年代に行われた改革の重要なものの一つは、中等教育における「学校から職業社会への移行」(School-to-Work Transitions)である。具体的には、職業教育とアカデミック教育の統合、中等教育と中等後教育との接続の重視などの改革原理が特徴的にみてとれる。これらの改革の背景を考察し、とくに職業教育プログラムを中心として具体的なカリキュラム上の特徴を明らかにすることにしよう。

(1) 中等教育の見直し

　「学校から職業社会への移行」にかかわる高等学校教育改革の基本構想は、84年発行の州教育省文書『中等教育改善計画』(Review of Secondary Programs)に遡る。この文書では、中等教育をすべての生徒に必要となる総合的な教育を提供する場と位置づけている。これは、それまでの中等教育が大学進学に必要なアカデミックな科目の学習や一部の狭い範囲の職業教育に偏っていたという反省に基づくものでもあった。

　さらに、同文書では中等教育を「技能および態度の育成を通じて生徒を職業の世界へ参加する準備を行う」段階であると定義している。

とくに、高等学校では、その後の中等後教育機関および現職研修によって提供される具体的な職業訓練に接続する基礎的な技能と態度を育成することが必要であるとしている。また、中等教育は、最終的な学習の準備段階であることも指摘している。すなわち、中等教育を完成教育としてではなく生涯にわたる学習の一部であると位置づけているといえる。この点から、同文書は高等学校教育と中等後教育との接続の強化も提言している。

(2) 労働市場の変化と中等後教育の必要性

90年代は、民間企業が教育に対して明確な要求を行った時期でもある。とくに、アルバータ資源会議所は、技能をもった労働者の不足と中等教育および中等後教育における技能教育の不足などを指摘する報告書を提出した。これは、職業社会で求められる能力が手作業中心の技能から高度化した技術へと移行したことをふまえている。

アルバータ大学教育学部中等教育学科で職業教育を担当していたプレイツは、労働市場の変化に言及して、「それまで、伝統的にいくつかに分類されていた仕事の間の垣根は取り除かれ、仕事を行うのに複合的な技能をもつことが要求される」(Preitz, 1998)と述べている。ここでいう「複合的な技能」とは、「一般技能」(Generic Skills)と表現され、後に紹介する職業教育プログラムの中心的な概念となる。

企業からの教育への要求は、アルバータ州だけでなく連邦レベルでもみられる。経済問題を研究するNPO組織カナダ会議所(Conference Board of Canada)は、90年に内部組織「全国企業・教育センター」(NBEC)を設立した。NBECは、内部に教育に関する審議会を設置し、カナダ国内の34の民間企業と5つの連邦政府機関および各州政府の教育行政機関と地域の教育行政機関の参加を求めた。ここでの議論をもとに、労働市場で求められる技能を示す「就業適性技能一覧」(Employability Skills Profile)を92年に作成した。就業適性技能は、アカデミック、自己管理、チームワークの3種に分類されている。これは、カナダ国内のすべての教育行政機関および教育機関に配布された(具体的な内容につ

いては、岡部, 2002を参照)。

「就業適性技能一覧」の作成過程で行われた議論では、中等後教育の必要性が指摘されていた。この点について、98年のカナダ統計局報告書『ハイスクールだけでは不充分になるだろう』(High School May not be Enough)は、求められる技能の高度化によって高等学校卒業資格を得た後に中等後教育機関などで、さらに学習を継続することが重要になっている点を強調している。

こうした動向と連動しアルバータ州では、職業教育プログラムの改訂、学校外教育の推進、キャリア探求学習の推進、中等後教育との接続の重視などの改革を進めた。ここでは、職業教育プログラムの改訂と中等後教育との接続に関する実践例を取り上げ、学校外教育についてはその次の節で取り上げたい。

(3) 職業教育プログラムの改訂

州教育省は88年に当時の職業教育プログラムの再検討を実施し、89年に報告書を提出した。それまでの職業教育は、狭い範囲の職業技術に限定された内容に偏っていた。したがって、将来の就職志望先がはっきりしない場合には履修が実質的に困難であった。また、学習内容も時代の流れを反映したものではなく、産業界からも実社会でのニーズに応えていないとの指摘がなされた。こうした反省をふまえて新たなプログラム「職業・技術学習」(Career and Technology Studies: CTS)の作成が提起された（表1-2-2）。

CTSは、「キャリア」と「技術」という二つの概念から構成される。前者は「人の役割あるいは人生の体験」と定義づけられ、後者は「目的達成のためのツール」と定義づけられている。したがって、CTSは狭い範囲での職業教育ではなく、広く人間としての生き方に関わる技能の育成を意図している。

CTSの内容を考察してみる。CTSは22の領域(strand)に分類される。表に見られるように「農業」、「美容」、「エネルギーと鉱業」、「服飾」、「食物」、「林業」、「自動車機械」などの領域は、従来からの職業科目にみられたものである。しかし、「設計」や「法律」、「地域保健医療」などは中等後教育機関および大学等

表1-2-2 CTSプログラムの内容

領域	単元数	領域	単元数
農業	33	服飾	29
職業移行	28	財政管理	14
コミュニケーション技術	33	食物	37
地域保健	31	林業	21
建築技術	46	情報処理	48
美容	58	法律	13
設計	31	流通	12
電子技術	37	経営とマーケティング	19
エネルギーと鉱業	26	自動車機械	54
起業と経営革新	8	観光	24
材料加工	41	野生生物	17

(Alberta Education, 1998, p.4)

での継続的な学習を必要とする科目である。また、学校現場での実践例をみると「起業と経営革新」、「財政管理」などの科目は、起業精神の育成が意図されていることがわかる。

　表中でそれぞれの領域の横にある単元数は、1単位ごとに学習内容が細かく規定されている単元の数である。生徒は25時間の学習をし、学習目標を達成できれば1単位を取得する。学校現場では、CTSの各担当教員が地域や生徒の実態および施設の充実度などに応じて複数の単元を選択し合わせて一つの科目のようにして開講科目を設定する。学習内容は、異なる領域に属する単元を選択し学校独自の開講科目を設定することもできる。これによって、職業的学習の中にアカデミック単元の学習内容を盛り込むことも可能となる。

　こうした内容から、高等学校卒業後にはっきりとした進路志望をもたない生徒であっても各CTS領域の基礎的な分野のみを選択履修することも可能となった。実際に、大学進学志望者がCTS科目を履修する例も多い。すなわち、CTSは、あらゆる職業分野で必要となる「一般技能」を育成することを目的とし、すべての生徒が履修することができるようになっている。また、科目の内容から、中等後教育機関などでの学習の継続性が重視されている。

(4) 中等教育と中等後教育の接続：技術準備プログラム

ここでは、中等教育と中等後教育の接続関係の強化を図るための一つの具体的な実践例として技術準備プログラム(Technology Preparation Program)を紹介する。

このプログラムは、高等学校の最後の2年間と中等後教育における2年間の教育との接続を強化することにより、両者間の学習の遅滞および学習内容の重複をさけスムーズな移行を実現することを目的としたものである。

アルバータ州中部、人口5万人の都市レッドディアでは、94年に連邦政府の資金提供を受けてカナダで最初の技術準備プログラムを立ち上げた。このプログラムは、レッドディアを中心とする六つの学校区と二つの中等後教育機関で構成されるコンソーシアムによって運営されている。プログラムは、アカデミック科目の重視、応用アカデミック科目の開発、CTS科目・学校外教育の必修化、ポートフォリオの作成などで構成される。このプログラムの特徴は、コンソーシアムが設定した要件を満たせば、州の高等学校卒業資格(diploma)に付加的な資格となる「技術準備プログラム修了証書」が授与されることである。修了証書を授与された生徒は高等学校で修得したCTS科目の一部が中等後教育機関での既習単位として入学後に認定される。

発足当初は、高等学校のコンソーシアムと各中等後教育機関との間の個別の合意によって成立していたが、2000年に地域的な取組みから州レベルのコンソーシアムに発展し、州内の各地域に拡大した。

第4節　社会に開かれた教育

「学校から職業社会への移行」の改革を実現するには、教育界と産業界の連携が不可欠である。アルバータ州では90年代を通じて、産業界の教育への参加に関する提言がなされた。ここでは、提言に基づき州の行政機関および民間企業の連携によって推進される人材育成プログラムの成立過程を眺め、そ

の具体的実践例として学校外教育を紹介する。

(1) 産業界の教育への参加

　産業界の教育界への参加は、第一に、94年に教育大臣によって指名された州議会議員で構成される「産業界の教育への参加と技術の統合に関する州議会実践委員会(MLA-Implementation Team on Business Involvement in Education and Technology Integration)と州内企業の雇用主で構成される「産業界の参加に関する助言委員会」(The Business Involvement Advisory Group)の二つのグループによる議論が出発点となっている。この二つのグループは共同して96年5月に最終報告書を作成した。この報告書は、職業教育プログラムを推進するため、企業と教育現場の連携が不可欠である点を指摘し、そのために九つの提言を示した。提言の項目は、①産業界／雇用主と教育界との交流と相互理解、②教育政策策定への産業界／雇用主の参加、③「就業適性技能一覧」、④起業家精神育成の教育、⑤職業分野および学校教育のすべてのプログラムの同等化、⑥パートタイム労働との調整、⑦進路指導とカウンセリングの強化、⑧自立的でかつ相互に協力しあう生涯学習の推進、⑨産業界／雇用主の参加、地域による格差の解消、である (Business Involvement Advisory Group and the MLA-I Team, 1996)。

　その提言は、州教育省の七つのプロジェクトとなり、それらは96年5月の教育省文書に示された。プロジェクトの項目は、①地域組織の構築、②職場学習の推進、③熟練見習教育の推進、④生涯にわたる職業教育の推進、⑤教育課程と評価基準の検討、⑥国際経済に対応する高等学校卒業資格の改善、⑦立法上および政策上の支援を提供することである(Alberta Education, 1996)。また、CTSプログラムの一部と学校外教育を高等学校卒業資格の必要条件に含めることが提起された。さらに、K-12教育と中等後教育、その他の職業訓練との接続関係を重視するため、州教育省と州継続教育省(Advanced Education and Career Development)の二つの行政機関の統合が提起された。なお、この統合は、99年6月に実現され、学習省となったのは前述のとおりである。

こうした教育行政機関をめぐる取組みは、州政府全体の政策へと発展し、州政府すべての行政機関および民間企業が連携して推進する人材育成政策が形成された。

(2) 学校外教育

　教育省は前述の産業界の教育参加にかかわる動きと連動して学校外教育の推進に向けた取組みを行った。従来の職業教育に対する反省として、実社会に近い体験の不足が指摘された。解決策の一つとして、職場での学習の必要性が高まった。「労働経験」と呼ばれる職場での体験を中心としたプログラムは実業プログラム(Practical Arts)の一部としてすでに実施されていた。しかし、実際に履修する生徒は少なかった。州教育省は新たな職業教育プログラムであるCTSと同様に改訂を進め、97年に現行の学校外教育ガイドを発行した。

　学校外教育には職場学習(Work Study)、職場体験学習(Work Experience)、「登録熟練見習教育」(Registered Apprenticeship Program)の三つのプログラムがある。これらのプログラムは、それぞれ役割が異なっている。

　「労働学習」は、通常の授業における学習活動の一貫として行われるもので、学校内での学習が職業の現場でどのように応用されているのかを知る機会となっている。

　「職場体験学習」は、学校外での就業体験を通じて現場で必要とされる知識や技能、態度を習得する機会として位置づけられている。このプログラムの目的は生徒の進路探求である。

　「登録熟練見習教育」は、カナダ国内で技能職(Trade)と呼ばれる職種に就く際に必要となる資格(Journeyman's Certificate)取得に必要な見習い期間の一部を高等学校在学のまま履修することができるプログラムである。したがって、「職場体験学習」とは異なり特定の職種に要求される技能を高めることが目的とされている。「登録熟練見習教育」を履修する生徒は、事前に自分の進路を決めるための十分な進路探求が必要とされる。

　「職場体験学習」と「登録熟練見習教育」は、25時間の職場での学習で1単位

が認定され、最低3単位からの履修が認められる。単位の認定は、職場の受入れ担当者と学校の担当教員との連携によって行われる。

　このような学校外教育の設定とその内容の拡張には二つの目的があると考えられる。一つ目は、生徒の進路探求の場を確保することである。二つ目は、職業社会で必要とされる技能をもった人材を職業社会に輩出することである。これは、生徒が高等学校に在学しながら職業社会で必要となる資格を取得するための準備を可能とするものである。

　また、このプログラムの実施によって学校と企業が一体となって教育に取り組む場面が創られる。これは、生徒だけではなく教員が外部社会との接点をもつことにもなる。

(3) 中退防止のためのオルタナティブスクール

　すでに述べた「学校から職業社会への移行」改革は、「すべての生徒を対象」としている。これは、学習に対して様々な障害をもつ生徒を改革の対象とすることも意味する。ここでは、通常の学校教育のやり方に適応できず途中で退学や転校を繰り返す生徒に対する取組みを紹介する。州内の各地域には、このような生徒に対応してオルタナティブスクールと呼ばれる形態の高等学校が設立されている。エドモントン市内のオルタナティブスクールの中に「学校から職業社会への移行」を重視した取組みを行っている例があるので、それを紹介し、学習上困難を抱える生徒への取組みがどのように行われているのかをみてみることにする。

　1997年にエドモントン市内中心街のショッピング・モールの2階と3階部分を改築してセンター高校が開校された。市内の一般公立校において第11学年までの単位を修得した後に何らかの理由で高等学校の課程を修了することができなかった生徒のみを受け入れている。2000年現在の生徒数は1900名ほどである。この学校の生徒は、高等学校の教育課程のうちの最後の1年間に相当する科目を履修し、州の高等学校卒業資格を取得するための履修要件を満たす。

特徴的なプログラムは、学校外教育である。とくにメンターシップ(Mentorship)プログラムは、在籍するすべての生徒に必修となっている。メンターとは、企業に所属しながら生徒の職業訓練や生活の調整に協力する人物のことである。センター高校が作成したパンフレットには、メンターシップの目的を「生徒に、自己認識、発想、方向性、自己責任、職業探求、実践的な体験を深める機会を与える」ものであるとしている。

　このプログラムに参加する企業や行政機関は、センター高校が設立された当初からパートナーとして学校の教育活動を支援してきた。企業は、メンターと呼ばれるこのプログラムを担当する従業員を学校に派遣し、職場での体験学習ばかりでなく、事前の学習も含めてあらゆる場面で生徒の活動に積極的に関わっている。

　メンターシップに参加する生徒は事前に担当教員の面接を受ける。面接では、生徒が職場での体験的な学習を受けるのに適切な服装を身につけているか、態度はふさわしいか、高等学校での出席状況などの授業態度は適切であるかなどの見極めをする。センター高校で定期的に発行しているメンターシップの取組みを紹介するニュースレター *Mentorship News* には99年度のメンターシッププログラムに参加した21の民間企業や行政機関のリストが掲載されている。その内訳は、理学療法施設、不動産会社、動物病院、軍隊、心理カウンセリング、医療補助員(救急隊員)、化学製品会社、消防署、警察署、教育委員会、メッセージ・セラピスト、土木技師、学校、会計事務所、運輸会社、銀行、家電販売店などである。それぞれの企業や行政機関からは、参加する生徒の人数に合わせて1人または複数のメンターを派遣している。

　メンターシップを積極的に教育活動の中に取り入れていくことにより、さらに職業探求の必要性を感じる生徒は「職場体験学習」に移行し、実際に職場に出向いて125時間の就業体験をすることを通じて職業探求を行う機会を得ることができる。また、「職場体験学習」やメンターシップなどのプログラムを通じて、具体的な職種が定まり技能職分野への移行を考える場合は、「登録熟練見習教育」に移行することになる。

センター高校では、このような教育活動を通じて通常のスタイルの高等学校では適応することが難しく精神的に様々な課題を抱えていた生徒が、学習に対して積極性を取り戻し、州の高等学校卒業資格を取得し、職業社会や中等後教育へと移行していくのをみている。

　以上の実践例から、教育界と産業界の連携が進行しているのは明らかである。これは、教育がもはや学校の内部だけで行われるのではなく社会に開かれたものであることを意味する。また、アルバータ州では90年代を通じて産業界の教育界への参加を推進するためのNPO組織や前述の地域コンソーシアムが設立され、高等学校教育を取り巻く新たなネットワークの形成がみられる。
　　　　　　　　　　　　　　　　　　　　　　　　　（おかべ　あつし）

第5節　教員養成と教員研修

(1) アルバータ州における教員資格とその取得方法
①初等学校教員資格と中等学校教員資格
　アルバータ州の初等学校(4歳で始まる幼稚部から12歳の小学校6年まで)や中等学校(中学1年から高校3年まで)の教員になるためには、4年制大学の教育学部で取得する教育学士号(Bachelor of Education：BEd)が必要である。特筆すべきは、日本では教員免許が幼稚園教諭・小学校教諭・中学校教諭・高等学校教諭の4種に分かれているのに対し、初等学校免許と中等学校免許に区別がなく、一つの免許が幼稚部から高等学校まですべてに有効であることである。ただし、都市部の中等学校で教えるには、教員免許に加えて、現実には、教科の専門性を要求されることが多い。
　さらに、アルバータ州の教員資格は、次の二つの点で日本の教員資格と異なる。一つは、初等教育に相当する幼稚園や小学校の教員資格が、大学以外の中等後教育機関(例えば日本の短大に相当するような機関)の卒業では取得でき

ないことである。もう一つは、中等学校(中学校・高等学校)教員免許は、日本では学部を問わず教職単位を履修すれば取得できるが、アルバータ州では大学の教育学部に在籍しなければ取得できないことである。

初等教育の教員は、専科(音楽・第二外国語教育・体育)を受けもつ専科教員を除いて、全科目を教える。一方、都市部の中等教育では、中学校の場合1科目ないし2科目を教え、高等学校になると一つの専門科目を教える。初等・中等教育ともこの点については日本とほぼ同じである。

②教育学士号BEdの取得方法

大学では、教育学士号(BEd)の学位を取得するためには大学の教育学部で最低4年間は学ぶ必要がある。このことはアルバータ州の教員資質を考える上で重要である。BEdを取得する方法として、取得年数に差異のある次の三つがある。

(1) 4年間……大学の4年制課程の教育学部でBEdを取得する。しかし教育系が充実しているカルガリー大学やレスブリッジ大学には、この4年間の課程はない。

(2) 5年間…… 5年間で二つの学部から二つの学位を取得できる制度を利用して、教育学部のBEdともう一つの学位を取得する。しかし組合せとしては、例えば自然科学の場合はBEd/BSc (Bachelor of Science)、美術の場合はBEd/BFA (Bachelor of Fine Arts)、音楽の場合はBEd/BMus (Bachelor of Music)、体育の場合はBEd/BPE (Bachelor of Physical Education)と極めて限られており、また大学によって全部の組合せがあるわけではない。

(3) 5年または6年間……専攻学位取得者が(大学や専攻によって3年間または4年間と異なる)、その後教育学部で2年間かけて学位後教育学士号(BEd/AD：After Degree)を取得する。ただしこの場合は大学院の学位とはならず学部の学位となる。

一つの大学に(1)～(3)の課程がすべてあるとは限らず、またそれぞれの課程に初等・中等両専攻が必ず設置されているわけではない。大学によっては中学校専攻が特別に設けられていたり、中学年(小学4年から中学3年)専攻が

あったりする。このように教員養成方法はかなり複雑である。

③暫定免許と永久免許

教員免許は州の学習省が認可している。教員免許には2種類あって、暫定免許(3年間有効)と、永久免許である。日本の教員免許がいったん取得すると永久に有効である永久免許であるのと異なり、教員免許は、最初は暫定免許しか出ないことである。2年間実際の教職経験を積むことによって初めて永久免許への書き換えが可能となる。したがって暫定免許のみ取得している者は、3年間の有効期限が過ぎた場合、免許の更新をしなければならない。

④他州の大学出身者教員と外国人教員の可能性

初等および中等教員免許を取得するためには、カナダ国籍またはカナダの永住権をもたねばならない。その上で、アルバータ州の大学でBEdまたはBEd/ADを取得すれば前記の暫定免許が与えられる。他の州の大学を出て教員免許をすでに取得した場合もそれは自動的に有効にはならず、州学習省に申請してアルバータの教員資格認定を受ける必要がある。

(2) 現職教員の学歴向上の機会

現職教員が短期・長期を問わず研修する際には、各教育委員会は研修期間中の身分を保障し、経済面では研修補助金の一部を予算化している。このため現職教員が長期研修を利用して上級免許を取得することも、大学院の修士課程に入学することも可能である。大学には、学位取得者対象の1年間の修士課程があり、現職教員もこれを履修することができる。大学で学んだ教育歴が長いほど給与が高くなっている。州の各教育委員会が定める給与表をみると、大学で受けた教育の長さ(4・5・6年)に応じた給与体系となっている。例えば10年間教職経験を積んだ4年教育歴者と6年教育歴者を比較すると年間約5000カナダドルの給与差がある。

このように、長期研修を利用した大学教育期間の長期化は給与の増額に直結しており、結果的には州の教員全体の高学歴化を促進している。ちなみに、1998/99年度、州の全現職教員3万6333人中、BEdのみの取得者は1万9477人

で53.6％であり、5年間以上の教育を受けBEd以上の学位も有している教員は46.4％である。

(3) 現職教員の研修保障
①教員組合の役割
　公立学校の教師はすべてアルバータ州教員組合(ATA)の組合員であり、ATAと各教育委員会との間の交渉によって、「生命・障害保険」、「健康保険」、「歯科保険制度」と共に、「研修のための長期休業の保障」が四つの重要な権利のうちの一つとして認められている。学習省の下で354ある地方教育委員会は六つに分類され、教育委員会ごとにATAと個別の協定を結んでいる。教員研修(professional development)制度あるいは研修のための休業 (professional improvement leave又はsabbatical leave)制度を協定で条文化している教育委員会が53ある。

②長期研修保障
　「今日の教育は明日の世界のために」(Educating Today For Tomorrow's World)をモットーとするアスペン・ビュー地区19番(公立学校教育委員会学区41の一つ)教育委員会は協定第13条で、「研修のための1年間休業は、5年間の勤務経験があって復職後は2年間勤務することを条件に与えられ、この1年間の休業期間中には70％の給料が支給される」ことを明記している。しかし、このような休業年数や支給される給料の額は、教育委員会ごとに異なっている。

③短期研修と国外研修の保障
　短期研修として、7・8月の夏休みやクリスマス休暇、春休みなどを利用して、大学その他で研修を行う教員も多いが、長期休業による研修と同様に、これらの費用に対しても教育委員会から助成金が支給されているところもある。
　また、現職教員には、国際経験を積むために、二つの国外研修機会が提供されている。一つはカナダ教員連合(CTF)の援助を受けてアフリカ、アジア、カリブ海諸国、南太平洋地域の発展途上国で教育支援計画に参加することで

あり、もう一つは、有給の教育者交換プログラムによって、イギリス、合衆国、ドイツ、オーストリア、あるいはカナダの他州に派遣されることである。

　アルバータ州では、制度的にも経済的にも積極的に教員の研修の支援を進めてきた。その結果、教員の高学歴化が進んできた。加えて、毎年優秀な教員に対しては、教育優秀賞が授与されるという制度もある。2002年度の該当者は22名であった。
　カナダはOECDの国際学力コンクール(PISA)において急激に成果をあげており、カナダの州の中でもアルバータは高得点を取っている州の一つである。教員の学歴水準の上昇が生徒の学力向上に直ちに結びつくわけではない。しかし、教員の質が教育活動の中で重要な役割を占めていることも事実であり、教員養成の高度化や現職教育の推進が教員の資質向上に不可欠なことに異論はないであろう。

（くりはら　かずこ）

恐龍の化石が出るアルバータ州©カナダ大使館

コラム：ある学校の意思決定の組織と手順

　最近の日本における教育政策には、地方教育行政や学校レベルの裁量権限を拡大する動きがみられる。具体的には、校長のリーダーシップ強化と地域住民や父母の学校運営参加を意図した学校評議員制度の導入などがある。こうした制度改革が、学校での意思決定過程に何らかの影響を及ぼすことになりそうである。

　カナダの学校における意思決定手順はどのようになっているのだろうか。アルバータ州の事例を取り上げてみる。日本の学校評議員会にあたるスクールカウンシルは、95年に州内すべての学校に設置が義務づけられた。スクールカウンシルの導入によって幅広い意見を取り入れることが期待されている。この制度の中で多様な意見を実行に移すためには、校長に高度な専門性が要求されることになる。アルバータ州では、一般に教員免許をもち、一定期間の教職経験があり、修士以上の学位をもつことが校長になるための必修条件となる。教育学博士の称号をもつ校長も少なくない。この点は、日本のシステムと異なる点である。

　こうした制度のもとで、学校における意思決定手順をみてみよう。一つの事例として筆者が2年間教員として勤務した経験のあるアルバータ州南東部のメディスンハット高校の事例を取り上げる。

　メディスンハット高校は、人口5万人の都市メディスンハット市でもっとも規模の大きな公立高校である。生徒数は1200名程度、教員数は70名程度の規模である。職業技術系科目とアカデミック科目の両方を教育課程にもち、州では標準的なスタイルの高等学校である。同校では、95年に校内の意思決定プロセスが改訂され、八つの委員会が校内に組織された。以下ではそれぞれの委員会の構成と役割について紹介する。

(1)校内における意思決定機関——調整委員会(Coordinating Council)

　調整委員会は、校長、6名の教員代表、副校長から1名、カリキュラム委員会から1名、スクールカウンシルから1名、生徒会から1名、教員以外の職員1名、課共活動委員会から1名の委員で構成される。1ヶ月に1回定期的に委員会が開催される。

　調整委員会は、校内おける唯一の意思決定機関として位置づけられている。既存の教育方針を改訂する必要のあるプラン、学校全体の取組みを必要とするもの、学校全体に影響を及ぼす可能性のあるプランについては、すべて調

整委員会で決定される。それ以外の事案に関しては、その他の委員会で審議され校長決裁で事が進められる。ただし、校長が調整委員会に先立って意思決定を行った場合は、事後にその内容と理由を委員会に報告する義務がある。

調整委員会での意思決定プロセスは、三つの領域に分かれる。まず第一は、学校レベルでの意思決定を必要としない州議会での決定事項および学校区(School District)の政策を学校レベルでどのように実践するかに関することである。このような事項については、校内の他の委員会に先立って調整委員会での検討が進められる。第二は、学校レベルでの意思決定が部分的に必要となる州議会や学校区の政策や管理職による提案事項などに関することである。これらは、他の委員会の協力を得て調整委員会での検討が進められる。第三の領域は、学校レベルでの意思決定が必要な事項に関することである。具体的には、学校の教育方針、カリキュラムに関すること、服装規程やその他の校則、教員の研修、アカウンタビリティの項目、クラブ活動に関することなどである。これらは、校内の他の委員会からの提案事項に基づいて審議される場合と調整委員会での審議が先行する場合とに分類されている。

(2)その他の委員会

①TAG グループ

TAG というのは、Teacher Advisor Groups の略称である。Teacher Advisor は、日本のホームルーム担当教員に当たるもので、全校生徒は氏名の頭文字によって各ホームルームに振り分けられ、毎日40分間同じ教員のもとで指導を受ける。校内の全教員はこのホームルームを担当することになっている。したがって、TAG というのは、ホームルームを受けもつ教員の集団という意味である。

全教員が、三つのグループに分かれそれぞれのグループに副校長が入る。各グループは、調整委員会に教員代表として参加する2名の代表者を選出する。この委員会の役割は、カリキュラム以外の学校運営に関して情報を共有し、意見を集約する場である。日本の職員会議にもっとも近いのがこの委員会である。いくつかある役割の中で注目したいのは、校長やその他の管理職を含む教職員の採用に関する選考基準の作成である。

②カリキュラム委員会(Curriculum Council)

各教科長(Department Head)、教科に属さない教員グループの代表2名、

3名のカウンセラーの代表1名、司書教諭が構成メンバーである。授業の内容や教材、指導方法などの決定は個々の教員によって行われる。また、同じ教科に属する各教員間の連携と調整を図るために教科長が校長から任命される。教科長は、必要に応じて教科会議を開催し意見を集約する。カリキュラム委員会では、教科長がそれぞれの教科の意見を代表し学校全体としてのカリキュラム開発、時間割の作成などを行う。

③管理職委員会(Administration Council)

校長と3名の副校長から構成される。管理職者間の連絡調整が主な内容となっている。

④スクールカウンシル(School Council)

保護者、地域の代表者、生徒、教員、校長で構成される。95年のSchool Act改正で州内のすべての学校に設置が義務づけられた。学校運営に関して校長に助言を行う機関とされているが、調査の段階ではまだ具体的な役割について明確化されていない。

⑤課共活動(注：単位になる学校外活動)委員会(Co-curricular Council)

クラブのコーチ、顧問教員で構成される。おもに、部活動に関する事項を扱う。

⑥生徒会(Student Council)

選挙によって選ばれた執行委員、各ホームルームから選出された代表者、顧問教員で構成される。

⑦職員(Supporting Staff)

事務職員、秘書、実習助手、図書館職員などの教員以外のすべての職員で構成される。

これまでの記述で意思決定の中心的役割を果たす調整委員会とそれ以外の校内組織について紹介してきた。しかし、日々の教育活動の中には委員会の議題にならないような細かな意思決定場面が多くある。調整委員会以外では、校長のみが意思決定権を有することになっているが、実際には、一人一人の教員が自分の責任において事案を処理することが多い。例えば、教科指導に関していえば、指導方法や生徒の成績評定などは各教員の裁量に任される部分が多い。校長の決裁が必要な場合は、直接校長室に出向いて直に話をする。

したがって、校長室には面会を求めて教員や各委員会の代表者が頻繁に訪れることとなる。こうした、いわば風通しの良さが個々の教員の主体性を高めていると考えられる。

　メディスンハット高校では、日本の職員会議に当たるような全教員が出席して審議を行う場面は存在しない。例えば、教科に関する提案であれば教科毎の会議での審議を経て調整委員会への提案がなされる。調整委員会は学校運営に関係する各分野からの代表者で構成されている。決定事項は、TAGグループでの会議で報告され、質問事項はそこで集約される。毎月1回スタッフ・ミーティングが開催されるが、これは議論の場ではなく各委員会からの連絡事項伝達の場であったり研修の場であったりする。

　こうした学校運営のシステムを支えるものの一つは、各教員の学校運営に対する積極的な姿勢である。ある日のスタッフ・ミーティングでのこと、司会役の副校長が生徒会顧問を希望する教員を全体に募っていた。それまで顧問であった教員が退職したため引き継ぐ教員を求めていたのである。1、2分間の沈黙の後、「私がやる」の声と共に2名の教員が手を挙げた。わずか3分もたたないうちに生徒会担当顧問が決定した。

　日本の学校にみられるように、管理職が難しい顔をして「何とか引き受けてくれ」と一般教員に説得するスタイルと上記の事例のギャップは大きい。これは、メディスンハット高校に限定された事例ではない。筆者は、アルバータ州の教育改革に関する現地調査で担当者にインタビューする際にも常に彼らの改革に対する情熱を感じた。これは、地域レベル、州レベルでの両方でみられたことである。この点について理論的に説明することは困難であるが、積極的な意志をもった個人の考えや意欲が生かされるような意思決定プロセスがあることによって、改革に対する積極的姿勢が高められるといえるのではないだろうか。

（おかべ　あつし）

第3章 「子どもを第一に考えよう」とオンタリオ州の新保守主義的教育改革

ヨーク学区教育委員会の表示

トロント・カトリック教育委員会

第1節　教育政策・制度

(1) オンタリオ州の成立

　カナダは1534年のジャック・カルティエによるカナダ探索以来フランス領であったが、ヨーロッパでの英・仏間の対立は北米大陸にも飛び火し、幾度とない戦禍を繰り広げながら1763年の「パリ条約」により、フランスが築いたヌーベル・フランス(現在のケベック)はイギリス領となった。しかしその後、1775年のアメリカ独立戦争勃発により、約5万人の王党派がアメリカから、現在でいうノバ・スコシアやニュー・ブランズウィック、そしてケベック西部地域(現オンタリオ)に流れてきた。ここでケベック地域でのフランス系とイギリス系の反目が顕在化し、1791年に「立憲条令」が制定され、ケベック植民地はセントローレンス川下流域であるローワー・カナダ(現ケベック州)と上流域であるアッパー・カナダ(現オンタリオ州)という二つの植民地に分割された。その後、1840年の「連合法」によりローワー・カナダ植民地とアッパー・カナダ植民地は「カナダ植民地州」として統合され、さらには1867年制定の英領北アメリカ法によりカナダ植民地はノバ・スコシア、ニュー・ブランズウィックとともに、「カナダ連邦」を形成することとなり、同時にカナダ植民地はケベック、オンタリオの2州に分割された。これがオンタリオ州の起源である。

　カナダの歴史は、よくフランス系とイギリス系の対立の構図として捉えられるが、それはケベックとオンタリオの関係になぞらえて考えることができる。その好例の一つが首都の位置である。カナダ植民地州の首都は1841年以来、キングストン(オンタリオ)→モントリオール(ケベック)→トロント(オンタリオ)→ケベック市と両州間を往来していた。そして1859年には当時は無名に近かった小都市オタワが首都になり現在に至る。オタワはオンタリオ州に位置するが、オタワ川を渡ればすぐにケベック州であり、カナダ最大の都市で

第3章 「子どもを第一に考えよう」とオンタリオ州の新保守主義的教育改革　65

ありオンタリオ州の州都であるトロントからもケベック市からも、ほぼ等距離に位置する。つまり、オタワ遷都は両民族の妥協の産物という側面をもつのである。

(2) 現在までの教育政策の概観

　オンタリオ州の学校教育制度は、1950年に出された王立委員会報告書（ジョン・アンドリュー・ホープ(Hope, J. A.)が議長をしていたことから「ホープ報告」とよばれる）によりほぼ現在の原型ができあがったと言われている。しかし次にあげるような諸点はこの間における比較的大きな改革であると思われる。まずはESLプログラムの充実である。第二次世界大戦後多くの移民が流入してきたオンタリオ州においては、英語を母語としない子どもへの教育的対応を迫られ、1950年代から約20年の間に、大部分の地域においてESL教育の整備が行われた。次に多文化主義の教育への導入が挙げられる。多文化主義教育政策は1970年代に導入され、例えば公用語である英語・フランス語の教育のみならずこれらを母語としない住民の要求に応じてそれら母語を学校で教えるという「遺産言語プログラム」が実施されるようになった。また1980年代に行われたカトリック学校の公費化も主要な改革の一つであった。教育方法あるいはカリキュラムについては、1937年学習計画(the 1937 Program of Studies)において進歩主義的教育（詰め込みではない、子どもの自主性を尊重した教育方法）が導入されて以来、これと保守主義的教育（教科教育中心の知識詰め込み型教育）という相反的改革が度々議論されてきたが、1985年以降は後者の傾向にあるといわれており、それは現在進行中の改革においても踏襲されていると言われている。

(3) 現行教育改革の概観

　オンタリオ州においては、進歩保守党が政権を獲得した1995年にマイク・ハリス(Harris, Mike)首相（当時）の下、「常識革命」と呼ばれる新保守主義的教育改革が開始され、その流れを汲む改革は同党のアーニー・イブズ(Eves, Ernie)

に首相が代わった現在も進行中である。その特徴は「より良いものをより安く (do better for less)」という言葉で端的に表されるが、そこでは教育費の削減や多くの権限が州政府に集中するなどの傾向が見られる (Gidney, 1999)。例えば、それまでは各学区[1]において各教育委員会独自の税収入が可能であったが、1997年に制定された教育改善法によって財政コントロール権は州政府に引き上げられた。これについてはカトリック系の学校も分離学校 (Separate Schools) として公費で運営されている関係上、カトリック系住民から「独自の課税権を廃止するのは、カトリック系住民の教育を受ける権利を保障している憲法に違反する」として訴訟が提起された。また教育委員会の大幅な統合が実施され、1995年には129あった教育委員会が2000年には72となり、並行して教育委員の数も1995年の1992人から2000年には589人、教育委員会の上級職員も1995年の777人から2000年には512人に削減されるなど、教育財政における改革は現行教育改革の一つのハイライトである。

　他方、「子どもを第一に考えよう (Putting Kids First)」を合言葉として、教育内容に関する改革も進められている。例えば各学校段階で1999年以来、読み・書き・算数に加えて科学とテクノロジーを重視したカリキュラム改革が実施され、州統一のカリキュラムに基づいて各校で授業が進められている。また、第3、第6学年における数学および言語のテスト、第9学年の数学テスト、第10学年の識字テストなど、州統一の標準テストが実施されている。このように、新カリキュラムや標準テストを通して子どもの成績向上を図り、もって学校のアカウンタビリティを高めるというのも現行教育改革の一つのハイライトであるといっていいだろう。そしてこのような財政とカリキュラムにおける改革は、教員の世界にも大きな変化をもたらしている。例えば、学級規模の縮小を教員の授業持ち時間数の増加と授業準備時間の削減によって実現しようとする政策に対して、教員組合は数回大規模なストライキを実施した。その他にも、教員資格の在り方や再審査などの教員改革は、現行改革の一つの大きな側面を成している。

　もう一つのハイライトは1997年のスクールカウンシルの設置により公的な

ルートで親や地域住民が学校意思決定過程に参加することが可能となったことである。そこでは親・地域と学校との間にパートナーシップを構築することに主眼が置かれており、それによってより高度なアカウンタビリティを学校が果たしていくことが目指されている。

(4) 学校制度

オンタリオ州には言語と宗教の観点から4種類の公費学校が存在する。すなわち、英語系公立学校、フランス語系公立学校、英語系カトリック学校、フランス語系カトリック学校である。これら学校種別に合わせて教育委員会も4種類存在する。内訳は全72教育委員会のうち、英語系公立教育委員会が31、英語系カトリック教育委員会が29、フランス語系公立教育委員会が4、フランス語系カトリック教育委員会が8である。学校レベルに関しては、幼稚部から第8学年までが小学校、第9学年から第12学年までが中等学校である。義務教育は16歳までであり、これは学年ではなく年齢を基礎として算出される。順調に行けば第10学年あるいは第11学年ということになり、形式的にはここで学校を去ることもできるが、ほとんど全ての生徒は高校卒業を目指すということである。従来大学に進学するためには事実上第13学年ともいえるオンタリオ・アカデミック・クレディット(OAC)コースまで出る必要があったが、OACコースは2002年度を最後に廃止されることとなっている。そのため2003年度大学進学希望者は従来のOACコース後の生徒に加えて第12学年の生徒も含むこととなり、単純計算で従来の2倍の大学入学年齢生徒が誕生することになる。これは二重の同僚(Double Cohort)問題として混乱を懸念する声が大きい。私立学校も存在するが、数は非常に少なく、また公費負担は全くないため、かなり高額な授業料を支払うことになる(浅野、2001年)。

小学校入学については通常自分の住所に最も近い学校に行くことになる。中等学校進学に際しては、第8学年時にガイダンス・カウンセラーに進路について相談する機会が与えられる。通常は中等学校についても自らの住所に最も近い学校に行くことになる。この場合、学校側は定員に関わらずその学

校を最も近い学校としている生徒を受け入れなければならない。生徒は最も近い学校ではない学校に進学することもできるが、この場合は希望する学校に欠員がある場合に限り受け入れられることになるのが通常である。いずれの場合も小学校から、日本でいうところの指導要録に相当するものが中等学校に送付される。大部分の中等学校は普通(総合)学校であるが、数は少ないながらも芸術系や工業系の学校、いわゆるオルタナティブスクールのような学校も存在する。大学進学に際しては成績証明書を、希望する大学ではなくオンタリオ州大学入学申込センターという大学進学のための書類処理センターに送付し、その後各大学において合否が決定されることになる。全ての段階の進学において、日本のような筆記試験は実施されない。高校卒業後大学ではなくカレッジに進学するという選択肢もあるが、カレッジにおいては学位ではなく証明書などが授与されるにとどまる。ただし、カレッジから大学への編入を可能とする制度も、近年整備されつつある。

(5) 教育財政改革——「児童生徒に焦点を当てた財政」

　1998年以前には、各教育委員会は地方財産税を通して独自の歳入を得ていた。すなわち、各教育委員会が地方財産税の増税の可否あるいはどれだけの増税を行うかを決定する権限を有していたのである。そして、教育委員会によっては独自の徴税権を行使して大きな税収を得ていたため、子ども一人当りの費用は各教育委員会によって大幅に異なるものであった。この独自歳入に加えて各教育委員会は、州政府からの交付金を受けて各校の教育活動を管理運営していた。しかし1998年に州政府は、財産税収入の教育への支出方法に変更を加え、各教育委員会は独自に地方財産税から追加的歳入を得ることができなくなった。その結果、現在のオンタリオ州の教育財政制度においては、州政府の財政方式に基づき子ども一人当りの費用はオンタリオ州内で均一のものとされ、どの地域にいても同等の資源配分を受けられる建前となっている。このように、現在のオンタリオ州の教育財政制度においては、州政府が大きなコントロール権を有しており、基本的には州政府から各教育委員

第3章 「子どもを第一に考えよう」とオンタリオ州の新保守主義的教育改革 69

会に拠出される交付金によって各校での教育活動が行われることになっている。

オンタリオ州における教育委員会への財政支出の方式は「児童生徒に焦点を当てた財政」と呼ばれており、2002年度には142億カナダドルが拠出されることになっている。これは前年比2.5％、3億5千万ドルのアップであると、州教育省は主張している。この「児童生徒に焦点を当てた財政」方式は、大要3種類の交付金制度を含んでいる。すなわち、「基礎交付金」、「特別目的交付金」そして「児童生徒設備交付金」である。基礎交付金とは、上述の子ども一人当りに拠出される交付金を指し、小学校児童一人当り3680ドル、中等学校生徒一人当り4431ドルが拠出されている。基礎交付金は教室での教育に限定して(教員にかかる費用やコンピュータなど)支出することとされており、2002年度には78億8千万ドルが計上されている。特別目的交付金とは、基礎交付金が子ども一人当りの基準で州全体均一に拠出される一方で、各地域独自の教育ニーズに対応することを目的とした交付金制度であり、州政府は10の特別な目的に応じて、各教育委員会独自のニーズに合わせて交付金を拠出している。10の特別な目的とは、特殊教育、言語、地理的事情、教育機会、継続教育その他のプログラム、教員資格と教職経験、早期教育、通学(スクールバスなど)、入学者数減少の調整、教育委員会の運営・管理であり、19億6956万ドルが計上されている。個別の目的によってはこの種の交付金を受けていない教育委員会も存在する。児童生徒設備交付金は、教育委員会が学校設備を維持し運営していく上で必要となる経費を満たすために拠出される。これは、ヒーターや照明、清掃などに支出される「学校運営割当」、建物の改築や修理に使われる「学校修繕割当」、そして学校の新設などに使われる「新児童生徒設備割当」の3種類からなる。23億1100万ドルが計上されている。

他方、このような財政方式では十分な資金が得られないという批判もあり、州政府から臨時に資金援助がなされたりもしている。あるいはこの財政方式の主眼の一つとして「教室での教育活動への支出」が挙げられるが、「教室」の定義が非常に限定的であり、実際の教育活動に十分に対応できていないなど

の批判も出されている。その他にも、「子ども一人当り」が、富裕層の地域と貧困層の地域との間の差異を考慮に入れることなく一律に課されるため、一見平等性を重視しているように見える財政方式も、実際は公平性を軽視しているという指摘もある。そのため、2002年末には、ゲルフ大学学長であるローザンスキー(Rozanski, M)が議長を務める「教育平等タクスフォース」が州教育相に対し112ページにも及ぶ詳細な調査報告書を提出した。そこでは、財政方式における設定基準の定期的更新などを含む33の提言がなされた。

(ひらた　じゅん)

第2節　中等学校教育カリキュラム改革

(1) 新カリキュラムの概要

　オンタリオ州の中等学校は、新カリキュラムが実施されるまでは、北米で唯一5年制システムをとっていた。しかし、1年長く学んだオンタリオの生徒と4年間で中等学校を卒業した他の州の生徒を比べて学業成績的にあまり差がないことや、若者にとっての1年間は貴重である等の理由から、1999年州政府は4年制カリキュラム導入に踏み切った。今回の改革では、曖昧すぎると批判の的になっていた教育内容の標準が全般的に引き上げられ、教科ごとに州統一カリキュラムが文書化されたことに始まり、様々な新たな試みが導入された。

　新カリキュラムは二つの目標をかかげている。まず、ひとつは社会や就業形態の変化に対応しうる実践的な中等学校教育の創造であり、そのために数学、科学の時間数を増加し、コンピュータの基礎等を学ぶテクノロジーや職業全般について学ぶ職業教育などを新たに必修科目に加えている。英語の時間数は全体的に減ったものの、英語の基礎学力の徹底を図るため10年生は全員、州統一識字テストに合格することが卒業要件に加えられた。また、もうひとつの目標としてカナダ市民しての知識と行動力を養うことをかかげ、公

第3章 「子どもを第一に考えよう」とオンタリオ州の新保守主義的教育改革　71

民教育の必修と40時間の地域参加活動が義務づけられた。卒業資格取得に必要な単位数は二つ増え30単位となり、うち18単位は必修科目から12単位は選択科目から履修することになっている。

　1993年に9年生の能力別コース制が廃止されて以後、能力差のある生徒を画一的に扱うのは逆に不平等であると教師や保護者の批判が盛り上がっていたが、今回の改革では進路別コース制が再導入された。まず9、10年次には数学、英語、科学、地理、歴史など基礎科目に関してのみ二つのコース（理論や抽象的事項を重視したアカデミックコースと、実践的具体的な内容を重視した応用コース）が設けられ、生徒は進路や関心に応じてどちらかを選択する。しかし、体育や芸術、職業に関する学習、技術などの科目については共通のオープンコースから選択する。11、12年次には、さらに細かい4つのコース（職業準備コース、カレッジ準備コース、大学準備コース、大学およびカレッジ準備コース）とオープンコースの中から必要科目を選択していく。コース選択に迷った場合は、担任、ガイダンス・カウンセラー、教員アドバイザー[2]などに相談できるし、途中で進路変更したい生徒のためには夏季講座や夜間学校、教育省の学習センターなどでの編入コースが設けられている。また、10年から12年次では該当科目の水準に見合う学業成績や技術をすでに習得していると証明されれば、4単位までコースをスキップ（飛び級）できる事前学習評価認定制度も取り入れられ、制度上では能力のある生徒や、いったん社会に出た成人生徒が無駄なくより早く高校卒業資格を得られるように改正されたわけである。

(2) 体験学習の重視と地域参加活動の義務化

　こうした新カリキュラムを日本との比較という観点から見ると、地域における体験学習として導入された全員最低40時間（授業時間外）の地域参加活動の義務化がとくに注目に値する。地域参加活動プログラムに関する州政府の覚書によると、その目的は生徒の市民としての責任への理解を深め、地域の一員としての意識を養いながら、地域の団体と卒業後も継続していけるような関係づくりを行うことにある。手続きとしては、まず各教育委員会が適切

な活動のリストを作成し、生徒はそのリストを参照し親や教師と相談しながらやってみたい活動や関連組織を自分で探して、署名(18歳以下の場合は保護者の署名も必要)入りの申請書を校長に提出する。もちろん年齢や安全、また授業との兼合いから不適当とみなされる活動もあるが、生徒は無償であればかなり広範囲から活動を選択でき、申請書には最初から複数の活動予定を記入することができる。校長または担当教師より申請書にサインを得た時点で、生徒は自分の選んだ組織と直接交渉し、授業に支障をきたさなければ昼休み等も利用してボランティア活動を始めることができる。地域の受入れ先には、生徒に適切な訓練や指導を与えたり、安全な環境を創り出す等を通じて学校教育への積極的協力が求められる。生徒は、活動終了時には受入れ先のボランティア・コーディネーターが署名した修了証明書を再び校長に提出する。事故が起きた場合は、生徒および受入れ先とも教育委員会の保険で「適度に」カバーされることになっている。こうしてみると、確かにオンタリオ州の高校の体験学習やボランティア活動は、仕組みとしては地域全体で子どもたちの教育責任を共有したり、生徒が教室では学べない社会人としての自主性や実践力を養うためには理想的な新しい教育形態のモデルとなる可能性を秘めている。

(3) 現場の声

　しかし、これら新カリキュラムは、現場ではいったいどのように機能しているのだろうか。トロント市内の普通中等学校で社会科を教えた後、現在は職業系中等学校の副校長をしているボブ(仮名)に現場の様子を聞いてみると、資料からは見えなかった点がいくつか浮かび上がってきた。

　まず、州統一カリキュラムの標準化についてはボブも基本的に賛成であった。改革前は同学年で同教科でも先生が違えば隣のクラスでは全く違うことを学んでいるといった感じであったが、統一ガイドラインのお陰でその心配は無くなった。しかし、問題は新カリキュラムの標準が中等学校生徒全体の40％である高等教育機関(大学やカレッジ)進学希望者を対象に定められてい

る点にあるという。新カリキュラムでは水準を上げるために以前は9年次に習う事項を5年次に導入するなど早いペースで授業が進められていくので、難しすぎてついていけず留年する生徒がたくさん出ているのが現状だそうである。

　普通中等学校でもそんな様子であるから、この画一的な州統一カリキュラムをこなさなければならない職業系中等学校の教師や生徒たちの苦労は大変なものである。ちなみにボブが勤務する学校はトロントの労働者階級地区にあり、600人近くいる生徒のうちの3分の2は素行に問題があるか、8年生落第保留で9年生にあがってきた生徒である。英語を母語としない生徒がほとんどであり、社会保障で暮らしている保護者も多く、とても子どもの教育や学校に協力できるような状態ではない。こうした環境のもとでは、州統一識字テストを10年生の170人が受験し合格者0人という厳しい現実と向き合わなければならない。原因としては生徒の基礎学力不足というよりは、英語によるハンディが大きいという。しかし教育委員会はこうした生徒層の必要に応じたESLプログラムの増設等の配慮もせず、やみくもに画一的な標準を要求するだけなので、そこにはおのずと無理が生じてくる。識字テストに合格するまでは卒業できないし、また急に難しくなった授業にもついていけず、落第を繰り返し卒業までに6年も7年もかかることになり（ちなみに、オンタリオ州では21歳まで高校に在学することができる）、現実には中途退学してしまう生徒が増えているそうである。つまり、新カリキュラムの高水準4年制高校教育の恩恵をうけるのは少数の進学組の優秀な生徒のみであり、その他多くの生徒は実際には4年以上かけて高校卒業証書をもらうことになるのである。

　学校と地域の連携による体験学習についても、学校や地域によって差が出ているようである。ボブはとくに実践が連動した共同教育は有効な教育スタイルであると高く評価する。実際、職業系中等学校の生徒の多くがこうした授業を通じて卒業後の就職先を決めるそうである。しかし、その一方で、学校が豊かな地区か貧しい地区のどちらかに位置するかや、校長の手腕の違いにより、地域から得られる協力や財源の面での生徒の教育機会に、学校間で

大きな差が出ていることを指摘する。ボランティア活動にしてもしかりである。州の覚書では、生徒が希望する組織に自主的に交渉するよう求められているが、実際にはボランティア活動という中産階級の価値観と生活スタイルになじみのない移民や労働者階級の生徒に自分で受入れ先を探して来なさいと言っても無理である。結局、教師が生徒の進路や興味に見合った団体をいくつか見繕い、数人まとめて受け入れてもらうよう交渉することになるのだが、その方が受入れ先でも信頼してくれるのだそうである。

　ボランティア活動を初めて経験した生徒たちが自信と社会貢献の喜びを持てるようになったり、卒業後のコネクションができたりと、地域参加活動の学習効果は計りしれないとボブは高く評価する。しかし現状の方法では実施に無理があり、教育委員会でもう少し組織だった仕組みを開発する必要があるという。なかでも保険は大きな問題である。ボブの話では、数年前オンタリオ州の工場で職業学習中の高校生が機械に挟まれて亡くなる事故が起きた時、教育委員会は学校と受入れ先に責任を転嫁したそうである。こうした話からして、地域との連携による体験学習やボランティア活動が効果的に学校教育の一環として利用できるようになるまでには、まだ課題が山積みのようである。

（なるしま　みや）

第3節　学校教育とアカウンタビリティ

(1) 子どもの成績評価とレポートカード

　オンタリオ州では従来各教育委員会が独自の形式でレポートカード（通知表）を作成していたが、1999年以来州統一のレポートカードを導入している。これは子どもの成績や学校での状況を親に知らせるためのものであり、その意味で学校のアカウンタビリティを向上させる一つの方策であると捉えられている。レポートカードへの記載内容あるいはその発行回数などは小学校と中等学校で多少異なる。まず、小学校では年3回発行されることになってい

第3章 「子どもを第一に考えよう」とオンタリオ州の新保守主義的教育改革 75

る。内容は出席などの記述もあるが、成績評価という点では大要、カリキュラム達成度と学習スキル発達度に大別される。カリキュラム達成度は、各科目に関して州統一カリキュラムでその学年の児童生徒に期待されている程度の成績を修めているかどうかに関する評価であり、第1学年から第6学年まではABCD、場合によっては＋－を伴って（A＋、B－など）表示される。第7・8学年ではパーセント（90-100％、80-90％など）が用いられる。これら評価はいずれも州の規定する達成度の4レベルに基づいている。つまり、Aおよび80-100％はレベル4、Bおよび70-79％はレベル3、Cおよび60-69％はレベル2、Dおよび50-59％はレベル1などである。Rあるいは50％以下は州統一カリキュラムで要求される成績を修めていないことを表す。第7・8学年の場合は、当該学年での平均値も記載する必要がある。また、各科目の評価には長所・短所などについての記述欄も設けられている。

　他方、学習スキル発達度とは、効果的な学習を実現するための能力をどの程度獲得しているかについての評価であり、学習への積極性、宿題をやってきているかどうか、協調性、課題解決、授業への参加度などからなる。評価はE（優）、G（良）、S（可）、N（要改善）の4段階でなされる。これは各科目についてではなく科目横断的に評価されるため、多くは学級担任によってなされることになる。またレポートカードには親や子どもによる返信欄も設けられており、評価に対するコメントを教員に知らせる機会になっている。たとえコメントがない場合でも返信欄はサインの上、学校に提出しなければならない。

　中等学校のレポートカードは、2学期制をとっている学校は年2回、3学期制をとっている学校は年3回発行することになっている。内容は小学校と同じくカリキュラム達成度と学習スキル発達度に大別される。カリキュラム達成度は、コースごとにパーセントで評価され、記述欄も用意されている。また、各コースの成績における中位数も記載しなければならない。中等学校の場合、学習スキル発達度についてもコースごとに評価される。基準は小学校と同じ4段階である。この際、学ぶ力の評価はカリキュラム達成度の評価の決定に影響を及ぼしてはならず、カリキュラム達成度の評価は純粋に当該

生徒がどれだけの成績を挙げているのかのみに基づかなければならないことになっている。生徒・親による返信欄も設けられている。レポートカードにおいては、小学校・中等学校を通じて絶対評価を採用している。すなわち一定基準を達成していれば何人の児童生徒が同じレベルにいようともその成績を得ることになる。

　レポートカードの内容は、「オンタリオ児童生徒記録」(Ontario Student Report、日本でいう指導要録)にも記載される。「児童生徒記録」は、当該児童生徒が在籍する学校で作成・保管されることとなっており、転校・進学に際しては転校先・進学先の学校へ送付されることになっている。「児童生徒記録」はレポートカードの他に、当該児童生徒に関する様々な情報(誕生日やIDナンバー、入学日時、親の氏名、健康状況、その他必要な情報)をも含んでおり、あらゆる児童生徒は自身の記録にアクセスする権利を有していることが明確にされている。児童生徒が18歳未満の場合はその親にも記録にアクセスする権利がある。

(2) EQAOによる州統一標準テストと学校のアカウンタビリティ

　オンタリオ州においては1997年以来、州統一標準テストが実施されている。これを実施しているのが、「教育の質とアカウンタビリティに関するオフィス」(Education Quality and Accountability Office: EQAO)である。EQAOは1996年に設立された、オンタリオ州政府からは独立した機関である。その使命は、より高度なアカウンタビリティを確保し、オンタリオの教育の質を高めることに貢献することである。簡潔にいえば、学校教育の改善と、それによるアカウンタビリティの向上がEQAOのキーワードといえる。そしてそのためには、客観的で、信頼できかつ関連した情報に基づいた評価と、制度改善のための提言に沿った形でのタイムリーな情報の公開が必要であると認識されている。このロジックによって、州統一標準テストの必要性が導き出される。州統一標準テストは次のような形態で実施されている。すなわち、第3・6学年における読み・書き・数学のテスト、第9学年における数学テスト、そして10年生を対象にしたオンタリオ中等学校州統一識字テストである。州統一標準テ

第3章 「子どもを第一に考えよう」とオンタリオ州の新保守主義的教育改革　77

ストを通しての評価は、児童生徒がどの程度州統一カリキュラムにおいて期待されている成績を修めているのかについてなされる。

　これら州統一標準テストにおいては、3種類の設問・解答形態が見られる。すなわち、選択肢、短い記述による解答、長い記述による解答である。これら3種類の形式はそれぞれの長所を活かした形でミックスされている。テストはEQAOにより、退職教員やコンサルタント、校長、教育委員会の調査員も参加して作成される。テスト実施後の採点は、夏休みを利用して現職あるいは退職教員などを雇用して行われる。採点に際しては必要なトレーニングも提供される。テスト採点後、全ての情報はEQAOに集められ、個々の児童生徒、各学校、各教育委員会そして州全体の報告書が作成される。評価は、中等学校卒業資格取得の条件ともなっている第10学年の州統一識字テストにおいては合否判定がなされ、その他の州統一テストに関してはレベル4からレベル1の4段階でなされる。識字テストに不合格だった場合には再びチャレンジすることになる。EQAOによるレポートを受けて、各校・各教育委員会は独自の報告書および改善のための行動計画を作成しなければならない(Childs & Lawson, 2001)。こういった一連の州統一標準テストを通しての評価プロセスにおいては、簡潔で接近可能かつ透明な情報を教師、親そしてコミュニティに提供することが目的とされており、これら利害関係者間のコミュニケーションを深め、子どもの基礎学力向上を支援するための資源を提供し、もって教師がこれらを有効に活用して、よりよい授業を行うことができるような支援を行うことが目指されている。そしてそれが、学校のアカウンタビリティを向上させることに通じる、とされている。

　EQAOによる州統一標準テストを通して学校が果たすことが期待されるアカウンタビリティを考える際にまず留意しておくべきことは、学校のアカウンタビリティを子どもの成績に基づいて評価する手法(outcome/performance-based assessment)は、いわゆる新右翼(New Right)的政治思想に基づくものとされる、ということである。そこでは経済的生産性の衰退は教育的生産性の衰退に起因するとされる。そして経済的生産性の向上は教育的生産性の向上に

求められることとなり、経済原理を教育の世界に導入すれば教育的生産性が向上し、それは経済的生産性の向上につながる、という想定がある。この想定そのものの妥当性については大いに疑義がある、つまり、経済的生産性の衰退を教育的生産性の衰退に求めることは一定の説得力をもつものの、だからといって教育的生産性を向上させるためには教育の世界に市場原理を持ち込む必要があるということには必ずしもならない、ということが指摘されるが、いずれにせよ、テスト結果に焦点を絞った評価制度はこのロジックに基づくものであるということはいえるだろう。

　さて、EQAOは州統一標準テストにより子どもの学力を評価し、改善するための指針を示すことを目的としている。そこでは州全体の子どもの学力を統一の基準で測ることが必要になる。つまり、客観的で数値化可能な基準が設定されることになる。そして評価基準は全ての学校から中立的立場にある政府、この場合EQAOにより設定されることとなり、そのため評価自体も政府によりなされることになる。州統一標準テストの結果に基づいて作成される、子どもの成績を改善するための各校の行動計画は各教育委員会の行動計画を反映したものとすることが要請され、各教育委員会の行動計画はEQAOによって作成された報告書に沿って作成される。各教師は州統一標準テストの出題傾向に焦点を合わせて作成されたこれら行動計画に沿って授業を行うこととなり、教える事項について焦点を絞り込むこととなる。つまり、教師及び学校は「数値化可能な子どもの学業成績」に対してアカウンタビリティを負うことになる。そしてその改善の成果は次回の州統一標準テストで測られることになり、従って何を子どもに教えるかについて、各教師あるいは各校は各教育委員会に、各教育委員会はEQAOあるいは州政府に対してアカウンタビリティを負うということになる。つまり、アカウンタビリティの方向が上を向くこととなる。このような形で果たされるアカウンタビリティは垂直型アカウンタビリティ (vertical accountability)、あるいはアカウンタビリティの管理モデル (the managerial model of accountability) と呼ばれる。この種の形態のアカウンタビリティ構造においては、評価はトップ・ダウン的になされ、

第3章 「子どもを第一に考えよう」とオンタリオ州の新保守主義的教育改革　79

アカウンタビリティは一方向性のプロセス(one-way process)となる。そこではEQAOによって設定された基準に沿って子どもの成績を向上させることが要請され、教師及び学校は直接的には評価主体である政府に対してアカウンタビリティを負うこととなり、子どもや親、コミュニティへのアカウンタビリティは政権与党への信任を問う選挙という形で間接的に果たされることとなる。そこでは、基準の設定やそれに基づく評価の権限は政府に向けて集権

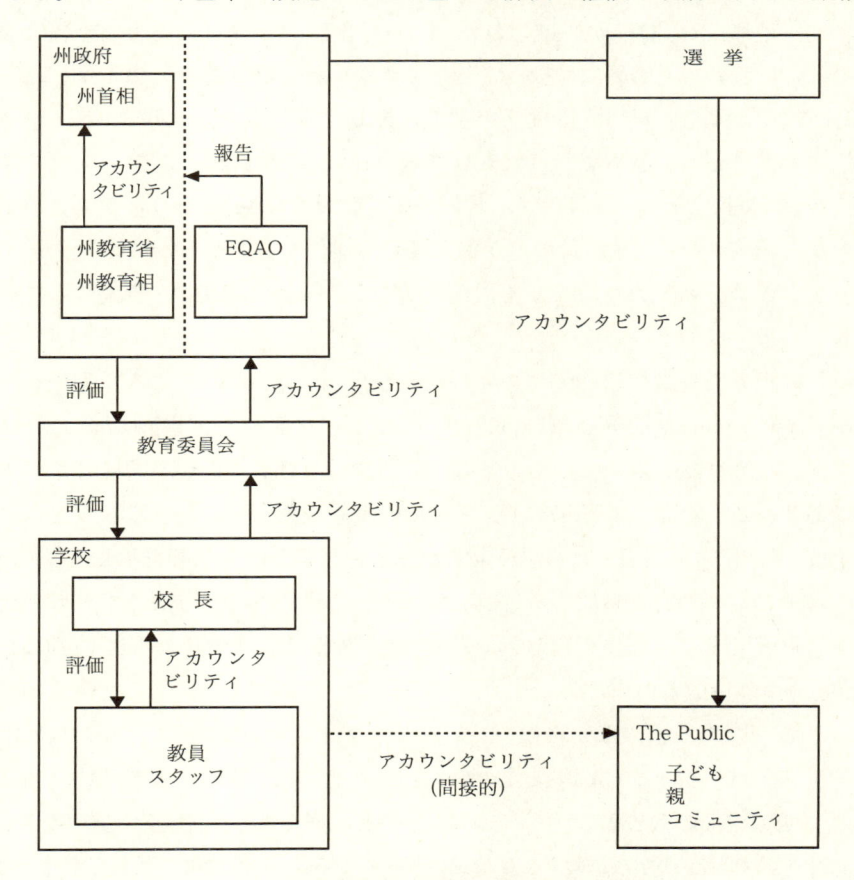

図1-3-1　標準化テストを通してのアカウンタビリティ構造
　　　　　（垂直型アカウンタビリティ・モデル）

化する一方で、そこにおける責任は各校及び各教師レベルに分散化される、という矛盾構造が生じる(図1-3-1)。

(3) スクールカウンシルと学校のアカウンタビリティ

スクールカウンシルの制度化は、1994年の学習に関する王立委員会報告書において、教育改革を成功に導くための原動力の一つとして「新しい種類の学校―地域間の連携」が挙げられた。同報告書は、「多年にわたり、社会は他のどこにおいても容易には扱うことのできない新たな問題や危機が生じた場合、常にそれらに対応する責任を学校に押し付けてきた。しかし、もはや学校のみで子どもの教育を行うことはできない」という認識に立ち、「全ての学校が、校長によってリードされ、地域住民、親(法定保護者を含む)、教員、子どもから構成され、現在教員のみが抱えている責任を共有するためのスクール―コミュニティ・カウンシルを設置することが求められる」と結論づけている。

この提言を受けて、1995年4月「政策及びプログラムに関する覚書122号」(Policy/Program Memorandum No.122、PPM122)が州文部省より出された。これはスクールカウンシルについての各教育委員会における取扱いを規定したものである。ここでは、スクールカウンシルの設置理由として、子どもの教育に学校、親、子ども自身、地域住民全てが責任を負うという見解を示した後、親には子どもの教育に参加する「権利」があり、広範にわたる方法で子どもの発達に貢献できる、として、親の学校教育参加の権利性を明確にしていることが、一つの特徴といえる。

さて、覚書122号のなかには、スクールカウンシルの構成と機能について、まずメンバーシップ(構成員とその選任方法)としては、親の代表者(親による互選)、地域住民の代表者(カウンシルによる指名)、子どもの代表者1名(中等学校においては必置。小学校においては校長の裁量による。子どもによる互選)、校長(指定メンバー)、教員の代表者1名(教員による互選)、職員(non-teaching staff)の代表者1名(職員による互選)を含むものと定められている(ただし各カテゴリーの

第3章 「子どもを第一に考えよう」とオンタリオ州の新保守主義的教育改革

人数は最低要件であって、これに限定されるものではない)。カウンシルの委員構成については、親代表が過半数を占めることとされており、また、地域の多様性(民族や人種構成など)を反映した構成になることが期待されている。議長は親代表の中から委員の選挙によって選ばれる。在任期間は1年あるいは2年(いずれかの決定は各教育委員会に委ねられている)であり、これは延長可能である。メンバーに対する謝礼金は支払われない。オンタリオ州のスクールカウンシルは諮問機関であることが明確にされているが、カウンシルは校長に対してのみでなく、適切な場合には教育委員会に対しても一定の事項について提言を行うことができる。その他、最低1年に4回の会合を開くこと、全ての会合は地域住民に対して公開であること、カウンシルのメンバーがメンバーとしての技能を開発することができるような情報及びトレーニングの機会を組織すること、地域とのコミュニケーションを促進すること、などが規定されている。この覚書122号の趣旨は「教育改善法(Education Quality Improvement Act, Bill 160)」に盛り込まれ、法制度として固められるに至っている(ただし、Bill 160においては、第170条1項17.1パラグラフにおいてその設置が規定されているだけで、詳細については覚書122号の規定がなお有効である)。

　2000年に入り、これまで行われた教育改善委員会(Education Improvement Commission)やオンタリオ州親委員会(Ontario Parent Council: OPC)が行った調査を下に、スクールカウンシルの機能を強めるため、「教育法—オンタリオ規則612/00(The Education Act—Ontario Regulation 612/00)」下での新スクールカウンシル規則が設けられた。ここでは、助言機能やその設置、構成などの点で、スクールカウンシルの役割がより明確にされた。例えば、スクールカウンシルの目的が、「子どもの成績を改善し、子どもの生活のあらゆる側面への親の活発な参加を通してアカウンタビリティを高めること」とされ、学校意思決定過程への親の参加を明確に「権利」と規定している。機能に関しては、スクールカウンシルは校長や教育委員会に対し、子どもの教育に影響を与えるいかなる事項についても提言を行う権利を有し、校長や教育委員会はそれら提言を重視し、その対応についてカウンシルに報告しなければならない責任

を負う。「子どもの教育に影響を与える事項」とは例えば次のような事項が挙げられている(これらに限定されるものではない)。すなわち、子どものための行動及び適切な服装に関する規定、校長の任用のためのプロセスや基準、スクールカウンシルへの財源の割当、資金調達政策の策定、紛争解決政策、スクールカウンシル・メンバーのための出費返済、EQAOからの標準テスト結果に基づく子どもの学力改善のための行動計画、などである。運営や構成に関しては、まず学年が始まって30日以内にスクールカウンシル代表者を決める選挙を行わなければならない。また従来曖昧だった、教員を含む教育委員会職員や教育委員のスクールカウンシル参加について、自らの勤務する学校以外では親あるいは地域代表として参加することができること、その際にも議長を務めることはできないこと等が明確にされた。また各スクールカウンシルは、代表者選出手続や紛争解決プロセスについての内部規定を設けることも規定されている。

　さらには、州教育省は、州レベルでの教育問題について定期的に各カウンシルに報告することが義務付けられることとなり、あるいは、OPCにおいては、州を六つに分けた各スクールカウンシル・フォーラムから一名ずつ役員に選出されることとなった。これらは、スクールカウンシルの機能や親へのアカウンタビリティを重視する傾向が、各学校や各教育委員会ごとの問題としてとどまることなく、州レベルで横断的に共有されているということを示している。

　スクールカウンシルのアカウンタビリティは、そこでの協議事項すべてに向けられる。オンタリオ州でいえば、「子どもの教育に影響を与えるいかなる事項」もアカウンタビリティの対象となり得る。また、各学校において議論がなされるため、その協議事項は個々の学校が直面する課題によって様々なものとなる。例えば、英語あるいは仏語を第一言語としない子どもが多く通う学校においては、ESLプログラムや遺産言語プログラムの方針について、あるいは彼らのカナダでの生活を支援するためのプログラムなどが議論されることになるものと思われるし、いわゆる「荒れた学校」では、学業成績よりも

第3章 「子どもを第一に考えよう」とオンタリオ州の新保守主義的教育改革　83

むしろその問題を解決するための議論がもたれることになるだろう。つまり、スクールカウンシルを通して学校が何に対してアカウンタビリティを負うのかということについては、客観的かつ数値化可能な基準を設定し、州内の他の学校との比較の中で評価することは困難である、ということがいえる。なぜなら、スクールカウンシルにおける協議事項は、当該学校コミュニティ特有のニーズに基づいて、カウンシル内の議論によって決定されるため、当該

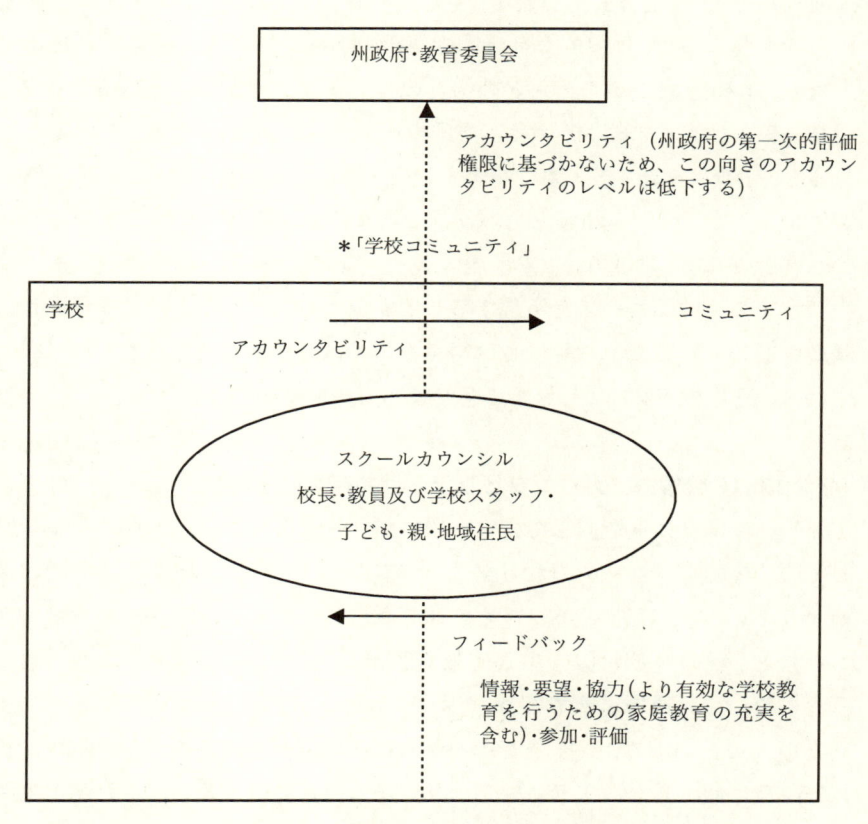

```
                    ┌─────────────────┐
                    │  州政府・教育委員会  │
                    └─────────────────┘
                             ↑
                             │  アカウンタビリティ（州政府の第一次的評価
                             │  権限に基づかないため、この向きのアカウン
                             │  タビリティのレベルは低下する）
                             ┊
                        *「学校コミュニティ」
```

＊「学校コミュニティ」とは、理念型としての「学校を中心として形成されるコミュニティ」を指す

　　　図1-3-2　スクールカウンシルを通してのアカウンタビリティ構造
　　　　　　　（水平型アカウンタビリティ・モデル）

（図中）
学校　　　　　　　　　　　　　　　　　コミュニティ
　　　　　アカウンタビリティ　→

　　　スクールカウンシル
　　校長・教員及び学校スタッフ・
　　　　子ども・親・地域住民

　　　　　←　フィードバック
　　　　　情報・要望・協力（より有効な学校教
　　　　　育を行うための家庭教育の充実を
　　　　　含む）・参加・評価

学校の主観的事情がその評価の中心を成すからである。故に、これら協議事項の実施等に関する評価は、政府によってはなされ得ず、当該コミュニティ自身によってなされることとなる。つまり学校のアカウンタビリティは、政府に対して上向きとなるというよりむしろ、コミュニティに対し横向きとなる。この種の構造のアカウンタビリティは水平型アカウンタビリティ (horizontal accountability) あるいは、アカウンタビリティの民主主義モデル (the democratic model of accountability) と言われる。そこでは政府からのコントロールや管理の拒絶を含みつつ、民主的な社会的価値観の学校への導入が模索されることとなり、学校とコミュニティとの相互のコミュニケーションが重視される。つまり、アカウンタビリティは双方向性 (two-way process) となる。このように見ると、学校はセルフ・アカウンティング (self-accounting) な存在、つまり外部評価よりむしろ子どもや親・地域住民を含んだ直接的な学校当事者による評価が基礎となる。なぜなら、スクールカウンシルのアカウンタビリティには当該学校の特殊なニーズを実現することが求められ、それは単なる客観的な基準を通して政府により評価され得るものではないからである。そしてそこでは、権限と責任双方についての各学校への分権化が要請される。

(4) 集権的・分権的アカウンタビリティは共存し得るのか

　州統一標準テストを通しての集権的アプローチとスクールカウンシルを通しての分権的アプローチの双方を用いて学校のアカウンタビリティを増加させようという改革は、イギリスやアメリカ、オーストラリアやニュージーランドなど、いわゆる新保守主義的教育改革を実施している多くの英語圏の国々において共通の現象である。これらの国々に比べるとオンタリオ州は後発ということになるが、後発であるからこそ先例から多くを学び、極端に新保守主義に傾斜しないように一定の配慮が払われているということが指摘される。

　まず州統一標準テストの結果を受けての行動計画作成が、スクールカウンシルのアカウンタビリティとされている点について、他の新保守主義的教育

改革を行っている国々では、信賞必罰の原則の下、標準テストの結果を直接的に学校評価や教員評価、あるいはスクールカウンシルの効果に結び付け、それは評価の低い学校に対する統廃合の動きにもつながっていることが多い。しかしオンタリオ州では、子どもの成績と教師の能力は必ずしも直結しないこと、子どもの点数が高いからといって当該校のプログラムが優れていたり教師の能力が高いということには必ずしもならないということ、子どもの成績には家族や地域の社会文化的要因が大きな影響を持っていることなどが認識されている。そのためスクールカウンシルは、親や子ども、地域住民等利害関係者から幅広い意見やニーズを聞き、教師が授業改善のために有益な情報を得るための場、あるいは日頃の学校の教育活動において親や子ども、地域住民と情報や問題点を共有し議論する場であり、そういった相互作用を通してアカウンタビリティを増加させることが目指されている。ゆえにテスト結果に関して教師だけに責任を負わせるのではなく、親や地域、子どもとのパートナーシップの下、子どもの成績改善を模索することが要請されているのであるが、それは信賞必罰につながるわけではない。むしろ、コミュニケーションの増加により学校－家庭間のよりよい信頼関係を構築するというプロセスに重点がおかれている。つまり、このような形で垂直型アカウンタビリティと水平型アカウンタビリティのバランスをとっているのである。

　次に州統一標準テストが英・仏系を基準とした「標準」であるため、その他の民族との間に公正性の問題が生じる。この点に関してオンタリオ州では、テスト結果に基づいて各校の行動計画を策定することになっているスクールカウンシルには、その行動計画における公正性を確保するために、当該地域住民の多様な背景(人種、民族、言語、文化、宗教等)を反映した構成を有することが期待されている。つまり、テストにより生じると考えられる「公正性」上の問題をスクールカウンシルの構成によって解決しようとしているのである。あるいは、州統一標準テストの実施に際しては、子どもやその家族の社会文化的背景に関するアンケート調査を実施し、改善のための行動計画にはその結果も盛り込むこともとなっている。こういった配慮は、EQAOが州統一標

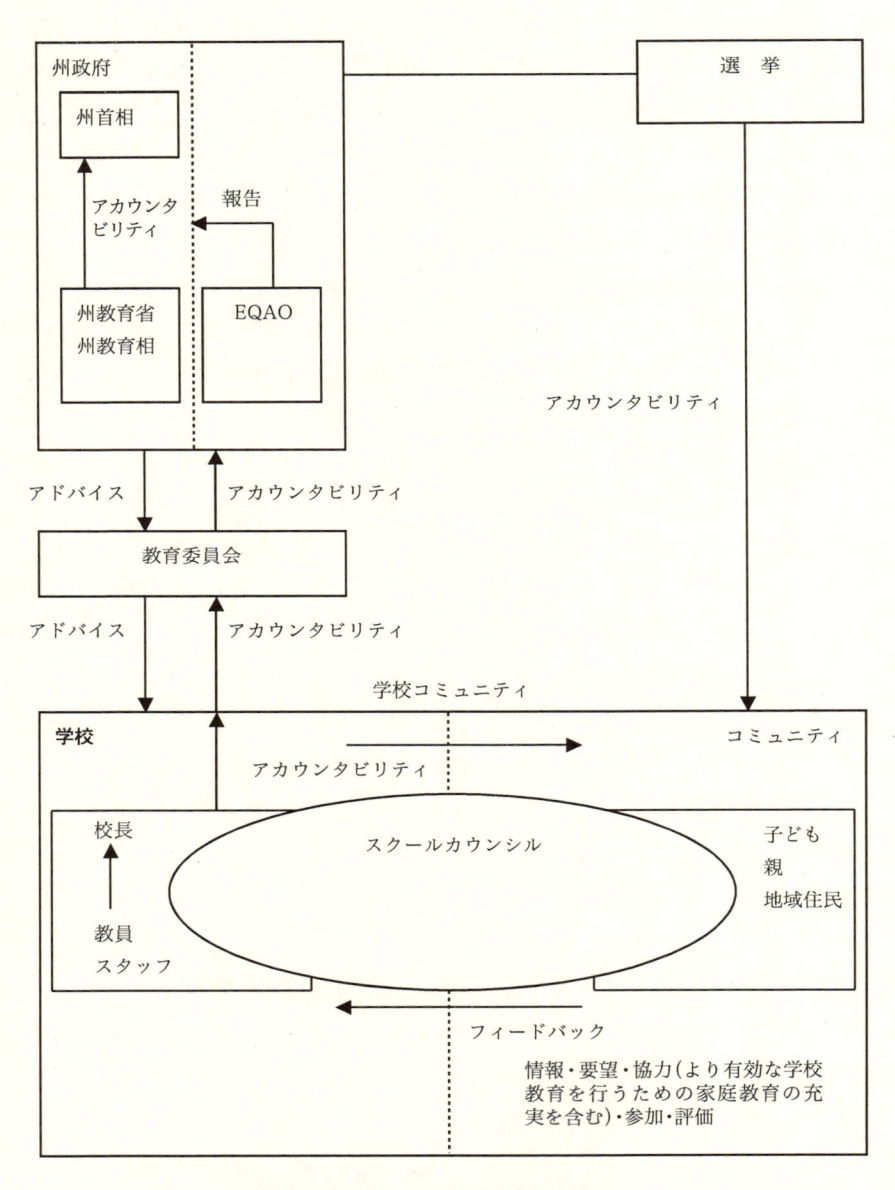

図1-3-3　オンタリオ州における垂直型及び水平型アカウンタビリティ統合モデル

準テストの結果に基づき学校を順位づけすることに批判的であることからも明らかである。その理由としては、順位づけはなぜ点数が高いのか低いのか、あるいはどうすれば子どもの学力が向上するのかについて何も語ることなく、学力に影響を及ぼす全ての要因を考慮することなしに、性急な結論を引き出したり、単純に過ぎる比較をするように人々を導くものである、ということを挙げている[3]。

(ひらた　じゅん)

第4節　教員資格と教員採用

(1) 教員免許状の概要

　オンタリオ州の教員免許状は教育学学士号取得とともに授与される。公立の学校で教えるには、教員免許の他にオンタリオ州教員協会(Ontario College of Teachers: OCT)に登録しなければならない。このOCTが、各教員のデータベースを管理しており、担当できる科目、学年、卒業校名、取得済み学位と取得年などを記録している。オンタリオ州政府はOCTを通じ、2002年秋から5年ごとの教員再審査を始めることにした。新制度によると、5年の間に教員は計14のコースを受けるか、研究に勤め、発表や出版などをするよう求められている。条件に満たない場合は教員免許を取り消される。なお、OCTの年会費は2002年度で104ドルであり、各教員の自己負担である。いくら教員免許を取得しても、OCT会員でなければオンタリオ州内で教えることはできない。

(2) 教育学部に入るまでの過程

　オンタリオ州では、他州同様、教員資格を取得するのにおもに学士号取得後、教育学部に進み資格を取るのが一般的とされているが、大学によっては学士課程在学中に教員資格取得が可能なプログラムもある。教員を志す者は、まず自分の選んだ専門分野で学位を取り、卒業する前年、12月上旬頃に希望する大学名を明記のうえ、成績証明書や内申書、健康診断書等を含む応募書

類一式と申込料(大学によって異なるが、トロント大学教育学部の場合、2002年度の申込料は70ドルであった)を、直接希望大学に送るのではなく、オンタリオ州大学入学申込センターの教師教育申込サービス(TEAS)というオンタリオ州の大学入学申込みを統括している機関にオンラインで提出する(OISE/UT, 2000a)。ただし、TEASはあくまでも申込書の処理センターであり、合否を決めるのは各大学である。合否がわかるのは翌年の春、4月頃である。

申し込む際、4学年レベル(ディビジョンという)の三つの組み合わせの中(プライマリー＆ジュニア(PJ)、ジュニア＆インターミディエイト(JI)、インターミディエイト＆シニア(IS))から自分が教えたい学年を選ぶことになっている(注：PJ：幼稚部〜6年、JI：4年〜10年、IS：7年〜12年)。例えばPJを選択すると、卒業と同時に幼稚園児から小学校低学年まで受け持つことができるが、その他の学年は教えることができない。同様にISだと中等学校で教えることはできても小学校で教えることはできない。また、学年に関係なく、専門技術関連(コミュニケーション学、サービス学、テクノロジカルデザインなど)の教員免許枠もある。

(3) 教育学部

教育学部に入学を許可されると、9月に新学年が始まり、翌年の5月に学年終了、6月には卒業である。この間に、教員候補生は必修科目の他に自分の興味のある科目を選択する。トロント大学では必修科目に教育論、カリキュラムおよび教育方法、教育心理学等があり、他にアカウンタビリティ、リテラシー、第二言語教育、反差別、ガイダンス、学級経営、異文化間カウンセリング、教育哲学、マイノリティ教育、教育倫理、フランス語イマージョン教育などの多彩な選択科目が用意されている。なお、オンタリオ州はカナダで最も新移住者が多いため、ESL教育、第二言語教育、マイノリティ教育など、新移住者子女のための教育科目が充実している。

大学で受ける授業の他、学生は年に数回教育実習に参加しなければならない。期間と回数は大学によって多少異なるが、卒業するのに最低合計50時間

の実習時間が義務付けられている。実習先ではアソシエート・ティーチャーとよばれる教員が指導にあたる。実習終了後はアソシエート・ティーチャーが評価レポートを書き、大学側に提出する。これが就職活動の際まず提出を求められる重要な書類の一つとなる。評価内容は大学によって多少異なるようだが、トロント大学の場合、担当科目に関する知識、コミュニケーション、授業計画、授業構成、指導方法、生徒との接し方、学級経営等が評価項目となり、合格もしくは不合格のどちらかとなる。不合格の場合、再度別の実習に臨み合格を目指すことができるが、再度不合格の場合は教育学部退学という結果になる。

　卒業するには、大学でのコースワーク(授業の履修)、実習ともに合格するのはもちろん、2003年度よりOCTが実施するオンタリオ州教員資格試験にも合格しなければならない。試験内容はオンタリオ州のカリキュラム、教授法、評価法、学習論、学級経営、特別教育、教育関連法規である。また、犯罪歴のある者が教員になるのを防ぐため、近年になってOCTに無犯罪証明書の提出も義務づけられるようになった。

(4) 教員資格取得後──配属・キャリアアップ・再審査・管理職

　就職は教員と教育委員会間の契約であり、個別の学校と教員との契約ではない[4]。そのため、一般的に教員として公立の学校に就職するには、必要書類一式を、就職を希望する教育委員会に提出する。書類選考で合格すれば、面接に呼ばれ、面接に通れば晴れて就職内定となる。教育委員会の管轄下にあるどの学校に勤務することになるかは、欠員次第で決まる。多少希望は聞いてくれるようだが、希望の学校に就職できないことの方が一般的なようだ。なお教育委員会によっては、できる限り校長・教頭を5年ごとに異動させるなどの措置を取り、学校運営の活性化に気を配っている。

　オンタリオ州内の教育委員会所属の教員はオンタリオ州教員組合(Ontario Teachers' Federation)の傘下にあり、さらに中等学校教員であればオンタリオ州中等学校教員組合(Ontario Secondary School Teachers' Federation)に属すというよ

うに細分化されている(Ontario Secondary School Teachers' Federation, 2002)。なお、事務職員や秘書などのスタッフは、まず組合員に欠員を知らせ、それでも見つからなければ一般企業同様新聞に求人広告を出して一般公募するのが普通なようだ。教員、スタッフともども組合員であり、教育委員会との契約交渉等は組合を通して行われる。交渉決裂の際にはストライキとなり、学校閉鎖ということもありうる。

　教育学部卒業後、自分のオンタリオ州教員資格証明書に更に資格を追加していくことができる。例えばPJの資格を取得した人がさらにインターミディエイトの資格が欲しければ、教育学部でインターミディエイト(I)の追加資格コース(AQ)に登録し、授業を受ければ良い。夜間や夏期などにもAQコースが開催されているので、教職に就いている人でも取りやすいようになっている。AQには様々なコースが用意されている(OISE/UT, 2001b)。担当できる科目を増やすために、各教科のAQ、さらに一概にAQと言っても基礎／パート1、パート2、パート3(スペシャリストとも呼ばれる)の3段階があり、例えば数学科の主任になるには数学パート3のAQが必要などと細かく決められている。なお、パート2を受講するには、まず教員免許取得後1年間教えた実績が必要である。パート3受講にはパート2を終えていなければならないのはもちろん、最低2年の教職実績が求められる。実績証明は教員の属する教育委員会の教育長によって与えられる。

　給与も同様で、給与表で各教育委員会によって細かく指定されている。日本と違い年令だけでなく、教員の学歴、成績、AQの数と内容、教員歴などが考慮され、給与が変わってくる。昇進に関わってくるので、AQを取る人は多いが、1科目の受講料は決して安くはない。大学によって多少変わるが、2002年度、トロント大学では825カナダドル、(カナダ永住権およびカナダ国籍所持者以外は3045カナダドル)ロンドン市ウエスタンオンタリオ大学での受講料は1AQ科目に対し、842カナダドルであった。

　教員採用後も最初の数年間は年に1、2度教員評価があり、新任教員は気が抜けない。また、ベテラン教員でも2002年からOTCによるプロフェッショ

ナル・ラーニング・プログラムへの教員全員の参加を義務づける教員研修制度が導入された。内容は5年間に14科目ほどのコースワークまたはそれ同等のものとみなされる活動をこなすというものである。コースは全て OCT 認定済みで、教育委員会主催のものや、公共機関および大学の教育学部主催のものなど多岐にわたり、ものによっては AQ コースを14科目の一つとして加算してもらえるなど、教員にあまり負担のかからないものとして導入するようだ (Professionally Speaking, 2002)。1コースは最低5時間で、コース内容は学級経営とリーダーシップ、保護者および児童生徒とのコミュニケーション、カリキュラム、特別教育、評価法、教授法、テクノロジーの導入といった分野が柱となっている (Ontario College of Teachers, 2002)。

　校長になるには、様々な条件が課せられる。まず、最低でも5年の教員実績と P/J/I/S の4ディビジョンの内、3ディビジョンの指導資格、スペシャリスト2つ、もしくは修士号か博士号、大学の教育学部主催の校長資格プログラムを修了しなければならない。校長資格プログラムにもパート1、パート2があり、パート2はパート1の修了および実習修了が必要となる。コミュニティの需要に応えるカリキュラム開発・導入、教員指導、学校ー保護者間の役割、学校運営、教育法規および教育委員会の政策についてなど、リーダーシップを促進する内容になっている。　　　　　　　（さかもと　みつよ）

　以上、教育財政、カリキュラム、EQAO による州統一標準テストとスクールカウンシル、そして教員資格などについて、オンタリオ州の現行教育改革を概観してきた。そこでは教育費のカットや「小さな政府」の促進、あらゆる面での標準化・単一化が進められており、確かに「新保守主義」といわれる側面を有している。この傾向はオンタリオ州だけでなくカナダ全体を特徴づけてきた「多文化主義」あるいは「公正性」という側面を損なう可能性を内包している。しかし、スクールカウンシルの導入など、地域のニーズに合わせた教育を行うという点も重視されている点に鑑みると、かなり微妙なバランスの下、その行方を探っていると見ることができる。今後現行改革が本当に「子ど

もを第一に考えよう」となっているのかどうか、見定めていく必要がある。

(ひらた　じゅん)

(1)　日本と異なり、オンタリオ州においては学区と通常の行政区とは必ずしも一致しない。
(2)　今回の改革で1年次から12年次までを通じて導入された新システムで、グループ単位の児童生徒に1人の教員アドバイザーが割り当てられ、年間を通じて担当児童生徒の生活全般について児童生徒や親とより密接に連絡をとったり、相談にのったりする支援システムである。
(3)　EQAOによる州統一標準テストとスクールカウンシルのアカウンタビリティについては、次の論稿を要約的に用いた。平田淳「オンタリオ州における学校アカウンタビリティ増加政策―集権化と分権化の間で―」『カナダ教育研究』No.1、2002年、37-55頁。
(4)　ただし、私立学校の場合は学校－教員間の契約となる。

〈オンタリオ州〉トロント市©カナダ大使館

コラム：オンタリオ州における教員生活

　トロント学区教育委員会に属するスーザン（仮名）は、中等学校の英語教員になって7年目である。生徒数1200名、教員70名程の一般的な公立中等学校に勤務している。始業は午前8時50分だが、毎朝8時頃には学校に着き、まずは英文科のスタッフ・ルームに、そして8時半には教室に入る。日本と違い、全教員が一つの職員室を共有する訳ではなく、学科ごとに部屋が設けられている。全教員のミーティングなどがある場合は、図書室に集まることになっている。一時は5、6人いた事務職員も、今では2人、時によっては1人しかいないことがあるという。やはり、経費削減にあたって、まず打撃を受けるのはスタッフのようだ。

　終業は午後3時10分で、一日の間に55分間の昼休みがある。また、教員には1コマ（75分）分の準備時間が設けられている場合もあるが、休みの教員の代講が入ったりすることもある。放課後も翌日の準備等に追われ、普段帰宅できるのは5時半頃だそうだ。

　中等学校の科目は選択制（単位制）なので、日本のように1クラスが1日中一緒に勉強に励む訳ではない。1コマが終わる度に学校内は教員、生徒共々教室間の移動を強いられる。スーザンの担当科目は学校側からの要請次第であり、毎年変わる。今年は前期に9年生と10年生のガイダンスを、後期は10年生と12年生の英語を受け持つ。1クラス平均して25人前後の生徒がいるそうだが、科目によるという。ガイダンスでは、教科書の読み方のコツ、ノートのまとめ方、クラスメートとの協調性の高め方など学習するにあたって基本的なことを教えるのだという。いわゆる「問題児」とされている生徒が集まるクラスだ。逆に後期は、シェイクスピアや著名な米英作家の作品等、アカデミックな内容に携わることになる。実はスーザンはガイダンスのAQは取得していないのだが、教え手がいない場合は専門分野以外のことも教えなければならないこともあるという。

　学校によって2学期制と3学期制に分れるが、スーザンの勤務校は2学期制である。ということは1学期間の担当科目こそ少ないものの、早いペースで授業をこなしていかなければならない。英語という科目ゆえ、生徒たちの論文等を添削するだけでもかなりの時間と労力を要する。これに加え授業の準備、試験作成、生徒指導等に追われ、時間的拘束はかなりある。教師によってはクラブ活動の顧問を放課後受け持っているが、これも全くのボランティ

アであり、教師の善意によって成り立っている。
　オンタリオ州では保守党、とくに前州知事マイク・ハリスが政権を握ってからというもの、教育制度は様々な打撃を受けてきた。カリキュラムは常に変わり、大幅な経費削減、5年ごとの教員研修導入など、上からの抑圧が教師のモラール（やる気）を低下させている、とスーザンは言う。そんな中、教師を続けたいと思うのは、やる気のある生徒との接触や、教職に誇りを持ち、情熱を注ぎ続ける同僚たちのお陰だという。　　　　（さかもと　みつよ）

アルゴンキン国立公園©カナダ大使館

第4章　変容するケベック州の学校

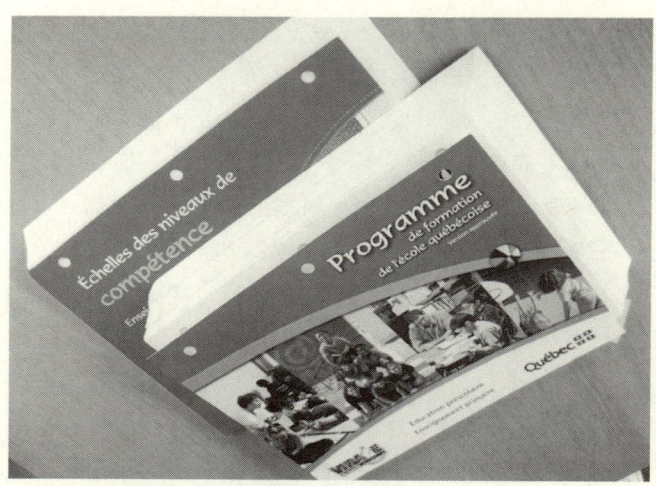

小学校学習指導要領と学習評価の手引き

環境教育の一環©ケベック州政府東京事務所

第1節　教育制度におけるフランス的要素の変容

(1) フランス的なものを取り入れた教育制度

　17世紀の初頭にフランスの植民地となったケベック地方は、18世紀の中頃に英国の植民地州となったが、アメリカ合衆国独立の動きの中で、英国領でありながらフランス的社会の存続を保障するケベック法の制定によって、独立運動には参加せず、フランス的な英国植民地州という北米大陸では特異な性格を備える地域として存続することとなった。この特異性がその後のケベックをめぐる複雑な政治的社会的問題の一因となっており、この特異性の伝承に大きな役割を演じたのが学校教育であった。

　フランス領であった時代にすでに学校教育が普及していたケベックは、カナダが英国領になってから移住してきた人々が中心となって建設されていった他の州とは自ずと異なっている。英国領となったが、フランス的社会をまとめてきたのはフランス領時代に根付いたカトリック教会で、学校教育もその傘下に置かれていた。そして、学校で用いられる言語はフランス語であった。学校体系については、フランスが長期にわたって維持してきた複線型学校体系が移植されており、ケベック独自の展開をしてきたものの、いわゆるエリートのための学校系統と一般民衆のための学校系統を容認した体系であった。このような事情から、伝統的ケベック社会の学校教育のおもな特徴を学校体系、宗教問題および言語問題の3点に収斂することができる。

　ケベックの学校教育の歴史はフランス領時代の学校教育の遺産を保持しつつも社会のニーズに応じるために必要な脱皮をしようとする努力の足跡である。そして、とくに1990年代は、この脱皮が加速化された時期であると捉えることができる。しかし、これでフランス的なものが排除されていくのではなく、ケベックとフランスの教育面での交流は現在でも活発に行われており、両者の相互影響はこれからも続き、ケベックの中のフランス的なものは現代

的な様相で存続すると思われるのである。

(2) 教育改革の動き

　ケベック州における教育改革の第一の波は1960年代の「静かなる革命」から1970年代前半にかけてであった。次いで、1970年代後半からこの教育改革の手直しの動きが始まり、1980年代には改革の第二波ともいうべき教育行政の方向転換があった。さらに、社会状況の変化の加速化を背景に、1990年代に入ってまた新たな方向付けの必要が認識されるようになったのである。

①「静かなる革命」期の教育改革

　1960年に州政権を掌握した自由党による「静かなる革命」期の教育改革は、教育行政の民主化と教育の機会均等を目指したものであった。州政府はまず教育改革の立案を行う審議会(通称パラン審議会)を設置した。同審議会はその後数年にわたって教育全般に関する勧告を提出、それが今日のケベック州教育の基盤となった。勧告分野は多岐にわたっているが、その中でとくに重要なのが州教育省の設置と学校体系の単線化である。1964年の州教育省の設置によって、それまでは、事実上、教会がカトリックとプロテスタントに分かれて、それぞれ独自の学校教育の管理を行う制度を改め、教育行政権を教会から政府の手に移管して一元化した。それと共に分権方針をとり、教育委員会や学校の自主性、さらに、教員の教育活動内容の自由を尊重する方向に進んだ。なお、パラン審議会の宗派別教育委員会制度廃止勧告は、様々な思惑が錯綜し、この時点では実現しなかった。

　学校体系については、日本の第二次世界大戦後の学校制度改革を想起させるような大改革が行われた。ケベック州の特殊事情として、フランス語系学校と英語系学校とでは学校体系そのものが異なり、英語系学校体系はむしろ英国や米国の影響を受けていた。フランス語系学校は、フランス的要素をとどめており、古典教養教育を軸として進学を準備する中等教育の系統があり、その系統に進む生徒は少なく、日本の旧制大学と類似した性格の大学まで進む者は、同年齢人口の一割程度であった。別系統として、古典教養を中心と

しない普通教育の系統、職業訓練を中心とする諸学校などがあり、複雑な学校体系を成していた。1965年の「初等教育課程及び中等教育課程に関する規程」および1966年の「大学前教育および専門教育に関する規程」は、このような複雑な学校体系をフランス語系と英語系の区別を廃止し、[6-5-2-3]制の単線型に統一した。この学校体系の統合には各種の職業教育機関も含まれており、生徒の個人差への対応として中等学校を総合制中等学校とした。これはケベック社会にとっては、日本の戦後の学制改革と同じような、大きな改革であった。日本では学校体系を6-3-3-4制としたが、ケベック州は中等学校を3-3と区切らずに5年制一貫教育とし、その上に日本の旧制高等学校に似た2年制の一般教育・職業専門教育コレージュ(CEGEP・セジェップ)を大学前教育、あるいは中等後教育として位置付けた。CEGEPは一般教養課程(2年制)と短期の専門技術教育課程(3年制)を提供する総合制教育機関で、大学は3年制の専門教育課程のみとなった。これはCEGEPによって中堅技術者養成を促進する一方、大学における専門教育の質の低下を防ぐためであった。

このように、学校教育制度は統一されたが、フランス語と英語の教授言語の区別は存続し、初等中等教育段階では、カトリックとプロテスタントの宗派別学校制度が存続した。こうして、この時期にその後のケベック州の特徴となる学校制度の基盤が築かれた。

②教育改革の「第二の波」

1976年、ケベック党が州政権を掌握し、フランス系社会としてケベック州を発展させていくことについて、さらに強力な指導力を発揮する方針を打ち出した。この政策を象徴するのが1977年に制定された「フランス語憲章」で、ケベック州の公用語がフランス語のみであるという1974年の州公用語法の適用を強化し、英語系学校への就学を制限した。この憲章は、少数派とはいえケベック社会においてエリート的存在となっていた英語系住民に打撃を与えることとなった。「マジョリティからマイノリティへ」という意味の題名をもつ本が出版されたほどである。同政権は州の発展には不可欠として教育問題を重視し、党内で指導力を発揮してきた人物を州教育大臣に据えた。

まず、「静かなる革命」期において理想を追求した改革が、実施の段階で露呈した問題の解決に着手した。当時社会的批判の的となっていたのが初等中等教育課程の自由化であった。学習指導要領は指導行政の域にとどまり、基礎学力の低下や人間教育の弱体化がその結果であると指摘された。また、中等学校の総合制、選択制、教科別進級制、科目別学力別編成などの導入は、個人差に応じた教育という観点からは利するところが大きかったが、生徒一人一人が自分に適した時間割で行動することとなり、小規模の小学校で学級単位の行動に馴れていた生徒にとって、大規模な中等学校で第1学年から授業単位で自主的に教室を移動する学校生活に適応するのが困難なケースが見られるようになった。

　このような状況にあって教育課程の基準強化政策として、1971年の教育課程に関する簡潔な規程に代わるものとして、1981年に「初等教育制度及び就学前教育に関する規程」および「中等教育制度に関する規程」が制定された。この規程は初等中等教育全般にわたるもので、学校教育を「教授活動」、「補完的指導」、「個人的指導」の3領域とし、その外、障害者、適応困難な者、および、学習困難な者に対する個別指導、貧困地域に対する特別指導、フランス語系学校における移住者対象の適応指導、フランス語補強指導、通学不可能な者に対する在宅指導、先住民に対する特別指導などを義務づけた。中等学校に関しては、教科別進級制は存続したが、とくに下級学年を中心に必修科目を増加させ、科目選択の幅を著しく縮小した。一方、社会のニーズに応えて、環境教育、消費者教育、キャリア教育に関する科目が必修科目として設けられている。また、中等学校の職業教育課程で取得される資格制度も整備されていった。なお、この時期に学校教育におけるコンピュータ利用も導入された。

　さらに、1983年にはそれまでの公教育法に代わる新しい理念に基づく公教育法案が上程された。従来の公教育法は州中央教育行政から地方教育行政、そして、学校という順序の構成であったが、改正公教育法案は、教育的サービスを定義付けた上で生徒→学校→教育委員会→教育省という順に章立てさ

れている。しかも、「生徒」の章は「生徒の権利」を、第1節としている。公教育の中心は子どもであるという理念を法構成にそのまま示したのである。しかし、この法案に含まれる教育委員会の宗派別設置制度を廃止して言語別に再編成する案が論争の的となり、紆余曲折を経て新公教育法が成立したのは1988年であった。新公教育法は第一法案による発想の転換を踏襲した上で、生徒→教員→学校→成人教育センター→教育委員会→教育省と発展させている。「教員」の章も「教員の権利」を第1節に、「教員の義務」を第2節に置き、人権重視の理念を表明し、成人教育センターに、学校、すなわち、初等中等教育機関と同等の地位を与えて、成人教育重視の姿勢を示した。

また、1984年にはCEGEPの教育課程の充実をはかった「コレージュ教育制度に関する規程」、1989年には大学教育を包括的に扱った「大学水準の教育機関に関する法律」が制定された。これら基本的な法規を始めとして、教育の質の向上を優先する観点から教育関係法規の整備を行った。「静かなる革命」期の教育改革は新制度の大枠を示し、政府による介入を最小限度に押さえる方針であったのに対して、主権連合を模索するケベック州の発展に不可欠な人材養成のために教育の質の確保と向上を求めて、積極的に介入する政策への転換がみられた。

なお、この時期に、学校の教育力の限界が強く認識されるようになり、それまでの学校経営への保護者や地域の参加という考えをさらに発展させ、学校外の教育力とのパートナーシップ的関係を樹立する必要を強調した。学校と地域社会が共に子ども達を育てていくという姿勢を示したもので、この理念はその後の政策に反映していく。

③教育改革の「第三の波」

1990年代に見られる変革の動きは、21世紀の展望をキーワードとして展開する。政治、社会、人口構成、経済、文化などの状況が大きく変化し、これまでとは異なった理念による教育改革が急務であると認識されるようになった。州教育相の諮問機関かつチェック機関である州教育高等評議会は、1991-92年度の報告書『教育の経営：他のモデルの必要』において、社会の変化に対応

するために教育政策を見直すことを提言し、同じ1991年に州教育相への意見具申書『明日の小学校の教育』や『中等学校における知の統合』など精力的に数々の提案を行っている。さらに、初等中等教育に関するプロジェクト委員会が設置され、1994年に『21世紀のためにわれわれの若者を準備する』と題する報告書（コルボ・レポート）が提出された。この書名は当時の問題意識を端的に示している。この委員会は検討すべき事項を提案、これを受けて翌1995年に広く一般の意見を聴取する州民教育会議(les État généraux sur l'éducation)が開催された。翌年その報告書が発表されたが、その中で学校の役割が学習指導、社会性の形成および資格の取得であることを再確認すべきであると指摘した。この他、州教育高等評議会も多くの提案をしてきた。例えば、1998年に提出された意見具申書『教育コミュニティ、学校：中等学校刷新への道』は「教育コミュニティ」という概念を政策に反映させるように勧告している。

　このような情況にあって、州教育相マロア女史(Marois, Pauline)はケベック州の教育問題について落第、中途退学、就学困難などの現象をふまえて2010年までにはすべての人が読み書きができ、労働市場に適応する資格を少なくとも一つは所有し、20歳以下の若者人口の85％が中等教育修了資格を、人口の60％がCEGEP修了資格、30％が学士号またはそれに準じるものを取得することを目指すとして、「教育は成功へ向かって舵を取る」という意味で"Prendre le virage au succès"を標語に教育改革を行うことを発表した(2000-01年度はそれぞれ72％、38％、27％)。そして、①幼児期からの教育的配慮、②基礎学習の重視、③学校の自主性の拡大、④モントリオール地域の学校の支援、⑤職業技術教育の改革の推進、⑥高等教育の再整備と合理化、⑦継続教育の促進からなる七つの改革方針を示した。

　こうして、州の教育の全面的改革を目指して、各分野の改正案が数多く発表され、実施に移されていった。1997年の公教育法改正によって第4章「成人教育センター」の章名が「職業教育センター及び成人教育センター」に改称され、社会人の職業教育の強化方針を打ち出したのも一例である。とりわけ初等中等教育カリキュラムの抜本的改正の動きが活発化した。この改革の動

きの中で、ルゴー州教育相(Legault, François)は、2000年9月に教育宣言を行っている。その中で、教育は国家の基本的使命であるとした上で、学校教育の役割である文化の伝達や人間形成と共に、青少年が社会で自分なりに成功することを学校教育の使命と捉え、そのために教育の質の向上が最優先課題であると改めて宣言しているのである。2002年初頭に州教育担当大臣に就任したシマール氏(Simard, Sylvain)も、就任当初から、この改革促進のための重要な施策を精力的に打ち出している。なお、この時期でケベックの教育史上特筆すべきことは、「静かなる革命」期にパラン審議会が勧告し、1988年の公教育法によって法制化された教育委員会の宗派別設置制度の廃止条項が1998年にようやく施行され、教育委員会が言語別に再編成されたことである。このように新しい体制が一応安定した上で、懸案の教育改革が進められているのである。

　伝統的ケベック社会の学校教育制度のおもな特徴を、エリートのための教育系統を別に持つ複線型学校体系、宗派別教育委員会制度および言語問題の3点に収斂することができると指摘した。学校体系については教育改革の第一の波と捉えられる「静かなる革命」期に単線型へ移行、言語問題については、次の時期に学校教育における州公用語としてのフランス語の地位の確立が行われた。そして、第三の波と位置付けられるこの時期に1867年連邦制度発足以来続いた教育委員会の宗派別設置制度の廃止、これら一連の教育政策によって、長期にわたって存続してきた代表的なフランス的要素はフランス語の継承のみとなった。21世紀を迎えるに当たって、ケベック州の教育事情は大きな転換を遂げたということができる。21世紀に向けて、過去の伝統を重視はするがそれよりはむしろ未来を展望した教育政策を展開していく基盤が用意されたことになる。この時期の教育政策は教育のあらゆる面にわたるものであるが、ここでは、紙幅の関係上、教育課程の大きな改革が進行中の初等中等教育、とくに新カリキュラムが実施に移された初等教育に焦点を当てて述べていくことにする。

第2節　21世紀を意識したカリキュラム改革

(1) カリキュラム改革の背景

　新しいカリキュラムの適用開始は小学校(6年制)では2000-01年度から、中等学校(5年制)では2004/05年度からの実施が予定されている。この初等中等教育のカリキュラム改訂に向けて具体的に動き出したのは、1994年3月の州教育大臣によるプロジェクト委員会設置であるとされる。その任務は、児童生徒が小学校や中等学校修了時にどのような学習をしていることが期待されるのかを明確に示すための検討項目を提案することである。とくに、身に付けたスキルや知識や態度を統合する核となるものを定義付けることが要求された。委員長はケベック大学モントリオール校のクロード・コルボ(Corbo, Claude)で、同年6月に『21世紀のためにわれわれの若者を準備する』と題する報告書を提出した。そこにはどのような社会認識でカリキュラム改革の必要が判断されたかが示されている。

　それによると、21世紀は、深く大きな変化が加速化する時代である。このことは個人にも社会にも創造性、問題解決力、変化への適応力を要求する。とくに21世紀は、すでにわれわれの日常生活において経験し始めている「国際化とグローバル化」、「知識と技術の発達の加速化」そして「社会生活の複雑化」によって特徴付けられると予想される。「国際化とグローバル化」に関する説明を見ると、コミュニケーションや交通の発達が物品、サービス、資本、思想、人間の移動を容易にし、その密度も濃くなっていくこと、市場のグローバル化と貿易の自由化により国際競争が激化し、生産地として特色があることが生存競争に有利であると判断されるようになり、革新的であることが求められるようになっていること、生産技術の発達により成功するためには特色ある生産技術や生産の質と共に多様な文化的背景を有する消費者を意識すること、が求められる。また、生産活動拠点を世界のどの地域にでも移

すことができるので、資本、人、思想、文化的価値観の大移動が実現し、社会的同質性は民族的文化的多様性にとってかわられ、人々は自己のアイデンティティを通商やメディアを通して入ってくる他文化の影響によって豊かにせざるを得なくなり、文化的多様性が国家の発展を変化させることなどを指摘している。そして、ケベックであろうと、いかなる社会も、国際化とグローバル化の傾向を無視することはできず、相互接触や相互依存の度合いが増大し、人間生活のあらゆる面が深い影響を受け、孤立主義が通用する時代ではなくなっているとする。

　さらに、科学技術、とくに情報技術の進歩が社会一般のみならず個人生活にまで深い影響を与えていることなどに触れたのち、21世紀には社会生活がますます複雑になっていくことを重要な要因として指摘している。とくに社会生活の複雑化については、かなり詳しく説明している。その趣旨は、21世紀は相互に対立する問題の解決にあたる必要が多く、その解決において双方の調和をはかることがこれまで以上に求められる社会となるので、既成概念に基づく一面的な思考ではなく、新しい状況の中で複合的に判断できる能力が要求されるだろうということである。そして、複合的な判断が必要となるであろう事態とは何を意味するかについて、いくつかの事例を示している。例えば、経済成長の要請と環境への配慮とのバランスの必要、持てる者と持たざる者、持てる集団と持たざる集団とのギャップによる緊張関係の顕在化（この差は富のみではなく知識、技術、地位、職の有無などによる生活の差を意味している）、人口爆発の地域と人口高齢化の地域の存在による新たな世界規模での政治経済の均衡、地球規模での相互交流の活発化による社会の多民族化・多文化化の促進と社会の求心力の要請、大規模で画一的な経済圏や文化圏の出現とマイノリティ集団によるアイデンティティの主張などを挙げている。

　このように、地球規模での社会的変容が継続することを予測し、未来の社会で生きていかねばならない青少年の教育に関して、この視点からの発想の転換をすることを提案する。グローバル化した世界には孤立主義は適しないとの考えを示している。しかし、周知のごとく、ケベック州はカナダ連邦に

あって特別な社会(distinct society)であることを自負し、それが認められるべきであると主張してきている。つまり、孤立主義は時代錯誤であるとしながら、一方には学校教育においてケベック州の市民としての自覚をもたせることが重要であるとする。換言すれば、孤立主義は否定するがケベックの特殊性は肯定するという複合的判断を教育改革の原理に据えることを主張しているのである。

　前述したように、1997年に「成功へ向かって舵を取る」という政策表明がなされたが、この政策実施の中で初等中等教育改革が具体的に立案された。同年カリキュラム改革委員会が設置され、6月にはその報告書が提出された。それに基づいて州教育省は同年9月に新カリキュラムの構想を発表した。急ピッチで事が運ばれたのである。その後、初等中等教育の主要テーマについて検討する委員会がテーマごとに設置され、報告書が提出された。2000年6月にそれまで就学前・初等教育と中等教育とに分かれていた規程を一本化して「就学前教育、初等教育及び中等教育に関する教育制度」という名称の規程を制定した。就学前・初等教育に関しては、同年7月1日の施行となっている。指導要領に関しては、2000/01年度からの施行開始に備えて、1999年に暫定版が発表され、2001年に認定版が出版された。若干変更がなされているが、両者は基本的には同じである。

(2) 新カリキュラムの概要
①新カリキュラムの目指すもの

　1997年9月に州教育省が発表したカリキュラム改革構想は、学校の役割を、1996年に提出された州民教育会議の提案に従って、確固とした意志をもって教えること、共に生きることを学ぶために社会性を育むこと、多様な進路に応じて資格を与えることとし、改革実施のための基本方針を、①基本的なことの学習を確実にするために教育内容を精選すること、②教育内容の文化的水準を高めること、③学校にもっと厳しさを導入すること、④個々の生徒に配慮すること、⑤生涯学習の基礎を保障すること、⑥学校の組織を生徒への

サービスのために供することを挙げている。③について、生徒の成功を望むならば学校はもっと生徒に要求すべきであるが、この厳しさは生徒、教師、保護者が納得したものであるべきで、生徒への要求は学習指導要領に含まれていなければならないと説明している。

　教育課程編成の理念については、州教育省はすでに1991年に、「知の統合」と「能力」を重視すべきであるとした。ここでは「知」は知識・技能・態度を包括する意味で用いられ、「能力」について現在は生徒として、将来は成人として、筋道の通った、そして、新しい状況に適した行為をすることを可能にする知識・技能・態度の総体であると説明した。さらに、1994年のコルボ・リポートは変化が加速化する社会に対応することのできる人材の育成の必要を強調した。このような流れの中で、カリキュラム構築の理念として、既存の知識・技能を中心とした学習目標を羅列するよりは、未知の状況にも対応できる能力（compétence）の育成に重点を置くとした。指導要領はこの「能力」を、所与の材料をすべて動員し効果的に利用して行動する術を身に付けていること、と説明している。そして、知識・技能の学習をこの能力の育成のための素材ないしは基礎として位置付けた。なお、本章では、以後、能力という語をこの説明による「能力」という意味で使用することとする。

　なお、多民族化・多文化化が進む社会にあって、住民個人個人の文化的背景の尊重が重視されているが、同じ社会に共生する人々の統合も重要であるとして、市民性の教育という観点が学校教育全体を通して留意されることを求めている。このことは、多民族多文化社会という現実にとって重要な視点とされている。

②新カリキュラムの枠組

　これまで6年制の小学校は3年ずつの2つの学習期に区切られていたが、教育課程は学年別であった。しかし、今回の改正では教育課程の学年による区切りを廃止し、小学校を2年ずつの3つの学習期とした。つまり、指導要領の記述内容が学年別ではなく学習期ごとにまとめられているのである。これは、小学校では発達の個人差が大きいので、2学年にまたがって学習速度を

調整することができるようにとの配慮による。5年制の中等学校は3年と2年の2つの学習期に区切られているが、教育課程は学年ごとに示されている。

　ここで、すでに実施が開始されている小学校の教育課程の構造をみてみよう。教育課程は「横断的能力」、「教育の一般的領域」、「学習の領域」の3領域から成っている。「横断的能力」は全教科を通じて指導すべき能力を意味しており、4つの具体的な能力に分類されている。しかし、それらの能力は単に並列するものではなく花弁のように中心から広がっていくものとして示されている。その中心となっているのは「世界観」で、その趣旨は、考えるときの基本的な見方や自分の行き方に意味を与える世界観を徐々に構築していかれるようにすることで、「横断的能力」の領域だけではなく、教育課程全体の中心に位置付けられている。「教育の一般的領域」は案の段階では「生活経験の諸分野」とされていた。それは現代生活に関係する内容で、児童の学習活動を含む学校生活全体に意味を与え、学習したことを現実の生活に結び付けることができるようにするものである。児童に関わるすべての教員・職員にその指導の責任が委ねられている。また、学校教育全体が生涯学習の土台であるとされているが、この観点からとくにこの領域が重視されている。これは5つの分野によって構成されているが、これらの諸分野は「世界観」を中心に相互が関連している。「学習の領域」はいわゆる教科であるが、その指導内容は先に示した意味での能力の形成という観点から構築されている。表1-4-1はこの教育課程の構造を一覧表にしたものである。表1-4-2は必修教科目とその授業時数である。基礎学力重視によって、日本の国語に当たる「教授言語」と「数学」の授業時数が増加されている。それ以外の教科目の授業時数は一括して示されており、必要に応じて総合的な学習を可能にしている。

　教科目編成については、見逃すことができない変化がある。長らく続いた教育委員会宗派別設置制度の下では学校も宗派別に設置されていた。したがって、宗教教育に関する科目が必修科目の中で明確に位置付けられ、新カリキュラム発足の時点でもその位置付けはそのままであった。それは教育委員会制度と学校における宗教教育は連動しないとの見方があったためで、し

表1-4-1 ケベック州の教育課程の枠組(小学校)

世界観の形成	横断的能力	
	知的面に関する能力	情報を活用する。 問題を解決する。 批判的思考をする。 創造的な考えを実行に移す。
	方法に関する能力	学習や仕事の効果的な方法を身に付ける。 情報やコミュニケーションに関する技術を身に付ける。
	個人と社会に関する能力	自己を確立する。 協力する。
	コミュニケーションに関する能力	適切な方法でコミュニケーションをとる。
	教育の一般領域(趣旨)	
	健康と福祉	健康、福祉、性、安全について健全な習慣を発達させていかれるように導く。
	進路と起業	自己の実現と社会における自立に向かって企画し最後まで遂行する教育的機会を提供する。
	環境と消費	環境の開発、技術の進歩および消費される物に関して批判できる距離を保ちながら、地域と活発な関係をもつように導く。
	メディア	メディアに関する批判的で倫理的なセンスを発達させ、個人と集団の権利を尊重しつつメディア作品を作成する機会を与える。
	共生と市民性	学校や学級で民主的生活に参加し、世界へ開かれた態度と多様性の尊重の態度を発達させることができるようにする。
	学習の領域 — 教科に関する能力(科目名のみ)	
	言語領域	「教授言語」、「第二言語」、「教授言語特別指導」
	数学・理科・技術の領域	「数学」、「理科・技術」
	社会に関する領域	「地理・歴史・市民性の教育」(第1学習期は一般的指導のみ)
	芸術に関する領域	「ドラマ」、「造形」、「音楽」、「ダンス」
	人間発達に関する領域	「体育・保健」、「道徳」、「道徳・宗教」

注)2001年の学習指導要領をもとに筆者が作成

ばらく論争が続いたが、2001年7月の「就学前教育、初等教育及び中等教育に関する教育制度」の一部修正によって、科目そのものを削除するのではなく、位置付けを「教授言語」と「数学」以外の科目群の中で他の科目と同列にした。もう一つの変更点は、フランス語を唯一の州公用語とするケベック州にとってカナダの公用語二言語制への対応に関するものである。州公用語ではない英語を教授言語とする学校ではフランス語教育を小学校第1学年から義務付けているが、フランス語系学校においては英語教育の始期が問題となっ

表1-4-2　ケベック州の小学校の必修科目と授業時数(2001年)

第1学習期 (第1及び第2学年)		第2及び第3学習期 (第3、第4、第5及び第6学年)	
必 修 科 目	週時間数	必 修 科 目	週時間数
教授言語 数　　学	9時間 7時間	教授言語 数　　学	7時間 5時間
	16時間		12時間
第二言語(フランス語) 芸　術： 　下記の4科目中2科目選択： 　　ドラマ 　　造　形 　　ダンス 　　音　楽 体育・保健 道徳教育　又は　道徳・宗教教育		第二言語(フランス語又は英語) 芸　術： 　下記の4科目中2科目選択： 　　ドラマ 　　造　形 　　ダンス 　　音　楽 体育・保健 道徳教育　又は　道徳・宗教教育 地理・歴史・市民性の教育 理科・技術	
全体で	7.5時間	全体で	11.5時間
合　　　計	23時間30分	合　　　計	23時間30分

注)「就学前教育、初等教育及び中等教育に関する教育制度」第22条参照

てきた。同州には二つの公用語以外を母語とする住民が多く、その子どもたちにとってフランス語習得は容易ではない場合があるので、まずフランス語をある程度学習してから英語の学習に入る方がよいとの考えがあった。英語系学校では英語ができる子どものみが在学するので州公用語教育を第1学年よりとすることは当然と考えられていた。州公用語法が制定された1974年には、フランス語系学校における英語教育の始期は小学校第5学年であった。しかし、その始期を早めてほしいとの世論に影響されて1981年の教育課程改正では第4学年からとなっていた。さらに、今回の改正によって「第二言語(英語)」が第2学習期から設けられたことは、第3学年から学習可能となったということである。これは、北米社会に限らず現代社会で成功するためには英語力が重要であるということを積極的に認め、個々の子どもの将来を配慮した措置である。ただし、一方では、中等学校では英語系学校におけるフランス語教育の授業時数を増加させている。これは、フランス語擁護重視政策

を否定せずに国際競争力重視政策を加えたことを意味する。このように今回のカリキュラム改正には、ケベック州の教育史上大きな政策転換も反映しているのである。

なお、ここではすでに実施に移されている小学校のカリキュラム改革を中心に述べたが、2004/05年度から適用される中等学校の内容も発表され、先導的試行は始まっている。教科目編成、中等学校修了資格のための必修条件、州統一テスト、科目別進級制度など、中等教育特有の部分以外は小学校とほとんど同じ理念と構成である。中等学校については、このカリキュラム改革と平行して生徒にとって魅力ある学校づくりが奨励されている。2003年1月に発表された『2005年の地平線―変容する中等学校―ケベックの生徒の成功のために』は具体的な事例を挙げつつ、生徒にとって魅力ある学校とするために、教科指導や個人生活の指導の改善、教科外活動の活発化、地域社会との協働の促進などについて述べている。

第3節　新カリキュラムの実施に向けて
―― 学習評価・パートナーシップ・教員養成

(1) 新カリキュラムと学習評価

「就学前教育、初等教育及び中等教育に関する教育制度」第28条は、学習評価を、教育上および行政上適切な判断および決定を行うために、目標の到達に関するデータの収集、分析および解釈からなるプロセスであると定義している。この観点からも、新カリキュラムの実施に当たって、それがどのように学習されているかを評価することが求められる。そこで、指導理念の転換をふまえて、どのようにしたら潜在化された能力を測ることができるのかが、重要なポイントとなってくる。州教育省は2002年5月にこの能力を評価する尺度となる指導書『能力の段階―初等教育』を発表し、その中で学習指導要領に示された横断的能力と学習の領域の各項目について習得の段階を示した。

第4章 変容するケベック州の学校　*111*

表1-4-3　評価段階設定の事例

（横断的能力）

[知的面に関する能力]	情報を活用する
段階1	単純な疑問や質問にしばしば身近にあるものを参考にしながら答えようとする。観察し、朗読などを聴き、特に提供された情報に注意を払う。助けてもらいながら、得られた情報を単純なカテゴリに分類する。しばしば、留めておいた情報がどこからきたのかを言うことができるかもしれない。
段階2	助けてもらいながら、質問を述べ、必要なことを言い表すことができる。利用できる情報源を活用することができるようになる。提案されたカテゴリを考慮に入れて適切な資料を見出すことを始める。追い求めてきた目標から、自分の知識と発見したことを結び付けはじめる。助けをかりながら、こうして得たものを整理する。留めておいた情報がどこからきたのかを言うことができる。
段階3	子どもは自分で質問をし、それに答えるために様々な情報源を調べる。適切な情報源を見つけるのに成功する。いくつかのカテゴリから適切な資料を選ぶ。追い求めてきた目標にしたがって、自分の知識と発見したことを関係付ける。提案されたモデルの助けをかりて情報の諸要素を整理する。自分の情報の選択について、部分的あるいは全体的によかったかどうかを判断することができる。
段階4	質問の意味を確定し、それに答えるために数多くの情報源を選ぶ。適切な情報源を早く見つける。追い求めてきた目標とのかかわりで適切と判断した情報の諸要素を選び出し、比較し、再グループ化し、整理する。新しく得たものを自分の知識に関係付ける。集めた情報の新しい利用を予見することもある。自分のしたことを評価するために、提供された質問事項の中から選んだものを利用する。

注）cf. *Échelles des niveaux de compétence — Enseignement primaire*, p.10, Ministère de l'Éducation du Québec, 2002

　表1-4-3の事例が示すように、この段階は箇条書きで羅列されているのではなく、文章による説明で、各科目についても同じように評価の参考となる学習段階は文章による説明である。これは評価の対象となる内容に関するものである。

　2002年9月には『学習の評価－就学前・初等教育－手引き』を発表した。これは評価の方法に焦点を当てた指導書である。その中で、新カリキュラムが重視する能力の形成について、その能力は複合的、発展的、全体的、統合的なものであるので、評価も多面的でなければならないとしている。評価のためのデータの収集方法として、観察、子どもの自己評価、面接などのための評価項目の事例を示している。データの保存方法として教師と子どもによる日常的な記録の記述やポートフォリオの使用などを提示した。評価の対象は前述の各能力の段階について、評価結果の記述例として、期待されている水準

を「越えている」、「達成した」、「部分的に達成した」、「達成していない」を挙げている。また、保護者への成績通知表の記入方法も示している。しかし、このような潜在する能力は、実際にはずっと後になってその能力を活用する場面ではじめて真価が問われることがある。したがって、評価に当たって余り絶対的な態度で臨んではならないという認識も見られる。

　ケベック州では「静かなる革命」期の教育改革において、教育評価の役割を管理的機能重視から教育的機能重視に転換した。その後、成績表に記入される評価が偏差値を加味したものとしたが不評であったので、個人の進歩の度合いを重視した形成評価と総括評価を導入した。新カリキュラム実施にともなう評価の理念も、他の子どもとの比較ではなく、ひとりひとりの子どもがどれだけ進歩したかという観点で、学習評価自体今後の学習を支援するものとして位置付けているのである。なお、このような具体的な評価に関する指導資料が州教育省から出されているのは、パラン審議会の提案以来、適正かつ公正な評価の実施を支援するために評価技術の伝達および資料の提供など適切な指導を行うことは州教育省の任務であると認識されているからである。

(2) 家庭との連携と「教育コミュニティ」の観点の重視

　すでに指摘したように、子どもの教育は学校のみで行うものではなく、パートナーシップの考え方の導入によって、家庭との連携をいっそう重視するようになっている。むしろ家庭が子どもの教育の主体であることを積極的に認め、「就学前教育、初等教育及び中等教育に関する教育制度」第20条は、校長は学年の初めに保護者に学校の一般的な規則、学習するカリキュラムの内容と使用する教科書、指導に当たるすべての教員の氏名を知らせなければならないことを定めている。この規定は、子どもが何を学ぶのかを学年の初めに伝えるために、教科書だけではなく、学習指導要領までも示すことを義務付けている。

　第29条では、生徒が成人でない限り、保護者に成績通知表を少なくとも年4回渡すこと、特別の配慮を必要とする場合は毎月連絡をとること、また、成

績通知表に示すべき事項を定めている。2002年9月の手引きは成績通知表の記入方法について説明している。それによると、個人の進歩の評定であろうと他との比較が加味されようとも、文章表現が好ましいとしている。例えば、子どもの能力の発達について「非常に満足している」、「満足している」、「多少困難である」、「非常に困難である」、あるいは、子どもの進歩について「非常に容易である」、「容易である」、「困難である」、「非常に困難である」のように文章表現が望ましいとする。また、学習期の最後の通知表には総括として、「学習期の期待を越えている」、「学習期の期待に応えている」、「学習期の期待に部分的に応えている」、「学習期の期待に応えていない」という例が挙げられている。つまり、偏差値か絶対評価かという議論とは異なった観点で論が進められているのである。なお、この公式通知表以外にも様々な方法で保護者と連絡を取る必要を述べているが、それは問題のある子どもだけではなく、問題のない子どもにも励ましとなるとし、具体的な方法まで提示している。

　なお、以上は、個々の子どもの保護者についてであるが、設置が義務付けられている学校評議会に教員代表と同数の保護者代表を委員として、学校の教育計画策定に関わることが公教育法で定められている。このことは新カリキュラムの運営についても保護者が積極的に意見を述べ、決議に加わることを意味している。こうして、政策としては学校と保護者が密接な連携をとりながら子どもの教育をすべきであるとする。ただし、家庭には様々な社会的経済的事情があるなど、学校現場ではむずかしい問題も少なくないようである。

　一方、中等教育の新カリキュラムの完全実施に先立ち、初等教育とは異なった問題があるとし、その対策が示されている。指摘されている問題の一つは中途退学である。義務就学は16歳までであるが、5年制の中等学校修了資格が生徒の社会生活に必要であるとの見方によって、中途退学問題を重視している。すなわち、カリキュラム改正を云々する前に生徒が学校に学びに来ることを求めるのである。幸い、ケベック州では中途退学者の比率は過去10年間で著しく減少している。すなわち、1979年には17歳で26%、18歳で

35％、19歳で40％であったのが、その後急速に減少し、1999年には17歳が10％、18歳が16％、19歳が20％となった。しかし、その内訳を見ると恵まれている地域では少なく、社会的経済的に恵まれない地域では多くなっている。ケベック州では1970年前後から恵まれない地域"Milieu défavorisé"の子どもたちの教育に対して様々な特別措置を行ってきた。この特別措置の対象査定のために、学校を生徒の社会的経済的状況によって10段階に分類している。中途退学者比率は2段階ずつ示されているが、2000/01年度の統計によると、段階1と2の学校では中等学校修了資格を取得しない生徒の比率が19.6％であるのに対して、段階9と10では36.6％となっている。

　2002年初頭に就任したシマール州教育相は、就任後間もない5月に、中途退学者の多い貧困地域にある青少年の就学援助を促進する財政政策を打ち出した。具体的には段階8、9および10の学校約200校を選び、5年計画で1億2500万カナダドルを支出する。対象となる生徒数は約10万人である。しかし、この施策は財政問題というよりは、むしろ、財政支援に裏づけされた教育プロジェクトで、これまでとは異なった方法で問題に対処するという意味で"Agir autrement"と名付けられ、「恵まれない地域における中等学校生徒の成功のために」を副題としている。これまでとは異なった方法とは、すでに先導的試行によって好結果が認められた「教育コミュニティ」の考え方によって学校放棄の悪循環を断ち切るのを支援することである。

　「教育コミュニティ」の用語は、1998年の州教育高等評議会の意見具申書では、むしろ、生徒が所属感を抱くことができるような共同体的雰囲気を学校に求めているが、このプロジェクトでは学校内外の関係者すべてが共通の目標をもって生徒の教育のために積極的に行動する集団となるべきという意味合いで用いられている。指摘された悪循環については、［社会的経済的に困難な情況］は［失敗や問題行動に陥る危険度を増加させ］、それがさらに［中途退学や社会生活への不適応に導く可能性を大きくし］、その結果、［社会的経済的に困難な情況を招く］という悪循環が起こり得ると説明する。学校内外の関係者については、生徒を取り巻くすべての人々を意味し、学級、学校、教育

委員会、家族、社会集団などに一応分類している。そして、関係する人々をすべてパートナーとして位置付けている。生徒が学業継続に困難を感じる原因は学校生活のみならず個人生活、家庭生活、健康条件、物的条件などに求められる。しかもその中の一つだけではなく、複数の要因が複雑に関係し合っている場合が多い。しかし、その中のある要因を改善することによって悪循環を止める可能性があるとして、次のようなプロセスを提案した。

　まず、学校の現状の診断から始める。これについては、大学などの研究者、地域の専門家などが調査や効果的で継続可能な解決方法の研究に協力する。次いで、学校はパートナーすべての協力を得て計画立案を行う。教育委員会はその学校の計画実現を支援する。学校内外のパートナーがこの計画に沿って共に行動する。複数の学校と教育委員会は相互の経験や専門的判断などについて情報交換をする。最後にこの一連の活動を厳密に評価し、その評価結果を次の計画立案に役立てる。こうして、学校の周りに活発な教育力が結集され、そこに真の教育コミュニティがつくられるとする。このようなプロジェクトによって変化が期待されるとする。すなわち、生徒については学習

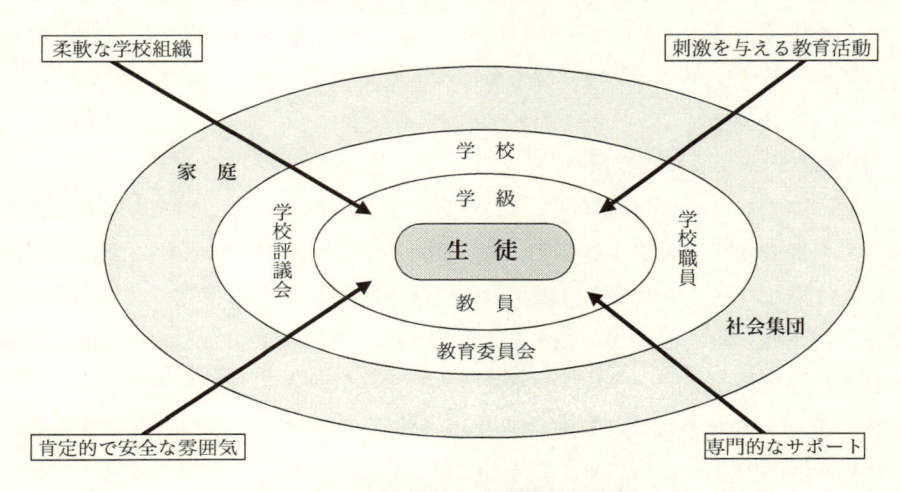

図1-4-1　生徒を中心とする教育コミュニティ

注)州教育省が2002年5月に発表した行動計画書 *Agir autrement pour la réussite des élèves du secondaire en milieu défavorisé*, 15頁の図をもとに筆者が作成

の進歩や社会性の発達、教員については生徒との関係や保護者との関係の改善、教員相互の協力の緊密化、専門性の向上など、学校については、学校の教育的社会的環境を生徒の問題解決に適したものに改善される。例えば、時間割の柔軟化、教員や心理士などの専門職員による問題を抱える生徒に対する密接で継続的な指導、教科外の文化活動やスポーツ活動の活発化などが挙げられている。社会集団については、学校生活に困難を抱いている青少年の成功への関心を高め、関心のあるパートナーの間に真の協力関係ができる。こうして、生徒の中途退学の悪循環が阻止されていくことを期待する。事実、先導的試行を行った学校で中途退学者が減少したという結果が報告されている。

　1970年代に入って学校運営への保護者や地域代表の参加システムが整備され、1980年代には同等の位置付けを前提とするパートナーシップの考えが導入された。それがさらに発展し、青少年の教育改善のために同じ具体的目標のために協働する集団という意識を前面に出した「教育コミュニティ」という理念を政策に導入した。これはケベック社会の全体としての発展を視野にいれたものであるが、個人も社会的存在であるので社会生活に適応する能力を身につける必要があるという個と全体の双方を視野に入れた政策である。

(3) 新カリキュラムと教員

　新カリキュラムの実施に関して、教員に求められることとして、まず各教科目共通の要素に配慮すること、教科目間の壁を除くことに好意的であること、同僚との協力や協議を発展させること、評価を学習に役立てること、自分の自主性と専門的能力に頼ることなどが挙げられている。とくに、教師としての専門性が必要とされていることがわかる。州教育省はカリキュラム改正を実施するためには、まず、教師がその趣旨を理解し、それに沿って教育活動を展開できることが前提であるとの判断によって、1990年代に入ってから、教員養成課程認定委員会(CAPFE)と教員養成委員会(COFPE)を設置するなど、教員養成に関する施策も展開した。

1997年の公教育法の大幅改正によって、教員に関する規定も改正された。また、教育改革の趣旨に従って教員資格に関する規則も整備された。この改正によって、大学で取得すべき単位数の増加など、教員免許取得条件の水準向上が測られた。また、公教育法において教育実習生の指導と新任教員の指導が教員の他の業務と同等のものとして追加され、すでに設置されていた教員養成課程認定委員会と教員養成委員会も法制化された。このように教員の専門性の向上を目指した制度の手直しがなされている一方、教員養成委員会は教員養成の内容について精力的に報告書を提出してきた。2001年に提出された報告書は教員の資質について詳述している。

すでに述べたように、今回のカリキュラム改正にはその基調となる教育理念の転換がある。したがって、それを指導する教員もこの理念を理解していることが要求され、教員養成についても理念的な変化が求められている。この報告書はこのような要望に応えたもので、教師の専門性と教育の文化的アプローチという二つの観点からまとめられている。

教師の専門性に関して強調されていることは、個々の教育活動の場においてそれぞれに適した指導をする能力である。この能力という語も先に新カリキュラムについて説明した「能力」と同じような意味合いで用いられている。教員養成の過程で教育関係諸科学や教科内容などに関して履修するが、実際に教育現場で必要なのは、これらの知識・技能を統合してそれぞれの事情に対応する能力であるとする。例えば、教育方法論などについても、研究成果を固定的な知識として教えるなど、教育に関する研究者と実践者の認識の乖離や大学における専門領域重視を批判している。大学内においても、実際に教育活動に関連する複数の専門分野が連携すべきであるが、自分の専門領域を持ちながら、このような意味での総合的視野に立って学生を指導できる大学教員は多くないのではないかと指摘している。したがって、教員養成に当たっては、これまで以上に研究者と実践者の連携が必要であるとする。この観点からも、前述のごとく、教育実習の指導を教員の業務として法律のレベルで定めている。教育現場に教育実習を受け入れる任務のあることに法的根

拠を与えたのである。

　1997年9月に州教育省が発表したカリキュラム改革構想において示された改革の基本方針の中に「教育内容の文化的水準を高めること」が挙げられている。これについて、文化的内容を自然な形でいくつか関連する教科の中に組み入れること、その科目を扱うときに、文化的アプローチ、すなわち、文化的内容を前面に出して教えること、そして、この趣旨をカリキュラムの見直しの際に留意することと説明している。教員養成において示された文化的アプローチは、この教育内容の改正の趣旨に呼応するものである。ここで用いられているcultureという語は、日本語では文化とも教養とも訳される語で、この報告書では両方の意味で用いられている。また、文化は生活様式なども含む広義で用いられている。教員は文化の伝達、批判、解釈を行う者とされ、教員は文化を身に付けた人、教養を身に付けた人であることが期待されているので、教員養成においてもこの点を十分に踏まえねばならないとする。しかし、文化の内容は時と場所によって変化していくものである。したがって、文化内容についての既成概念や固定した習慣などをわきまえた上で、それを超えて異なった文化事情に適応していくことができるような教員の育成を目指すべきであるとしている。

　このように、教員に求められる専門性と文化・教養について項目を分けて記しているが、最後に両者を総合して、教師としての専門性に求められる能力を12項目にまとめている。また、教員資格の各分野についても、上述の理念に基づいた教育内容を示している。なお、教員養成に関する政策は、新たに教員になるための教育と生涯学習の観点からの現職教育との双方を視野に入れて展開されている。

　教員の勤務に関しては、教育省は2002年6月に教員側との合意を得たとして、勤務時間の内容について基本的な見解を発表した。それによると、教員の週当たりの勤務時間を32時間とし、その中の27時間は直接または間接に生徒の指導に当てる。具体的には、授業やその他の生徒の指導のみならず、保護者との連絡や関係者への対応などにも用いられる。残りの5時間は授業準

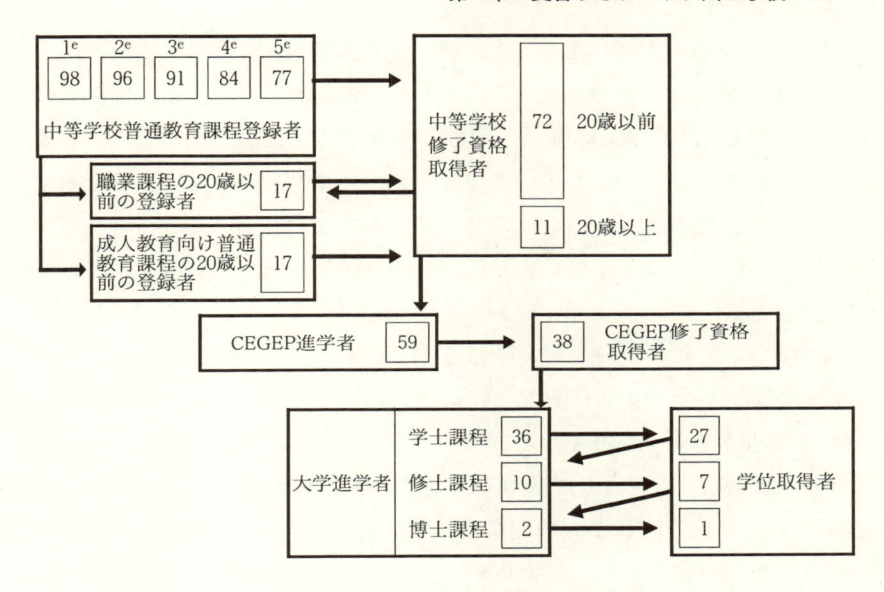

図1-4-2 ケベック州の中等学校以上の進学率(2000/2001学年度)

注) 州教育省の教育指数報告書 *Indicateur de l'éducation, édition 2002*, 12頁の図をもとに筆者が作成。単位は％。

備、採点、研究などに当てると共に、校長は年10回の教職員会議と3回の保護者集会のために使うことができる。この勤務条件は初等教育のみならず中等教育も対象とする。この週32時間の勤務内でゆとりをもって教員の専門性が発揮される一方、生徒が教員に接しやすい環境をつくることができると判断している。しかし、これはあくまでも基本的見解であって、各教育委員会への義務付けではない。各教育委員会は管轄下の教員との交渉によって具体的な運用を決めていく。この施策は、教員の生徒へのかかわり方がカリキュラム改訂を中心とする学校教育改善の鍵であるとの見方による。

　これまで述べてきたことで垣間見られるように、ケベック州でも教育改革が進行中である。社会の変化が加速化する中で、また、生存競争の舞台が地球規模に拡大していく中で、多くの国が成功の鍵はその国の人々がどのように教育されてきたかにあることを今までになく強く意識してきている。これ

までも国策に教育が利用されてきたが、多くの場合、国策に従うことができる人間の形成に重点をおいたが、これからの社会がどのような展開を見せるのか、予想を越えるものがあり、そのような予知の困難な時にあって、既成の知識・技能の伝達では不十分であるという認識がもたれるようになってきた。ケベック州の教育改革もこの路線上にあると解することができよう。したがって、制度上の大きな変革よりは教育の理念の転換が重視されているのである。

　なお、ここでは州政府の教育政策を中心に述べてきたが、この政策に対する現場の反応、実施上の問題点、改革の有効性など、子どもの側に立って評価する必要があろう。研究者の中には、この改革の理念に対する批判があるが、学校現場では、教員の待遇の問題などで不満が表面化したりしているが、基本的には新カリキュラムの理念は支持されているということを耳にした。しかし、改革はまだ緒についたばかりである。教育の結果は即時にわかる場合もあるが、その人の人生途上で徐々に表われてくることが多い。また、その改革の担い手である教員個人の教育活動による部分も大きい。このカリキュラム改革の評価は今の時点では時期尚早であろう。

（こばやし　じゅんこ）

〈ケベック州〉モントリオール・オリンピック・スタジアム©カナダ大使館

コラム：CEGEP（セジェップ）

　ケベック州に行くと、学校の名称としてセジェップという用語を耳にする。この名称はカナダの他の州にはなく、しかも、世界的にもめずらしい。もっとも、これは略語であって、正式名称は 'Collège d'enseignement général et professionnel' である。ただ、正式名称が長いのでCEGEPという略語を用いた結果、これが日常語として定着したのである。これは一般教育と職業専門教育を行うコレージュという意味で、フランスではコレージュを前期中等教育機関の名称として用いているが、ケベックでは中等後教育機関である。

　CEGEPは1966年に制度化された。ケベック州社会を抜本的に変えた1960年代の「静かなる革命」の産物である。当時のケベック州は、住民がフランス語系と英語系に分かれ、それぞれ独自の学校体系を有していた。その上、フランス語系住民対象の学校体系もエリートのための系統が別置されるなど複線型であった。「静かなる革命」の誘因は州内で少数派の英語系住民の社会的経済的優位性に対するフランス語系住民の反発で、改革の理念としては民主化を掲げた。したがって、学校体系を二つの観点から統一することが重要な施策とされた。まず、英語系住民とフランス語系住民の区別をなくし、ついで、すべての住民が同じ学校体系の中で教育されるべきであるとして単線型とした。こうして制度化された学校体系は、6年制の小学校・5年制の中等学校・2年制または3年制のCEGEP・学部が3年制の大学で、6・3・3・4制も大学入学時までの就学期間12年という制度も採用しなかった。CEGEPは、ケベック州学校体系の独自性のシンボルとなったのである。

　改革以前には、エリートを対象とした古典教育コレージュとその上の専門課程のみの大学というルートがあった。一般教育と専門教育を擁する4年制の大学は専門教育が不十分であるとして、中等学校を5年制に短縮し、一般教養教育を集中的に行う教育機関を別置、大学の専門教育の水準を保とうとしたのである。一方、当時のフランス語系住民は少数のエリート教育を受けた人々を除いては比較的、教育水準が低かった。フランス系ケベック州の経済活性のためにも住民の全体的な教育水準の向上が急務で、CEGEPの職業専門教育には中堅技術者養成の役割が託された。しかし、学校体系としては単線型であるべきとし、同一教育機関に大学準備教育としての一般教養教育（2年制）と技術者養成のための技術教育（3年制）を共存させ、これを総合制教育機関とした。入学資格は、原則として、中等学校修了資格（DES）が基礎

となるが、専攻によって中等学校での履修条件を付しているものがある。入学試験はない。CEGEPを修了すると修了資格(DEC)が授与され、これは大学入学の基礎資格となる。学校段階としては中等後教育または高等教育として扱われている。また、CEGEPには修了資格(AEC)や(CEC)が授与される短期の技術教育課程も設けられているが、利用者は減少している。

それでは、CEGEPの教育課程はどのように構成されているのであろうか。その枠組は州教育省によって次のように規定されている。

○教育課程の区分
1. 大学準備教育課程
2. 技術教育課程
    生物的技術、農業・食物の技術、物理的技術、人間に関する技術、経営技術、芸術、グラフィック・コミュニケーションなどの専攻に分かれ、百以上のコースが設けられている。

○教育課程

共通一般教養科目	教授言語及び文学 第二言語 哲学又は人文学 体育	7 1/3 単位 2 単位 4 1/3 単位 3 単位
課程別一般教養科目	教授言語及び文学 第二言語 哲学又は人文学	2 単位 2 単位 2 単位
補足科目	人文科学 科学技術教養 現代外国語 数学情報言語 芸術及び美学	4 単位 (専攻以外の分野から選択)
課程別専攻科目	大学準備教育課程の科目 技術教育課程の科目	28～32単位 45～65単位

注：1単位は45時間の学習活動
cf. Règlement sur le régime des études collègiales, Gouvernement du Québec(最終改正2001年)

現代は学生移動が盛んになっている時代である。そのためにケベック州の学校体系はカナダの他の州や国外からの進学者にとって不利であると非難されている。しかし、12年の初等・中等教育を修了した志願者に対しては

CEGEPの修了資格がなくても大学は特別の条件を付して受け入れている。州に教育行政権があるので独自の制度を発展させる自由があるが、広く普及している制度に同化すべきであるとの見解もある。ここにも多様化と同化の問題を垣間見るのである。

　このような批判はあるが、CEGEPの存在はケベック州の住民の教育水準向上、そして、特に、経済の活性化に貢献してきたと言われる。州政府はケベック州住民に対して原則としてCEGEP就学を無償としている。今では、小学校入学者数の約6割がCEGEPへ進学、約4割が修了資格（DEC）を取得している。CEGEPは、また、成人の生涯学習の場としても積極的に活用されている。

（こばやし　じゅんこ）

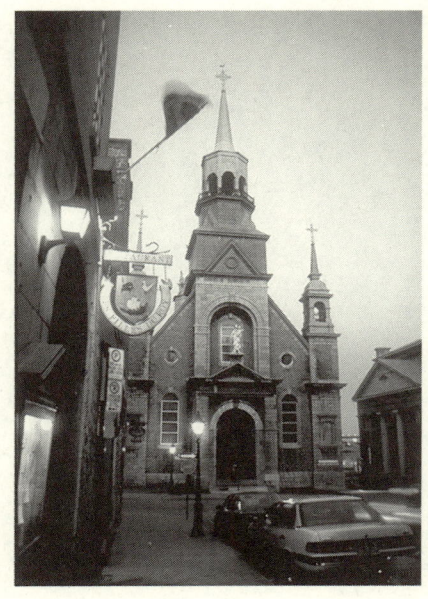

モントリオール旧市街©カナダ大使館

第2部
カナダの教育の諸問題

第1章　教育行政の動向
第2章　社会人に対する多様な学習機会の展開
第3章　言語教育の特徴
第4章　ITと教育
第5章　多文化問題と教育
第6章　連邦政府の先住民教育制度

第1章　教育行政の動向

カナダの代表的な教育誌© Canadian Education Association

第1節　カナダの教育行政制度の特徴

(1) 州に自治権のあるカナダの教育行政

　カナダは、1867年に連邦制度が成立したとき、連邦に加盟した植民地州ではすでにその地域に適応した学校教育制度や慣習が根付いていた。連邦政府は州の独自性を無視して中央集権的な教育制度を無理に確立することはせずに、既成情況を大きく取り込んだ制度を選んだ。その結果が教育の州自治制度である。教育行政の州自治制度の結果、州が教育行政機構を制度化する。州には中央教育行政機関を中心に地方教育行政機関があり、その末端に学校があるという大枠は共通しているが、相互の権限関係は州が独自の教育政策に基づいて制度化している。中央教育行政機関の種類、権限、名称なども州独自で定めている。

　一方、州としての行政機構が整備され教育を担当する州中央教育行政機関が設けられる前に、住民が地域の学校を設立したいときには、その学校の管理にあたる理事会や委員会を設け、それが教育委員会に発展した経緯がある。この学校行政の地域密着的展開は教育委員会の教育税徴収にも表われている。いわば、中央が先にあって地方に分権するというよりは、地方が先にあって中央に集権したのである。このような土壌にあって、改めて1950年頃から地方分権が強調され、教育委員会の権限が拡大される傾向が見られた。教育委員会は地域に密着して設けられたので、小規模で数が多かった。1990年代に入って、経費と機能性の観点から教育委員会の適正規模化をはかって、数の大幅縮小を行う傾向が見られた。また、教育委員会の権限を縮小して学校の自主性を高めようとの動きが一般化し、住民が教育委員会を通してではなく直接学校運営に参加する評議会制度などが導入されてきている。

(2) 教育担当大臣協議会とその活動の積極化

　州に教育に関する自治権があるとはいえ、カナダという国としてのまとま

りも必要であるとして、1967年にカナダ教育担当大臣協議会(CMEC)が発足した。その趣旨は、各州・準州の情報交換や相互協力を円滑にする場を設けることであった。州ごとに異なった中等教育修了条件を定めているので、州を越えて転校する生徒のために、各州の履修条件を示し州相互の科目認定用参考資料を提供してきたのも、その一例である。

　近年、CMECの活動が積極化してきている。その代表的と思われるものは全国規模の学力テストである。これは基礎学力重視によるもので、学校教育達成度指標プログラム(SAIP)と呼ばれ、数学の知識と応用力、読むことと書くこと、そして、理科について13歳と16歳を対象として、1993年から数年おきに実施されている。これは州による統一テストに代わるものではなく、補完するものと位置付けられている。州ごとに独自の教育課程を有するカナダで全国的に同一内容の学力テストを行うことについて疑問もあるが、基礎学力はほぼ同じであるべきであるという考えに基づいている。また、1999年9月に採択されたいわゆるビクトリア宣言は、教育は州の自治ではあるが、全国的な教育問題解決にCMECが指導力を発揮することを再確認すると宣言し、州相互の協力の必要性を強調し、次の5年間の活動について優先事項を具体的に挙げている。なお、連邦政府に中央教育行政機関をもたないカナダにとって、CMECは対外的にも教育に関してカナダを代表する役割も担うことになった。2000年4月に沖縄で開催された教育サミットに派遣されたのは、このCMECの代表として、アルバータ州とケベック州の教育担当大臣であった。

　このようにCMECは全国的視野でカナダの教育政策にある程度の指導力を発揮している。しかし、ここで注目すべきことは、連邦政府に教育行政機関を設けて州レベルの一段上の連邦レベルから全国的な教育行政を行う制度ではなく、州の教育行政担当者が集まって物事をきめていくという、いわば州自治の延長線上にあるということである。したがって、CMECが機能しているから連邦レベルに教育省を設ける必要があるという論には繋がらない。両者は行政上異なった性格を有していることに留意すべきであろう。

　　　　　　　　　　　　　　　　　　　　（こばやし　じゅんこ）

第2節　憲法と教育行政

　カナダ憲法は、1982年にイギリスより「移管」された。この年、それまでの憲法であった「英国領北アメリカ法」(British North America Act, 1867)が「1867年憲法法」と改称され、そこに「1982年憲法法」が追加されたことにより、カナダ憲法の体裁が整えられた。1982年憲法法は二つの点で画期的なものであった。一つは、「権利及び自由に関するカナダ憲章」(Canadian Charter of Rights and Freedoms)という人権章典が付加され、憲法が名実ともに「人権保障規範」となったこと。もう一つは、それまでイギリス議会の承認を必要としていた憲法改正が、連邦政府と全人口の過半数を擁する3分の2の州の承認が得られれば可能となったことである。

　1867年憲法法は、立法権に関して連邦が管轄する事項(91条)と州が管轄する事項(92条)とを分けている。また、教育については、原則として州の立法府の管轄と定めている(93条)。このため、教育法規は州ごとに異なる。例えば、義務教育の年限や無償教育の期間などは、州によって違いがある。教育行政も州を単位として行われる。連邦レベルに日本の文部科学省に相当する中央教育行政機関は存在せず、各州に文科省に相当する機関がある。多くの州では、文科省に相当する機関のもとに、初等教育担当省、短大・大学教育担当省および各種専門学校担当省といった機関がおかれ、これらの機関が、教員免許の発行、教育課程のガイドライン作成、あるいは州内各学区に設置されている教育委員会および高等教育機関への財政援助などの事務に携わっている。

　ところで、憲法による立法権の配分は一応の原則であり、例外がないわけではない。教育に関しても、州政府の権限が万能であるわけではなく、憲法上、連邦政府の教育事項への関与がいくつか認められている。

　第一は、教育事項を原則として州の管轄事項とした1867年憲法法93条が、

州の立法府に対し、①宗派学校(Denominational Schools)に関する権利・特権に不利な影響を及ぼす立法はしてはならない、②連邦成立時にアッパー・カナダにおいてカトリック系の学校に付与されていた権限・特権・義務は、ケベックにおけるプロテスタントおよびカトリック信仰者の非国教学校(Dissentient Schools)に及ぶ、③非国教学校が存在する場合、プロテスタントまたはカトリックを信仰する少数者の教育に関する権利・特権に不利な影響を及ぼす州の処分・決定については、枢密院における総督に対して訴願がなされる、④総督が必要と判断した州法が制定されない場合または前項の訴願について総督がなした裁決が州により正当に執行されない場合には、連邦議会が救済のための法律を制定しうる、という諸条件を課していることである(93条1〜4項)。これらはいずれも宗教的少数者の権利・特権を保護するためのものであり、州の立法権の行使はこれらの諸条件に服することが要請され、反面、これらの問題につき連邦の立法的関与が憲法上認められている。

　第二は、権利及び自由に関するカナダ憲章23条の定める少数言語教育権(Minority Language Educational Rights)に関わる問題である。同条は、①英語またはフランス語が母語であるか、英語またはフランス語で初等学校教育を受けた者は、子どもにその言語で初等・中等学校教育を受けさせる権利を有する、②子どものうちのいずれかが英語またはフランス語で初等・中等学校教育を受けている場合、その家族のすべての子どもに同一の言語で初等・中等学校教育を受けさせる権利を有する、③これらの権利は、当該州において少数言語教育を受ける子どもの数が十分いる場合に適用される、と定めている(23条1〜3項)。この少数言語教育権の保障は、一応すべての州を拘束するものとされているので、その限りで、州の立法権が憲法のレベルで制約されていることを意味する。

　第三に、インディアン法(Indian Act, 1993年改正)により、インディアンおよびイヌイットなど先住民の子どもの教育は連邦政府のインディアン問題北方開発大臣の管轄となっている。連邦政府は、インディアン問題北方開発省をとおして先住民のための学校(Federal schools, Band Operated schools)を設立し

たり、先住民への教育サービスに関して州と契約を結んでいる。

　第四に、連邦政府はその財政支出権(spending power)をとおして教育に関与することができる。例えば、連邦政府の支出する平衡交付金(equalization grants)のかなりの部分は教育費にあてられ、また第二言語教育を促進するための特別交付金(conditional grants)も連邦から支出されている。

　第五に、権利及び自由に関するカナダ憲章の他の条項による州の教育立法権および教育行政権の制約がある。1960年に制定されたカナダ権利章典(Canadian Bill of Rights)が、通常の連邦法としての効力しかもたず、また連邦政府のみを拘束しうるものに過ぎなかったのに対し、同憲章は1982年憲法法の中核に位置する人権規範として、また連邦および州の双方を拘束する憲法規範として制定された。憲章の改廃は正規の憲法改正の手続によらねばならず、また憲章に抵触するいかなる連邦法または州法も効力をもたない。したがって、憲章に定められた諸権利は、各州における教育立法・行政の在り方に様々なインパクトを与えることになる。

　憲章に規定された諸権利のなかで、とくに教育と密接な関連をもつものは以下のとおりである(すでに述べた宗派学校の権利・特権および少数言語教育権を除く)。

　①良心および信教の自由(2条a項)
　②新聞およびその他の通信媒体の自由を含む、思想、信条、意見および表現の自由(2条b項)
　③平穏に集会する自由(2条c項)
　④結社の自由(2条d項)
　⑤司法上の権利(7〜14条)
　⑥平等権(15条)
　⑦裁判を受ける権利(24条)

　若干の解説をすると、まず①から④までの精神的自由権との関連では、教科書・教材を含む学校カリキュラムの内容、校則や生活指導の在り方、生徒の宗教活動や政治的表現活動の規制、教員の雇用関係、教員の教育活動や市

民的自由の行使に対する制約などが問題となる。例えば、教員が特定の政治的意見の持ち主であることを理由に解雇された場合、当該教員の憲章上の権利侵害が問われることになる。

⑤の刑事手続にかかる人身の自由については、教員個人や教員組合の活動が刑事訴追を受ける場合や少年が罪を犯した場合などと関連をもってくる。アルバータ州の高校教員ジェイムズ・キーグストラ(Keegstra, James)が、反ユダヤ主義に基づく授業を行ったことで、カナダ刑法の「憎悪助長罪」に問われた刑事裁判では、刑法の抗弁条項、つまり当該授業において表明された事柄が真実であることを被告人が証明しなければならないとする規定が、憲章11条の「無罪推定原則」(presumption of innocence)に反するかどうかが争われた。

⑥の平等権(法の下の平等)との関連では、教育の分野における「人種・出身国もしくは出身民族・皮膚の色・宗教・性別・年齢または精神的もしくは身体的障害」などを理由とする差別的取扱いが憲章に違反するかが問題となる。

⑦の裁判を受ける権利は、憲章上のすべての権利・自由が侵害された場合に、司法的救済を確保するための手続的権利である。憲章における司法権の範囲には違憲審査権も含まれる。これは、憲章の最高法規性の規定(52条)から導かれる裁判所の権限だが、人権保障の実効性を担保するために不可欠の制度である。

注意しなければならないのは、カナダ権利自由憲章が憲章上の諸権利の一般的制限条項として次のような規定を冒頭に置いていることである。

「権利及び自由に関するカナダ憲章は、本憲章に定められた権利および自由を、自由かつ民主的な社会において明らかに正当化されうるものとして、あらかじめ法律により規定された合理的な制限(reasonable limits)にのみ服することを条件として、保障する。」(憲章1条)

この規定は、「合理的な制限」であることを立証する責任を規制する側に負わせているとはいえ、憲章に定められた諸権利が一般的に制限されうる可能性を、憲章自身が認めるものである。同規定がとりわけ問題となるのは、教育の分野における子どもの人権保障の在り方をめぐってである。この分野で

は、憲章によって認められている子どもの権利が、「学校秩序の維持」「教育目的の実現」「教育的配慮」などといった理由により制限されることが多い。学校の外での生活関係についても、子どもの未成熟さを理由とする国家のパターナリスティックな介入が多く見られる。これらの「教育的配慮」「パターナリズム」ないし「国親」（parens patriae）などの観念が、容易に「合理的な制限」とみなされるであろうことは想像に難くない。実際に起きた事例として、例えば、モンクトン大学において学生が事務棟を占拠して集会を開いたところ、大学当局により排除された事案で、裁判所が当局の措置を学生の集会の自由に対する「合理的な制限」であると認めたケースなどがある。

（なるしま　たかし）

第3節　教育委員会制度と憲法

　前節で述べられたように、カナダの憲法は教育の州自治制度を定めたが、州の学校教育制度に直接かかわるような立法条件を付している。すなわち、1867年憲法では宗派上少数派の擁護、1982年憲法は言語上少数派の擁護である。これらが州の教育制度にどのような影響を与えたのか、教育委員会制度に限って概観してみる。

(1) 教育委員会制度と1867年憲法──宗教問題

　カナダの1867年憲法第93条は州が教育に関する立法権を有すると定めたが、キリスト教のカトリックとプロテスタントでその地区における少数派となった宗派学校擁護を立法条件とした。しかし、この条文はすべての州に一様に適用されているわけではない。その適用には二つの点が考慮されている。一つは、この憲法が制定されたときに連邦に加入した州は東部4州のみで、他の州は連邦加入時に適用内容に関する交渉によってその州のみを対象とする修正が加えられていることである。他は、この憲法制定時にすでに州の法規

によって制度化されている宗派別学校の擁護が条件とされていることである。このように、公教育と宗教との関係は州によって異なっているのである。

　1867年の連邦成立に加わった州は、ノバ・スコシア州、ニュー・ブランズウィック州、ケベック州およびオンタリオ州の4州のみで、第93条の立法条件の適用状況はすでに州によって異なっていた。ノバ・スコシア州は、1865年に制定された教育法によって分離学校制度をもたない公教育制度が発足していたので適用されなかった。ニュー・ブランズウィック州も、宗派学校は教会法によって認められていたが教育法によるものではないという理由で適用されないと解釈された。ケベック州はすでに教育法によって宗派別学校制度が確立していたので適用された。オンタリオ州もすでに教育法によって分離学校制度が認められていたので適用された。1870年に連邦に加入したマニトバ州は連邦加入時に「法律または事実により」と修正されて適用された。翌年加入したBC州は宗派学校制度が確立されていなかったので適用されなかった。1873年に加入したプリンス・エドワード・アイランド州も連邦加入時に宗派学校制度が確立されていなかったとして適用されなかった。時代が下って1905年に加入を果たしたサスカチュワン州とアルバータ州は1901年のノースウェスト・テリトリー条例によって一定の者について保障されている分離学校の擁護が認められた。1949年になってカナダ連邦に加入したニューファンドランド州については、連邦加入日に法律によって一定の者に保障されている宗派学校、公立学校、宗派大学に関する権利および特権を不当に侵害してはならないと定められた。このように、連邦加入時における第93条に示された教育立法条件の適用状況は全国一様というわけではなかったのである。

　連邦加入時の事情によって第93条が適用されなかった州においても、州の法規によって宗派学校制度を導入することは可能である。反対に、適用された州については、宗派学校制度の廃止を望んでも、憲法ないし連邦加入時に制定された条文が改正されない限り廃止することはできない。近年この立法条件の廃止または改正の必要が問題となり、解決方法が模索された。問題と

なった州はニューファンドランド州とケベック州である。

　ニューファンドランド州の場合、連邦加入時に制定された「カナダ・ニューファンドランド連邦加入条約」の中で定められていた。したがって、憲法を改正せずにこの条約の第17条を改正することとなるので、他の州の合意は必要ではなく、同州と連邦政府との交渉で十分であった。問題は州内での意見調整である。この州では宗派別教育委員会制度を採用していた。しかし、住民の宗教意識の変化や宗教の多様化によってこの制度の廃止の必要が指摘され、1992年に制度改正に関する審議会の提案を受けて、その実現に向けて教会など関係者との交渉がもたれていた。結局、第17条改正の賛否を問う住民投票に持ち込まれ、1995年に住民投票が行われた。その結果は賛成票が約55％であった。それを受けて州政府は連邦政府に改正を提案、第17条は改正され、特定の宗教の教育を目標としない宗教教育は認められなければならないこと、また、保護者が願い出る場合には特定の宗教の遵守を許可しなければならないことを内容とする2項目をこの州の教育立法条件とした。なお、この改正によって教育委員会数も大幅に削減した。

　ケベック州については、1867年憲法の第93条はそのまま適用されているので、宗派別教育委員会制度を廃止するためには、憲法改正が前提となる。1966年にパラン審議会によって宗派別教育委員会制度の廃止が提案されたが、実現したのは30年後の1997年であった。問題を複雑にした要因の一つに憲法第93条の解釈があった。1867年の時点で擁護されていた宗派学校はもう存続していないと解されていた。しかし、その宗派学校を管轄していた宗派別教育委員会は存続していた。そこで憲法が擁護しているのは、当時存在していた学校だけなのか、学校とその存続を可能にする教育委員会なのか、当時存在していた学校が廃止されても教育委員会が存続する限りその教育委員会が擁護の対象になるのか、教育委員会についても連邦成立時の学区域のみか、その後の区域変更も認めるのか、宗派上の少数派擁護の精神を重視するのか、など条文解釈論議がなされた。結局、ケベック州は連邦政府に、第93条はケベック州には適用しないという条文追加を提案、第93条そのものの改正では

ないので1997年に連邦議会は「第93条A」として「第93条の第1号から第4号まではこれをケベック州には適用しない」という条文の追加を可決した。これを受けて同州は翌年教育委員会の宗派別設置から言語別設置への再編制を行った。ここにおいても、教育委員会数削減が視野にあり、実際にその数はほぼ半減している。

(2) 教育委員会制度と1982年憲法──言語問題

　1982年憲法の「権利及び自由に関するカナダ憲章」第23条は少数言語教育権を保障した。カナダの公用語である英語とフランス語に関して、そのどちらかがその地域の少数派となった場合、保護者は子どもを「少数言語による初等教育及び中等教育を受けさせる権利を有する」と定めた上で、この権利の適用に関していくつかの条件を付した。しかし、この条件の内容が同じ事象を扱ったケベック州の「フランス語憲章」(1977年)の内容と食い違い、政治問題となった。ここではこの微妙な政治問題には触れずに、この少数言語教育権保障が教育委員会制度に与えた影響を概観する。

　1969年の公用語法によって、カナダは国としては英語とフランス語を公用語としているが、州はその公用語を定める権利を保有、実際に両言語を州公用語としたのはニュー・ブランズウィック州のみで、ケベック州はフランス語、他の州はすべて英語を州公用語とした。ケベック州では、州公用語ではない英語について、英語を教授言語とする公立学校の設置を認めてきたが、1998年に教育委員会の宗派別設置制度から言語別設置制度への移行が具体化した。英語のみを州公用語とする州においては、この憲章公布以降、フランス語系公立学校を管轄するフランス語系教育委員会を設置する動きがみられるようになった。

　フランスの植民地時代からのフランス人の子孫は、アカディアと呼ばれていた大西洋沿岸地域から英国領になったときに追放され、後になって戻ってきた人々の子孫とフランスから移住しそのままフランス系住民としてカナダに留まった人々の子孫がある。そして、ケベック州のフランス系住民とは区

別され、アカディアンと呼ばれている。戻ってきたアカディアンは以前住んでいた中心部ではなく、目立たない地域に散在していった。したがって、大西洋沿岸諸州ではフランス語を母語とする住民が多いが、英語とフランス語を州公用語とするニュー・ブランズウィック州を除いて、他の州は英語のみを州公用語としている。日本では赤毛のアンの物語で知られているプリンス・エドワード・アイランド州では、1815年以来アカディアン対象のフランス語系学校が設立され、20世紀の前半には州の随所に普及、その数は60校にものぼっていた。しかし、1950年代から学校制度再編によって学校数の削減が行われ、その結果フランス語系学校で存続できたのはエバンジェリン学区のみで、フランス語系教育委員会の管轄下に置かれていた。1970年代末にはエバンジェリン校だけになっていた。1980年代になって州都シャーロットタウンにもう1校開設され、1982年憲法の権利自由憲章の趣旨に従って生徒を募集した。1990年、州政府は正式にフランス語系教育委員会にフランス語系学校の管理と普及の任を委ねた。人口が少なく土地も広くない島ではあるが、2000年代に入って3校増設されている。英国色の濃いノバ・スコシア州においても、1995年に発表された教育行政制度改正の中で、アカディアンとフランス語系住民への配慮を拡大する方針を示した。翌1996年に、アカディアンとフランス語系住民を対象とする州レベルの初めての教育行政機関として、州としてのアカディアン学校評議会が設置された。

　ケベック州に隣接し、フランス語系住民が比較的多いオンタリオ州では、1988年、オタワにフランス語系学校評議会を設置することとなった。オタワ・カールトンに設置されたフランス語系学校評議会は、1994年にフランス語系カトリック学校評議会とフランス語系公立学校評議会に分割された。95年になってフランス語系教育委員会が制度化されることになった。英語系住民が少数派となっている地域については英語系教育委員会が設置されている。オンタリオ州の隣でフランス語系住民としてメティスが集中しているマニトバ州では19世紀末にいわゆるマニトバ学校問題が起こった。同州が1870年に連邦に加入したときにカトリックとプロテスタントの宗派別公立学校が存在

していたが、宗派別と同時に言語別でもあった。1890年に州政府はカトリック系学校への公費支出を廃止した。これによってカトリック系公立学校が消えたが、このことはフランス語系公立学校の消滅も意味していた。この問題は訴訟事件にまで発展した。ここでは詳述する紙幅はないが、1916年の教育法は公教育に関する二言語規定を削除した。この一連の政治的葛藤の結果、多くのフランス系住民が母語を失っていった。1969年の公用語法を受けて、1970年代に入って少数派擁護の観点からこの問題が取り上げられるようになり、1993年になって、カナダ最高裁は同州の学校法が1982年憲法に違反しているとの決定を下した。これによってフランス系住民はフランス語系学校の管理権を認められ、翌年の1994年には4学区にまたがるマニトバ・フランス語系学区が誕生した。

　東部諸州よりは遅れて移住が始まった西部では、フランス系住民の状況は異なっていた。それでもフランス語系住民の母語教育問題が表面化し、アルバータ州では、1990年カナダの最高裁によってフランス語系住民にフランス語系学校教育の管理権が認められた。これは英語系住民が少数派になった場合にもあてはまる。その後、1992年の学校教育法改正によって、フランス語系学校を管轄する地方教育行政当局の設置が可能になった。この行政機関は税徴収以外については教育委員会と同等の権限を有するとされた。BC州では、1995年にフランス語系教育行政当局の設置を定めた。教育税は徴収せず、連邦政府と州政府との合意による経費負担で、18地域で生徒数約2000名を対象として発足することとした。BC州の北に位置するユーコン準州でも、1995年にユーコン・フランス語系教育委員会を設置することが決定し、翌96年にホワイトホースに初めてのフランス語系教育委員会が設置された。

　以上の事例が示すように、1982年憲法の少数派言語教育擁護規定は、諸州の教育委員会制度に影響を与えた。少数派言語となったフランス語系学校を管轄する機関の格付が教育委員会となっている場合と評議会のように教育委員会とは異なった格付である場合があることに気づく。いずれにしても、二つの公用語による教育を保障しようとの動きは1982年憲法の権利自由憲章の

結果である。こうして、州公用語が1言語であっても、国としての公用語2言語制度に対応して、教育委員会の言語別設置制度を認めることになったのである。 　　　　　　　　　　　　　　　　　　　　　（こばやし　じゅんこ）

第4節　学校評議会の新しい動き
――諸州におけるスクールカウンシル

　本節では、近年多くの先進諸国で進行中の教育改革において共通の協議事項である、親や教師、地域住民や子どもの学校意思決定過程への参加を可能とする組織としての「スクールカウンシル(学校協議会、学校評議会、学校審議会)」についてのカナダの現状を、10の諸州と3準州について、その設置状況と概要を中心に述べていくこととする[1]。

(1) ブリティッシュ・コロンビア州

　BC州では学校法の規定を受けて、2002年度から「学校企画委員会(School Planning Councils：SPCs)」が各校に設置され始めている。設置の目的は親の学校参加の重要性を認識し、また当該学校コミュニティ固有の教育ニーズを反映した教育実践を可能とすることとされている。SPCsの機能は助言機関と位置付けられており、その主要な責任は子どもの成績改善のための学校計画の開発、モニター、そして見直しについて学校コミュニティの意思を反映させることである。SPCsは当該学校におけるスタッフや資源の割当、当該学校の教育サービスやプログラムについて、教育委員会に対しても助言を与えることができる。構成は、校長、教員の無記名投票による教員代表1名、既存の親委員会から秘密投票で選出された代表3名(3名中1名は親委員会の役員でなければならない)から成っている。

(2) アルバータ州

アルバータ州のスクールカウンシルは、1995年に学校法17条及びスクールカウンシル規則により各校に設置されることとなった。制度化の目的として、「親を含む社会を構成するすべてのメンバーは子どもの教育に対し責任と重要な役割を有しており、親と学校コミュニティはスクールカウンシルを通して子どもの教育に意義ある参加をする権利を有している」ということが明確に認識されている。構成は校長、教員互選による教員代表最低1名、親代表、地域代表最低1名、高校の場合は生徒代表最低1名となっており、親代表が過半数を占めることとなっている。スクールカウンシルの権能は校長あるいは必要なときには教育委員会に対する助言機関であるとされている。協議事項は学校の教育目標や規則、財政のガイドライン、教育プログラムや子どもの成績の学校コミュニティへの報告事項など多岐にわたる。

(3) サスカチュワン州

　サスカチュワン州においては、スクールカウンシルは法令において明確に制度化はされておらず、親委員会(Parent Councils)などが学校慣習的に存在している。その大部分は校長あるいは教職員に対する助言機能を果たすものである。通常の公立学校以外に危機にある子どもあるいはメティスの子どもの教育ニーズを満たすことを目的として1980年に制度化された「コミュニティ・スクール」に関連して、近年州教育省は、各コミュニティ・スクールへのコミュニティ・スクールカウンシルの設置を推進している。構成は校長、教員、親、地域住民、生徒等であり、その協議事項は学校の教育目標、学習プログラム、より多くの親・地域住民の学校参加、人事の基準等多岐にわたる。そこでは先住民やメティスの公教育への参加の促進や地域エンパワーメント、エクィティと文化的調和がおもに目指されている。

(4) マニトバ州

　マニトバ州においては1996年春に「学校リーダーシップのための助言カウンシル(Advisory Councils for School Leadership : ACSLs)」が各校において設置可

能となった。ACSLs は当該学校の10名以上の親の要望があった場合に設置しなければならないとされている。権能は学校の教育目標や校則、学校施設の地域利用、課外活動、親参加の促進、資金調達などについての校長への助言機関と位置付けられている。また校長の選任過程においては教育委員会へ助言を行うこともできる。メンバーは最低7名であり、親および地域代表で占められることとなっている。高校の場合生徒代表1名が地域代表枠を利用して代表に加わることになる。校長あるいは教員(互選による教員代表)は ACSLs に職務上参加することはできるが、投票権はない。すでに親による組織を有している場合は ACSLs を設置する必要はないが、これへの移行が推奨されている。

(5) オンタリオ州

オンタリオ州では、1995年の王立委員会(州教育大臣の諮問機関)報告書を契機として、同年4月に各校でのスクールカウンシル設置が制度化された。権能としては校長の助言機関とされているが、必要に応じて教育委員会に対しても提言を行うことができる。構成の最低要件は、親代表(互選)、地域住民代表(カウンシルによる指名)、子ども代表1名(中等学校の場合は必須、小学校では校長の裁量。互選)、校長(指定メンバー)、教員代表1名(互選)、非教育職員代表1名(互選)となっており、メンバーの過半数を親代表が占めること、議長は親代表から選出されることとなっている。2000年には新スクールカウンシル規則が設けられ、その協議事項は「子どもの教育に影響を及ぼす事項全て」に拡大され、校長および教育委員会はスクールカウンシルによる提言を重視し、その対応について当該スクールカウンシルに報告しなければならないこととなった。

(6) ケベック州

ケベック州では、各学校単位で、カナダだけでなく他の多くの西欧諸国にも先駆けて、1972年に学校委員会と学校運営評議会委員会という2種類のス

クールカウンシル類似の組織が制度化された。学校委員会は投票権のない校長と教員1名を除いて親代表が大部分を占め、学校運営評議会委員会は親代表、教職員代表、生徒代表、地域代表、校長(投票権なし)で構成され、親代表が過半数を占めることとされていた。組織的位置付けは校長の助言機関であった(Rideout, 1995)。しかし、1997年には州教育法が改正され、学校運営評議会委員会に代わる形で学校評議会(Conseil d'établissement, Governing Boards)が各校に設置された。ここでは学校の教育サービスを生徒のニーズに合わせることが目的とされ、学校評議会を明確に意思決定機関としている。構成については親代表と学校関係者が同等の議席数を有することとされているが、議長は親代表が務めることとなっている。中等学校後期課程の場合、生徒代表も含まれる(投票権はない)。学校評議会の審議事項は当該学校に関連する事項全般および、教育委員会に対して人的資源、施設についての当該学校のニーズを知らせ、財政についての承認を得ることも学校評議会の機能となっている。

(7) ニュー・ブランズウィック(NB)州

　NB州においては、2001年の教育法改正により「親による学校支援委員会(Parent School Support Committees：PSSCs)」が制度化された。その主要な目的は個々の学校改善における「親によるインプット」であり、学校と学校コミュニティとの活発なコミュニケーションを構築することである。PSSCsは、校長選任プロセスへの参加、言語・文化、コミュニケーション、学校風土、家族の学校参加、学習の改善のための条件整備等の改善計画の策定・実施・見直し、学校設備の改善、学校施設の地域利用の促進などに責任を有する。メンバーは6名から12名であり、過半数は親が占めることとなっており、親代表(互選)の任期は3年である。高校の場合は生徒1名を含むこととされているが、小・中学校でも生徒代表を含むことは可能である。また教員互選による教員代表1名および校長が参加する。地域代表は他のメンバーにより指名される。

(8) プリンス・エドワード・アイランド(PEI)州

　PEI州では、学校法において、当該学校に籍を置いている子どもの親はスクールカウンシルを設置することができる、と規定されている。その権能は校長への助言であり、助言の範囲は課外活動や資金調達、学校施設の地域への開放などである。また、地域－学校間の連携強化や、教育委員会から要請があった場合には学校改善計画の作成や校長の選任に関して助言を行うこともできる。1998年に出された新省令においては、親がその多数を占め、校長に対して助言することを目的とした組織をすでに有している場合は、当該組織はスクールカウンシルとみなされることになり、その組織は学校法でスクールカウンシルに認められる機能を認められることとなった。構成は、最低3名の親代表(互選)、1名以上の教職員代表(投票権をもつのは1名、互選)、校長(職務として)、そして生徒代表1名(生徒会の役員あるいは互選)も親および教職員代表の裁量により参加できる。また、教職員代表が親代表よりも多くなってはいけないこと、教育委員会職員はスクールカウンシルの代表とはなれないことなども規定されている。

(9) ノバ・スコシア(NS)州

　NS州においては、1996年教育法によって学校助言委員会(School Advisory Councils)の各校への設置が可能となった。これは全校への設置を義務化するものではなく、8名以上の親、PTA類似の組織、校長が文書で求めた場合に、当該教育委員会は当該学校でのスクールカウンシルの設置を認めなければならないというものである。設置のプロセスにおいて当該学校と当該教育委員会そして教育省が「パートナーシップ合意」を締結することとなっている。「合意」の内容は各校の事情に基づいて柔軟に作成される。その位置付けは校長の助言機関とされている。各スクールカウンシルは最低5名以上18名を越えないメンバーで構成されるとされており、当該学校の親により選出された親代表最低1名、第7学年以上の学校の場合生徒代表最低2名、「合意」によって規定されている場合には初等学校においても児童代表最低2名、教員選出

の教員代表最低1名、非教職スタッフ選出の代表最低1名、そして校長からなる。校長には投票権はない。カウンシル内の調和を保つために1つのグループからの代表が全体の3分の1以上を占めることは許されない。権限としてはカリキュラムやプログラム開発への助言、校長選任過程への参加など多岐にわたるが、教育委員会内の人事には関与できない(Nova Scotia Education and Culture, 1996)。

(10) ニューファンドランド州&ラブラドール地方(NFLD)

NFLD州においては1997年学校法により各校へのスクールカウンシルの設置が制度化された。構成は全体で8名以上15名以下となっており、内訳は、2名以上4名以下の教員互選による教員代表、3名以上6名以下の親互選による親代表、2名以上4名以下の当該スクールカウンシル・メンバーにより指名された地域代表、校長、高校段階では少なくとも1名の生徒互選による生徒代表とされている。当該学校の教員でその子どもが当該学校に通っている場合は当該学校のスクールカウンシルの代表にはなれない。議長は代表によって校長以外の代表の中から選ばれる。権能としては、当該学校の教育ニーズを代表し、学習・教授の質について助言を行い、親や地域住民の学校参加を促進することとされており、必要に応じて教育委員会に助言を行うこともできる。具体的には、当該学校の教育計画の承認と支援促進、資金調達活動の承認とモニター、達成基準(performance standards)のモニターおよび評価システムにおける支援、学校の達成基準についてのレポートにおける提言実施のモニター等が挙げられる。

(11) 準 州

ユーコン準州においては、教育法において州教育省により指定された学区に一つのスクールカウンシルを設置することになっている。構成は3名以上10名以下(選挙で選出)ということになっているが、特徴的なのは、「保障代表制(guaranteed representation)」という形で先住民が一定数のメンバーシップを

占めることになっていることである。ノースウェスト準州においても各校は「親助言委員会(Parent Advisory Councils)を設置することができる旨の法的規定を有している(Young & Levin, 2002)。1999年に準州となったヌナブトでは、スクールカウンシルに関する法制は未整備である。

　これまで概観してきたように、カナダにおいては、現在までに10州中9州において、スクールカウンシルは法的位置付けを有している。サスカチュワン州のみが法令的規定を持たないが、そこでも各校あるいは各教育委員会独自の政策の中でスクールカウンシル類似の取組みが行われている。この傾向は諸準州にもあてはまる。各州共にハンドブックやガイドラインなどを刊行し、ワークショップやトレーニング・セッションを開催するなど、親・地域住民の学校意思決定過程への参加の意義の普及に努めていると言えるだろう。また、ケベック州(意思決定機関)を除いてその多くは助言機関ではあるものの、学校意思決定の公的なプロセスの中に位置付けられており、校長の選任過程への参加や校長あるいは教育委員会がスクールカウンシルからの提言に対し、どのような対応をとったかを報告することを義務づけるなど、スクールカウンシルの学校意思決定へのインパクトを一定程度確保するための配慮がなされている。代表選出においても互選方式を採るなど、日本における類似の制度であると考えられる学校評議員が校長の推薦に基づき教育委員会によって委嘱されること、評議員の助言を取り入れるかどうかは校長の裁量に任されており、学校意思決定過程の範疇外に置かれていること等に鑑みると、両者は似て非なるものということができる。

(ひらた　じゅん)

(1)　各州の状況については、とくに著者名等を指定していないものについては各州教育省のHPを参照した。カナダ州教育担当大臣会議のHPからすべての州の教育省HPにリンクできる。http://www.cmec.ca

第2章　社会人に対する多様な学習機会の展開

高等教育機関で提供される多様なプログラム© Malaspina University-College

カナダ国立文明博物館

第1節　カナダの生涯学習社会の展開

(1) カナダにおける成人教育の概念

　日本の社会教育に匹敵する分野は、欧米諸国では一般に成人教育（Adult education）と呼ばれており、カナダでも成人教育という用語が使われている。日本の社会教育とカナダの成人教育を比較すると、基本理念や活動領域としては重なりあう部分が多く、コミュニティ・センターでの趣味やスポーツ講座などのノンフォーマルな学習から、市民運動やNPO（非営利組織）のボランティア活動を通じてのインフォーマルな学習など多様な内容や形態の成人の学習活動を総称している。しかし、日本の社会教育とは異なりカナダの成人教育には、大学やコミュニティ・カレッジのようなフォーマルな教育機関によって行われる継続教育や職業訓練なども含まれ、むしろこの領域での役割が重視されている。

　カナダの成人教育学者たちは、機能や目的の面から成人教育を以下の四つに分類している（Selman et al, 1998）。

　①仕事に必要な技術や知識を身につけるための職業的機能
　②個人として家庭や社会での役割を学ぶ社会的機能
　③個人が余暇活動として趣味や教養を行う余暇的機能
　④批判的思考能力や自己表現等を学び自己実現をはかる自己開発的機能

　このように、カナダの成人教育も日本の社会教育と同様、基本的には個人と社会の両者の発展を視座においている。しかし、日本の社会教育では上記4機能のうち②、③、④に比重が置かれているのに対し、150年近い歴史をもつカナダの成人教育では常に①の機能が実践の中心となってきた点で大きな違いがある。ちなみに、カナダで成人学生と呼ばれている人たちは、一般的にはパートタイムの学生で、フルタイムの場合は短期間のコース学習に励んでいる人たちが中心である。

第2章　社会人に対する多様な学習機会の展開　149

　カナダの成人教育事業には、その地理的、歴史的、社会的な特色がよく映し出されている。例えば、地理的に広大なカナダにとって、距離の克服は大きな挑戦課題である。歴史的にみても、カナダの代表的成人教育事業は大学拡張、通信教育あるいはラジオや映画などを通じて辺境の地に農業や漁業の知識や技術を普及してゆくものが多かったが、現在どの州でも盛んに進められているITによる遠隔教育の開発と普及もこの延長線上にあるといえるだろう。成人教育事業は、日本の社会教育法や生涯学習振興法のような国レベルでの法的支えがないまま、各州がそれぞれの財政と政策課題に応じて展開しているので内容やアクセスの点で州によってかなり差がある。

　しかし、他方こうした地理的分離や厳しい冬の気候のため、カナダでは伝統的に地域共同体での助け合いの精神が根強く、昔も今もコミュニティづくりは成人教育の根幹をなす理念のひとつである。この理念は、とくに移民の流入が多い都市部での、議会制度や市民としての義務権利を学ぶシティズンシップ教育や公用語を学ぶESL(English as a Second Language)やFSL (French as a Second Language)などの例に見られるように、地域への移民受入れ対策の成人事業として結実している。また、知的障害者や社会的弱者への識字や成人基礎教育など、教育の機会均等、福祉、公益を目的とした成人教育事業の多くも、連邦政府と州政府、そしてNPOの連携によってなされてきた。いずれにせよ、社会運動的な土壌に根ざしたカナダの成人教育が、その長い実践の歴史を通じて民主的で平等な思いやりのある社会づくりの一翼を担ってきたことは確かであるが、こうした成人教育の伝統的風景が、生涯学習社会の到来とともに変貌しつつある。

(2) 1990年代以降の生涯学習政策の動向

　1980年代後半から1990年代にかけて、不景気と新保守主義の煽りをうけたカナダは、より小さな政府と公共機関、民営化、個人の自助自立を促すポスト福祉国家へと変貌した。連邦政府から州政府への予算が大幅に削減され劇的な地方分権が進められ、生涯学習という言葉が盛んに使われるようになっ

たこの時期、成人教育の事業内容にも大きな変化が起こった。連邦政府はグローバル化した経済競争で生残りを図るために、個人を経済ユニットとみなし、情報にアクセスできる高度な知識と専門技術を身に付けた労働者こそ価値ある人材資源であるという考え方を全面に押出した生涯学習政策を展開するようになった。そして、この頃から連邦政府の成人教育への資金援助のほとんどが、各州との連携によるコミュニティ・カレッジでの職業技術訓練プログラム開発に投資されるようになったのである。

こうした連邦政策を受け、各州政府はそれまで安価で様々な非職業的成人教育事業を提供していた公教育施設への資金援助を大幅に削減した。そのため、移民への市民教育やESLプログラムなど公共サービス的講座の運営の多くが、行政の手からNPOや民間へと依託されるようになったのである。とくに優先順位の低い趣味教養講座などの費用は学習者負担にすべきであるという意見や、こうした講座から利益収益を上げようとする傾向も強まり、公共施設における講座の受講料は大幅に値上がりした。

現在では、多くの州が成人学習者のための遠隔教育の開発や事前学習評価認定(Prior Learning Assessment and Recognition : PLAR)の制度化を生涯学習政策の主眼にすえており、各カレッジでは職業技術訓練プログラムのオンライン化が急ピッチで進められている。しかし、こうした比較的高価なプログラムが誰にでも手が届くものではないこと、またIT化により孤立が進む学習者への対策開発の必要など、実際には課題も多い。また、成人の学習経験や職業経験を評価することで学習の重複を防ぎ、無駄なく生涯学習を継続していけるようにと取り入れられたPLARについては、とりあえず導入はされたものの統一測定基準などが曖昧な州が多く、まだ開発途上にあるといえる。

しかし、カナダがこうした職業訓練中心の生涯学習システムを構築している背景には、行政側からの一方的な圧力だけがある訳ではない。カナダ政府の統計によると、1983年では20％弱だった成人教育への参加率は、1993年には28％に増加しており、その成人学習者の71％が職業技術関係のコースを受講し、一人当り平均年間103時間を費やしている。さらに、そのうち70％の学

習者は雇用主によって学習費用の一部、または全額を支給されている(カナダ統計局, 1994)。この状況からみても、急速な社会変化、就業形態の変化、技術革新に追付いてゆくために、一般の人々の側からの職業技術再訓練への需要が高まっているのも事実である。こうした両側からの力に押されながら、カナダの生涯学習社会における成人教育は、UNESCOによって提唱された生涯学習の元来の概念を「生涯を通じての職業技術の錬磨」という狭い意味に歪曲しながら、労働力や経済開発という目的にさらに密接に結びつけられた方向へと猛進している。

一方、こうした主流に拮抗する流れとして盛んになっている民衆教育運動の存在も、カナダの成人教育を語る上では欠かせない。もともとラテンアメリカ諸国で、市民自身を民主的社会変化の過程に介入させる成人教育の一方法としてパウロ・フレイリ(Friere, Paulo)らによって開発された民衆教育運動は、現在では様々な形に変化しながらスカンジナビア諸国などでも取り入れられている。カナダでは1980年代後半から、教育、医療、福祉などの公共プログラムが大幅に削減されてゆく社会状況のなか、人権、貧困、環境、平和、女性、先住民など様々な問題に独自に取り組む市民運動が積極的に展開されている。もちろん、これらの運動は地域の小グループやNPO、教会等が主体となるので、運営資金面で大きな課題はあるものの、参加型、問題解決型、協働型の地域に根ざした民衆教育アプローチは、民主参加型の社会運動としての成人教育の役割を復活させる可能性を含むものとして注目されている。

(3) オンタリオ州の状況

さて、カナダ型生涯学習社会の動向は、州レベルにはどのように反映しているのだろうか。ここではオンタリオ州を例にとり具体的にみてみよう。他の多くの州と同様、オンタリオ州の成人教育事業内容も、きちんとした法的支えのないまま時の政策重点によって大きく左右される傾向にあり、1990年代以降の州の流れをみても、成人教育は連邦政府の影響を受けながら他州とはほぼ同じ動向をたどっているといえる。オンタリオの成人教育事業は、以

前は教育省、カレッジおよび大学省、技術開発省の3省によってとり行われていた。しかし、1993年の行政再編成でこの3省が教育省と訓練およびカレッジ大学省という2省に改められて以来、成人教育はおもに後者の管轄に入り、職業訓練的色合いをより濃くすることになった。

　オンタリオ州政府の政策関係資料からみる限り、現在の州の成人教育の主眼は、グローバル経済競争に太刀打ちできる有能な労働力をいかに養成しカナダ経済の中心地であるオンタリオの経済発展につなげるか、またいかに職業訓練に民間セクターからの投資を増やし教育費を削減するかということに置かれているようである。具体的には、不足している職種の人材養成のためカレッジの職業技術訓練へ多大な投資を行うと共に、その仕組みの中への民間産業の介入連携を積極的に促している。2001年度の予算には、アプレンティスシップ強化資金も盛り込まれ、各カレッジの教室がより多くの徒弟見習プログラム(例えば自動車の修理業、建設業、溶接業、配管工事業、鉄鋼業等で実際働きながら学ぶ)の学生を収容できるように、また訓練の内容が産業界の高い水準と需要に対処できるようにするために、教室の規模拡大と機械の近代化に向けて今後5年間で総額5千万ドルを投入することを発表した。また、これとは別に2001年度の予算には130万ドルの熟練労働者技術更新プログラム(Journeyperson Updating Program)も新たに導入され、これによりオンタリオ全州から選ばれた3500人の熟練専門技術師に、カレッジなどでの最新技術と理論を学ぶ再訓練の機会が与えられることになった。州政府としては、この熟練労働者が職場にその知識を還元することを期待している。

　最近のオンタリオ州の成人教育事業で、カレッジを中心とした職業技術訓練についで大きな比重がかけられているのは、識字および基礎技能訓練である。1994年から1998年にかけて、世界22カ国で16歳から65歳を対象に実施された国際成人識字統計によると、オンタリオ州の識字レベルはカナダ全国平均に比べると高いものの、それでも20％の成人がコンピュータの基礎的操作なども含めた基礎的リテラシーに欠けており、また24％の成人は変化の激しい労働市場の需要に応えるには不十分な技能しか持ち合わせていないという

結果がでている(カナダ統計局, 1996)。これを受け、州政府は1999年、リテラシーの向上を図るため新たに「識字と基礎技能教育」(Literacy and Basic Skills: LBS)プログラムを導入し、地域で読み書き、算数、コンピュータ等の基礎教育に携わっている団体組織へよりより積極的な支援を開始した。

　LBSプログラムは、教育委員会、カレッジ、そしてNPOなどの地域組織の三者に委託された形で、現在州内300ヶ所以上で実施されており、州政府は年間6000万ドル以上もの資金を投入している。これにより現在5万5千人以上の成人が州政府に補助されたLBSプログラムのサービスを受けている。LBSプログラムは英語系、フランス語系住民だけでなく、先住民、聴覚障害者もその主要対象グループとしている。またアルファルート(Alpha Route)というオンラインでの技能訓練にも取り組んでおり、識字教育のIT化開発において先駆者的役割を果たしている。プログラムの受講対象者としては、学校に行っていない19歳以上の失業者、またはリテラシー不足のために仕事や日常生活に支障をきたす成人などが優先される仕組みになっている。

　LBSプログラムは単に識字教育の実施援助だけでなく、識字教育のより効果的なカリキュラムと指導法の開発助成にも力を注いでいる。2002年9月、州政府は年間6000万ドルの識字技能訓練予算のうち170万ドルを研究開発費として72の地域プロジェクトに投資することを発表した。オンタリオ州の識字教育は、昔から様々なNPOを通じた多くのボランティアの手によって地道に実践されていたが、最近のこうした州の政策支援をうけて公的機関、民間組織、そしてNPOとボランティアが連携した識字教育実践システムがさらに強化された形となった。

　ところで、オンタリオ州の政策を生涯学習という視点からみると、やはりカナダ全体の動向と同じく、生涯学習という言葉が職業技術訓練とITによる遠隔教育に密接に結びつけられた極めて狭い意味で使われていることがよくわかる。例えば、州政府は2000年には、生涯学習挑戦資金と称して500万ドルをTVオンタリオ(州の教育テレビ)に委託し、これを受けたTVオンタリオでは民間の産業や、労働組合、成人教育者などと協力し、州で初めての職場向

けオンライン技術訓練プログラムの開発に本格的に乗り出した。また、2001年には、州は小学生から大学までの年齢層の学生に、高度で洗練されたテクノロジーを使った幅広く柔軟な学習プログラムをいつでもどこでも必要に応じて提供するという目的で、生涯学習エクセレンスセンターを設立することを発表した。

以上のように、経済発展と人材資源開発をモットーとする現在のオンタリオ州の成人教育および生涯学習政策は、職業技術訓練と識字基礎教育とオンライン遠隔教育の開発に焦点が絞られた形で進められており、州政府の文書には、地域づくりや自己開発といった成人教育のもつ他の大切な機能についてほとんど触れられていない。

(4) NPOや民衆運動を通じた市民の側からの活動

カナダの成人教育活動は、NPOや市民グループが行政と協力し、また時には行政に拮抗する草の根型でなされている場合が多いので、行政側からだけみて成人教育を語ると一面的な把握となってしまう。そこで、以下では市民の側からの例を二つ取り上げてみたい。

実践例1：フロンティア・カレッジ(Frontier College)

フロンティア・カレッジは、100年の歴史を持つカナダの代表的成人教育NPOのひとつであり、その歴史的変遷からはひとつの組織の形態や目標や運営法が、社会や経済状況によっていかに変化発達していくかの過程がうかがえる。1899年プレスビテリアン派のアルフレッド・フィッツパトリック牧師(Fitzpatrick, Alfred)によってカナダ読書キャンプ運動として発足したフロンティア・カレッジは、当初は、鉄道や森林、鉱山等の労働キャンプに読書室を設けて本を配給することにより、不毛の開拓地で働く人々に文明の薫りを届けることを目的としていた。しかし、発足後間もなく、「書物だけでなく教育も」という新たな使命にとりかかり、教会員たちの資金援助によって、指導員が僻地のキャンプに派遣されるようになったのである。この指導員たちは、

労働者教師と名付けられ日中は労働者と共に汗を流し、夜間と週末は労働者(多くは移民)に英語や基礎学力の教育を行った。この伝統は現在も受け継がれ、毎年夏にオンタリオ州を中心に季節労働者の多い農場へ大学生の労働者教師が派遣されている。こうした大学生たちの期間中の生活費は日中の労働の給料でまかなわれるが、教師としての活動は全くのボランティアである。

　フロンティア・カレッジは、識字教育への地道な貢献により国際的にも高く評価されており、1976年にはUNESCOから表彰されている。カナダ国内では1960年頃より注目され始め、各州政府から遠隔地の地域づくり事業の一環としての識字教育の委託をうけるようになった。地理的フロンティアがほとんど克服された1970年代後半からは、「フロンティア」の概念は「教育を受けられない人々への教育の開拓」へと拡大され、活動範囲も都市部へ拡張された。その後生まれた新しいプログラムでは、刑務所、職場、学習センターなどにボランティアを派遣し、社会復帰が必要な成人や若者、移民の家族などに識字と基礎学力、コンピュータ技術等の教育を行っている。さらに1991年以降は、カナダ全国の大学に地域識字プログラムの支部づくりが進められており、大学生を中心としたボランティアのリクルート、訓練、派遣などを積極的に展開することで、公共プログラムの削減に伴い高まっている地域の識字教育の需要への対応を図っている。

　このように、100年前一人の牧師の手によって始められたフロンティア・カレッジは、現在では全国規模のNPOに成長し、地域づくりを主眼におき地域のニーズを開拓しながら様々なプログラムを展開している。政府の助成と民間や個人からの寄付によって資金をやりくりし、各地の識字教育NPOと提携しながら数百人ものボランティアを主体として運営されているこの組織の実践例から、今後日本でも増えてゆくであろう社会教育関係NPOが学べることは多いのではないだろうか。

実践例2：レイジング・グラニーズ(Raging Grannies)
　さて、もうひとつは民衆教育の事例として、カナダのユニークな「怒れるお

婆ちゃんたち(レイジング・グラニーズ)」の活動をみてみよう。レイジング・グラニーズ運動は、1987年にBC州のビクトリア島の大道演劇団に所属する10人の高齢女性が、核物質を搭載したアメリカ船がカナダ領海を通過した際、花のついた帽子をかぶりカヌーを漕ぎ出して抗議歌を歌ったことに端を発している。以来、高齢者の女性による草の根運動としてカナダの都市部を中心に、最近ではアメリカにまで広がっている平和的市民運動である。構成メンバーのほとんどは、50代後半から80代の中高年(実際に孫のいる人が多い)の中産階級の白人系カナダ人女性である。全国ネットワークとしてニュースレターやインターネットで定期的に情報交換したり、2年に一度は全国規模の総会も開かれるが、基本的には各街のグループ(10人から15人程度)が独自に課題を決め、地元住民の社会意識高揚を目的としたユニークな教育的、抗議運動を繰り広げている。

　グラニーズの抗議スタイルの基本は、高齢女性に対する社会的ステレオタイプを皮肉りながら、大きな花のついた帽子にカラフルな毛糸のショールやエプロン等をつけたいかにも「お婆ちゃん」という格好で街角に登場し、誰もが知っている民謡や流行歌のメロディーに、自らが作詞した抗議の詩をつけた替歌を大合唱するという風刺的かつ平和的なものである。グループによっては寸劇の手法を取り入れたり、集団で自転車に乗って街の目抜き通りに出没し排気ガスによる環境破壊の害について歌ったり、国会議事堂前でキャンプしたりと、その神出鬼没な活動ぶりは新聞やニュースにもたびたび取り上げられている。また、地元の小学生や中学生に環境保護を教えるためにリサイクル歌の作詩ワークショップを開いたり、高校生や大学生と共に途上国の子どもや女性の低賃金労働と搾取の問題について考えるため、そうした製造過程をたどっているブランド物のファッションショーを開いたりと、とにかく創意工夫をこらしながらかなり進歩的なメッセージを発信している。

　グラニーズは、基本的に孫世代のことを憂慮する祖母の怒りから社会にもの申すという姿勢をとっているので、取り組む課題は反戦平和、自然保護、人種や性差別、教育や福祉や医療サービスの後退、貧困やホームレス、グ

ローバル経済による開発国への影響など、地域レベルから地球規模での問題まで広範囲に及んでいる。グラニーズたちは次の抗議課題が決まると、それに関する詩や寸劇のシナリオを書くため町の図書館に出かけて調査したり、労働組合や地域の大学生グループやNPOに協働を呼びかけたりと自発的学習行動に余念がない。

　こうしたグラニーズ運動には、一般市民の問題意識を喚起するという社会的レベルと、活動を通して高齢女性たち自身のエンパワーメントを図るという個人的レベルの両方での学習効果が期待できる民衆教育運動の特徴がよく現れている。今後、カナダでも日本でも、より民主的な参加型市民社会を発展させていくためには、個人またはグループの「行動の主体としての意識化」をいかに進めていくかが鍵となるであろう。その意味では、民衆教育運動が今後の生涯学習社会で果たしうる役割と可能性は大きいのではないだろうか。

（なるしま　みや）

第2節　カレッジ政策

　カナダの中等後教育制度は、学位授与権をもつ4年制大学や大学院を含むユニバーシティ(University)と、職業教育や成人基礎教育を中心とするカレッジ(College)とに大別される。カナダでも多くの成人学生がユニバーシティで学んでいるが、全体的には、フルタイム学生数が依然として増加傾向にあるのに対し、近年パートタイム学生数は減少に転じている。カナダのユニバーシティは極めてアカデミック志向が強いため、働きながら学ぶパートタイム学生は、それほど多くない。つまり学位取得を目的にした成人学生はユニバーシティに進学し、「手に職をつける」、すなわち技術を身につけて就職したいと考える成人学生は、むしろカレッジに向かっている。ついては、ここでは、多くの成人学生を集めるといわれるカレッジ政策について、みていこう。

(1) カレッジの分類と1990年代の改革

　カナダの中等後教育は、大学を除くと、隣国アメリカが第二次世界大戦前からジュニア・カレッジを誕生させていたのに対し、1960年代になるまで極めて不活発であった。

　アメリカにおける初期のジュニア・カレッジは、4年制大学への編入プログラム実施を目的に設立されたところが多かった。その後コミュニティ・カレッジにもこの使命は受け継がれる一方、さらに職業教育や成人基礎教育プログラムの導入が図られていった。まさにコミュニティの教育需要に対応する形で、多目的化してきたといえよう。

　ところが、カナダでは1960年代以前にも州立の職業教育・訓練機関はつくられていたものの、その数はごく限られており、そもそも職業教育は中等教育の守備範囲と考えられていた。ようやく1960年代初頭になり、人的資源論の考えが急速に高まってきたこと、中等後教育の大衆化が予測されるようになったこと、産業の変化や技術革新により労働者の技術が陳腐化することの危険性が説かれるようになり、各州では高度な職業教育を内容とする新たな中等後教育機関を設置する動きが加速化した。その意味では、カナダのカレッジは誕生当初から経済の活性化をはかることが至上命題とされていたといえる。ただし、社会的政治的な理由として、地域住民の高等教育へのアクセスを確保する"コミュニティ・カレッジ"としての目的も掲げられており、多くのカレッジでは、安い授業料とオープン・アクセスが基本方針として採用された。

　もっとも州政府が積極的に関与してきたカレッジ制度は、それゆえに各州による違いも大きい。カナダのカレッジ制度は目的別にみると、①大学教育の補完組織としてのカレッジ(オンタリオ州やプリンス・エドワード・アイランド州)、②アメリカのカリフォルニア・スタイルの総合的コミュニティ・カレッジ(アルバータ州やBC州)、③大学への編入制度を認めず、実践的な職業技術教育をめざすカレッジ(マニトバ州、ニュー・ブランズウィック州、ユーコン準

州、ノースウェスト準州)、④職業技術教育も実施するものの、他機関の教育サービスについて住民にアレンジ業務を行うことに特色をおいたブローカー的カレッジ(サスカチュワン州)、⑤大学の前期課程としての一般教育機能と職業技術教育機能の両者をもつカレッジ(ケベック州)といった五つに分類される(Gallagher and Dennison, 1995)。

　しかし、これは設置当初の目的に着目した分類であり、40年という歳月を経た現在では、多くのカレッジが、職業技術教育を提供する一方で、大学への編入学コースや成人基礎教育コースなども積極的に取り入れるようになった。正式には大学への編入学制度を導入していないオンタリオ州でも、個別のカレッジと大学間で協定を結ぶという形で、一部ではあるが実質的には編入学制度が運用されている。なお、現在でもケベック州のCEGEP (一般教育・専門教育コレージュ)は他州のカレッジと異なる点が多い。

　カナダのカレッジはこのように当初の目的では5グループに分類されるが、1990年代のカレッジ改革では、いずれの州においても、カナダ国内はもとより国際的な経済競争を勝ち抜くための人材育成をめざす改革であった点が共通している。もとよりカレッジ誕生には、人的資源論が理論的背景としてあったのだが、1990年代の改革は、各州の産業界が国際競争力を身につけ、世界に伍していくための人材養成が主眼であり、そのために産業界とカレッジ教育の連携の必要性が説かれ、カレッジ教育の効率性と生産性を評価することが改革の目標となった。その一例がオンタリオ州のKPI政策である。

　オンタリオ州のKPI (Key Performance Indicators)政策とは、1998年にカレッジ(オンタリオのカレッジの正式機関名はCollege of applied arts and technology)の教育評価を行い、もってカレッジ教育のアカウンタビリティを高めることを目的に導入された政策である。具体的には、卒業生の就職率、卒業生のカレッジ教育に対する満足度、雇用主の満足度、在学生の満足度、そして卒業率の5指標を用いて各カレッジの教育評価を行うものである。2001年度の調査結果は、卒業率を除く4指標について、カレッジ全体の結果は州政府から、個別のカレッジの結果は各カレッジから公表されている。なお、オンタリオ州は

各カレッジの経常経費配分に当たって、2002年度は就職率、卒業生の満足度および雇用主の満足度の3指標の評価結果に基づいて一部経費の配分を行っており、その総計は1640万ドルであった[1]。

(2) 新しいカレッジ教育を求めて

カレッジは経済の活性化を図るためだけではなく、コミュニティの教育需要に応ずることも主要な目的としているため、当然のことながら、時代と共に教育の重点も変化している。職業教育、大学編入学、そして成人基礎教育の機能が付加・充実されてきたなか、最近では、とくにより高度な熟練した職業人の育成が最重点課題のひとつになっているようだ。その具体例として新学位の導入が挙げられる。

従来、カナダのカレッジは、履修単位や期間に応じてサーティフィケイト(certificate)やディプロマ(diploma)といった資格を授与している。加えてアルバータ州やBC州のコミュニティ・カレッジでは準学士(associate degree)の学位も授与してきた。

しかし、近年経済活動の国際化にともない、サーティフィケイトやディプロマなどの国内のみで通用する資格よりも、国際的に通用する学位を求める傾向が強まっている。例えば、カナダ国内の外資系企業では入社資格に学士以上の学歴を求めるところがでてきた。現在、ディプロマ取得には通常2、3年間が必要だが、急激な技術革新を背景に、たとえ学位取得のために多少長い期間をかけても、より高度な職業技術の獲得を目指すニーズがカレッジに求められるようになった。

そこで、既存の学位授与権を有する大学と利害衝突せず、かつ国際的な資格獲得ニーズに応えるため、今、北米地域のコミュニティ・カレッジでは、4年制教育コースでしかも実践的な職業分野に特化した、まったく新しい学位、応用学士(applied degree)を学士のひとつとして導入することが始まった。北米地域全体では年々この制度を導入する州が増加しており、カナダ国内では、アルバータ州が先陣を切り、2002年現在、BC州とオンタリオ州でもカレッ

ジにこの応用学士の導入が決定されている。この制度をカナダ国内で最初に導入したアルバータ州では、1994年に制度導入の検討が開始され、八つのプログラムで実験的にスタートすることが決まった。1995年度には最初の四つのプログラムの試行が開始された。この試行プロジェクトの結果が評価され、1998年にアルバータ州政府は正式に新しい学位の導入を決定した。

現在アルバータ州では、森林資源経営やインテリア・デザインなど27分野で応用学士のコースが州立カレッジを対象に認められている[2]。いずれも職業技術分野に限定されており、6学期(セメスター制)の学習と2学期の実地訓練(単位付与)から構成されている。なおBC州では2002年4月、応用学士に加え、ユニバーシティ・カレッジとインスティテュート(Institute)では、応用修士(applied master degree)を授与することも発表されている。ちなみにユニバーシティ・カレッジとは、基本的にカレッジの機能をもち、特定の分野については学士課程を併せもつ高等教育機関であり、インスティテュートは短期から4年制課程までコースにより資格や学位が授与されるが、もっぱら特定の実務に就くための教育やスペシャリスト養成を目的に設置されている高等教育機関である。

(3) 弱まるカレッジ誕生時の理念

カレッジは誕生の契機からもわかるように、職業訓練を主たる目的としてきたが、その一方で、1960年代は高等教育の大衆化という動きに対応するため、低廉な費用しかもオープン・アクセスの高等教育機関という使命も有していた。さらには移民国家カナダにおける成人基礎教育の提供機関として、まさにコミュニティの多様な要望に応える中等後教育機関として、カナダ社会に受け入れられて来たといってよいだろう。ところが1990年代に実施されてきた改革では、「コミュニティ」のなかでもとりわけ産業界の要望に応えるという点が前面にだされ、個人の文化・教養的能力の発達という教育目標や、教育の機会均等を実現するといった社会的な公正を確保するという社会的目標はすっかり影をひそめてしまったようである。

もっとも隣国アメリカでは、カレッジの運営に産業界の影響が極めてストレートな形で表出されているのに対し、州政府の関与がアメリカにくらべると強いカナダでは、経済振興の側面ばかりではなく、マイノリティ・グループを対象に教育の機会均等という「社会的公正」を実現することも依然として、カレッジの目標に掲げられていると評価する声もある(Levin, 2001)。

日本の短期高等教育が学生獲得に苦労しており、その解決の糸口を北米のコミュニティ・カレッジに求めることも可能だが、カレッジ自体の目的や理念、あるいは教育内容も時代と共に大きく変化していることにも注意していく必要があるだろう。

(みぞうえ　ちえこ)

第3節　ミュージアム政策

日本の国立科学博物館は世界で13番目に設立された「教育博物館」であり、近代的教育博物館の嚆矢であるトロントの教育博物館をモデルにしたといわれている[3]。日本ではカナダのミュージアムの教育的側面にかなり早くから注目していたといってよい。

確かにこうした教育重視の伝統は現在にも受け継がれており、多くのミュージアムでは教育担当を設けて、学校教育との連携をはかり、積極的に児童・生徒をミュージアムに受け入れている。ミュージアムのコレクションを生かして、貸出しキットを作成し、学校現場に貸与する活動も熱心に取り組まれている。加えて、カナダのミュージアムは、1990年代の中葉までにミュージアム数という量的推移からみると、まがりなりにも成熟段階を迎えつつあるともいえる。

しかし、カナダのミュージアムの歩みをみると、政策的振興策が登場するのは、第二次世界大戦後のことにすぎず、長らく政策不在の状態が続いたのである。日本がモデルにしたといわれるカナダのミュージアムは、どのように振興されてきたのだろうか。ここでは連邦政府の動きに注目してみてみよ

う。

(1) ミュージアムの発展とマッセイ報告書

そもそもカナダのミュージアムは、16世紀に現在のケベック市に宗教関係もしくは宗教教育に必要なコレクションを教会が形成したことから始まるとされている。19世紀に入ると、各地でミュージアムがつくられ、国立博物館 (National Museum of Canada) が1868年、国立美術館 (National Gallery of Canada) も1880年に創設されている。トロントにあるロイヤル・オンタリオ博物館 (ROM) 設立の要望書が初めて提出されたのも、1833年である。

ただし、第二次世界大戦前のミュージアムの設立や運営は、個人や教育機関が主導し、州の助成をあおぐという形で展開されており、地方自治体や連邦政府が積極的に関与する姿勢はほとんどみられなかった。カナダではこの時期までミュージアム政策は不在だったといえよう。

こうした状況を批判したのが、1951年に出された『マッセイ報告書』(正式名：*Report of Royal Commission on National Development in the Arts, Letters and Sciences 1949-1951*) である。委員長の名を付して『マッセイ報告書』と呼ばれるが、マッセイ委員会は、この報告書で当時のカナダの文化を概観すると共に、改善のための提言を行った。もとより、基本的にはカナダの国立(連邦)機関や組織の在り方を問う報告書ではあるが、概観の部分では各州の文化的状況についても必要に応じて言及している。この報告書の特筆すべきポイントは、文化振興の重要性を国防のそれと比較してその重要性を論じている点であり、この報告書が契機となってミュージアムもカナダ連邦政府の政策課題に登場するようになった。

1968年に国立ミュージアム法が制定されたが、これが連邦政府のミュージアムに関連する初の法律であった。もっとも同法では、ミュージアムの役割を、収集、保存、解釈という三つを合わせ持つものとしており、その教育的役割は附随的な位置付けとなっている。その後1972年にはカナダ国内すべてのミュージアム振興のために、民主化と分権化を方針とするナショナル・ミュー

ジアム政策が発表され、ようやく連邦と州がミュージアム振興のために連携する姿勢が打ち出されたのである。

(2) 1990年代の政策

1990年代に入り、ミュージアムの現場により大きな影響を与えたのが、1988年に制定された多文化主義法である。多文化主義政策は1970年代から始まっており、決して同法だけが影響を与えたわけではないが、同法第3条第1項において、連邦政府は、政策により、多文化主義が「カナダ社会の文化的人種的多様性を反映するものであり、カナダ社会のすべての人々にみずからの文化的ヘリテージを守り、推進し、分かち合うための自由を認めるもの」であることを認め、その理解を促進していくとしている。この点がミュージアムのコレクション形成や展示に大きな影響を与えるようになったのである。

実は、多文化主義政策がカナダで実施され始めた1970年代には、とくに芸術関連分野では、民族、言語、肌の色や出自などを問わない「能力」重視を主張し、多文化主義の風潮とは一線を画していた。しかし、1990年代になり芸術における「専門性」(professionalism)という用語の再検討が行われるようになった。例えば、ピア・レビュー(peer review)を基本とする審査において、先住民文化の審査員はだれなのか、その分類や基準についても議論され、あるいはそもそもすべての人間に対して助成団体へのアクセスが確保されているのか否かが問われるようになった。

さらに1989年、ROMで開催された「Into the Heart of Africa(アフリカの奥地へ)」の企画展示をめぐる議論もカナダ社会に大きな影響を及ぼした。この企画展は、ROMのアフリカ関係コレクションの形成をふりかえり、コレクションとして収集されたモノを、それがたどった歴史的コンテクストにおくことを目的に開催された展示である。会場は、大英帝国軍の一員としてアフリカに渡ったカナダの軍人による収集の部屋、カナダ人宣教師によって収集された部屋、アフリカの村の生活場面を再現するコーナー等が並んで開設されていた。同展示では、「観客自身の正しい判断に委ねる」という立場から、アフ

リカ侵略の歴史的な記録が詳細なコメントを添えずに提示された。

　ROMでは、博物館のコレクションの形成に重要な役割を果たした布教と軍事的侵略の権力性を強調しようとしたのだが、観客からは「文明」による「未開」の支配を正当化する人種差別主義の再演と受け取られた。そのため、同企画展は、アフリカ系カナダ人によるボイコットを受け、暴動や巡回の全面中止という結果を招いてしまった[4]。

　当時、カナダのみならず世界的に、博物館では、自らのコレクションの形成過程やその内容を批判的に再検討し、博物館の存在そのものの中に潜む権力性と向き合い自省しようとする動きが顕著であった。ROMのこの企画展もまさしくこの流れのなかで企画されたものだったのだが、博物館側の意図とは異なる視点からの批判を受けてしまった事例の代表例となってしまった。いくら展示する側が純粋に学問的視点から議論する場を提供しようと考えたとしても、実際に展示される側に対する配慮は欠かせないところであり、多文化主義を国是とする国においては、他国以上に先鋭的な形で現れたといえるだろう。以降、展示される側への配慮は、カナダ国内のミュージアムにおける最低限の行為として普及していく。こうしてミュージアムの分野にも多文化主義政策が目にみえる形で取り入れられていくようになる。

　連邦政府は、1990年に新たなミュージアム政策（Canadian Museum Policy）を発表し、同時にミュージアム法も成立させている。政策の目的は①カナダ人の現世代および将来の世代が人文、自然、芸術、科学的文化財にアクセスできるように促進し、文化財の豊穣さを理解するようにつとめること、②カナダの全地域における、ミュージアムの重要なコレクションの充実、経営、および保存を促進させること、③博物館学の研究成果を取り入れ、カナダのミュージアム活動の卓越性を推進すること、の3点である。1990年の政策でも1972年のナショナル・ミュージアム政策と同様、カナダでは依然として国立ミュージアムはオタワ市およびその近郊にしか設立されていないこと、また州立ミュージアムといえども、人口の比較的集中した都市部にしか建設されていない現状を受けて、遠隔地に住む人々も、直接文化に接することがで

きるようにする点が、中心課題となっている。一方で、これまでの公的財政中心のミュージアム振興策から、民間の活力も積極的に導入することが唱われている。

多文化主義の影響をめぐる様々な批判もあるが、総じて、カナダの文化政策は1980年以降、短期間に大きく変化しており、それにつれて、カナダの文化活動も量的な面からみれば明らかに増進しており、さらに質的にも大きく変わりつつある。今日では連邦政府のみならず、州政府あるいは市町村政府も文化活動の支援に積極的に関与しており、もはや「カナダ文化政策の不在」といった言葉は聞かれない。

かつて1950年代初頭にマッセイ委員会が、連邦レベルの文化政策の不在を批判し、ゼロからのスタートという認識で、文化面におけるカナダの国民統合、あるいはカナディアン・アイデンティティ確立の重要性を唱いあげた頃と比較すると、「カナダ文化の多様性を尊重することが国民統合につながる」といったことが社会的に認識されるようになったといえよう。

（みぞうえ　ちえこ）

(1) オンタリオ州訓練大学省のHP参照。http://mettowas21.edu.gov.on.ca/eng/document/nr/02.03/bg0304.html 2003/3/24採取
(2) http://www.learning.gov.ab.ca/college/AppliedDegree/2002/10/30 採取
(3) 国立科学博物館(1977)、『国立科学博物館百年史』国立科学博物館。同書が言及している「Educational Museum in Toronto」は、「Egerton Ryerson's Educational Museum of the Government of Upper Canada」のことではないかと思われる。ただし、カナダの博物館史ではこのミュージアムについてもまた他のミュージアムについても「世界初の教育博物館」という記述している文を、管見では見当たらない。
(4) ROMの「Into the Heart of Africa」展に関しては、吉田憲司(1999)『文化の「発見」：驚異の部屋からヴァーチャル・ミュージアムまで』、岩波書店、186-188頁を参考にした。

第3章　言語教育の特徴

切手のデザインにも多文化主義

公用語二言語主義の普及

第1節　言語教育の背景

(1) カナダ言語事情

　多民族が共生するカナダにおいて、言語に関わる問題は政治的な課題となってきた経緯がある。多くの場合それは公用語、移民によってもたらされた言語、さらに先住民の言語という三つのカテゴリーに分けて議論されてきた。現在も英語とフランス語という二つの公用語、100を超える移民の言語、11の異なる語族に属する先住民言語が話されているとされており（Burnaby, 2002）、言語の問題はカナダが過去から現在にかけて取り組む大きな課題である。ここでは現在の言語教育を導いた言語政策について言及する。

(2) 公用語制定への道のり

　カナダ連邦政府は英語、フランス語を公用語に定めている。これは個人に英仏両語の習得を要求するものではなく、必要に応じ連邦政府機関が両公用語によるサービスを提供する機関的バイリンガリズムである。各州政府では、ニュー・ブランズウィック州は英仏両語を公用語としているが、ケベック州はフランス語を公用語と定め、その他の州では英語が実質的な公用語である。1999年に誕生したヌナブト準州の公共サービスは英語とフランス語で受けられるが、先住民の言語であるイヌクティトゥット語が準州政府の実用言語になっている。状況は地域により異なるが、ここでは連邦政府を中心とした政策に焦点を絞る。

　連邦政府が二つの公用語を定めたのは1969年である。アメリカ合衆国と国境を接するカナダで、英語と共にフランス語が公用語とされたのは、植民地としての歴史的経緯と、フランス語系住民の強い意志があった。1867年英領北アメリカ法133条は、すでに連邦ならびにケベック州政府、裁判所における英語とフランス語の使用について定めていた。ただし公用語という言葉は使

用されず、同法は人々と政府の日常の接触場面を想定していたのではなく、実際の運用には下位の法律や規約が必要とされた (McRae, 1998)。

1960年代に公用語に関する議論が起こった契機は、ケベック州におけるナショナリズムの高まり「静かなる革命」であった。当時英語話者と仏語話者の収入格差は大きく、また仏語話者の政治への参加も英語話者に比べてかなり低く、カナダ社会における英語・フランス語使用の不平等が、フランス語話者の低い社会・経済的地位に結びついていると考えられていた。不平等の是正を求めて立ち上がったケベック州のフランス語話者に対して連邦政府は和解策を求め、1963年に二言語・二文化主義王立委員会を設置、英語系市民とフランス語系市民の「対等なパートナーシップ」を目指して現状の調査を命じた。委員会は、英語とフランス語の地位の不平等性が両話者間の社会・経済的格差を生じさせ、フランス語話者個人、ならびに集団のアイデンティティ形成を阻害する危険があることを指摘した。

制定された1969年公用語法は、両公用語による連邦政府の公共サービス実施、連邦機関における英語話者とフランス語話者のバランスのとれた登用、連邦政府職員の職場における言語選択の自由、などを定めた。公用語コミッショナーが任命され、公用語法の適切な運用についての実態調査や連邦議会での報告の任を担うようになった。1970年には「教育における公用語プログラム」が発足、連邦政府はその地域で小数派となる公用語話者が通う学校への支援、さらに第二公用語の習得支援への財政援助を開始する。教育は各州の管轄だが、連邦政府は公用語法を通して学校に対する財政援助を行った。なお公用語法においては、英語・フランス語どちらも母語としない移民に対する公用語習得の支援については言及されていなかった。

(3) 多文化主義政策と移民の言語

英仏語話者間の関係改善を主軸とした1969年公用語法は、英仏以外の民族の言語や文化に対して言及がないとの批判を受けた。しかし、公用語法には直接反映されなかったものの、前述の二言語・二文化主義王立委員会は報告

書にて、言語的多様性はカナダ人が失うことができない貴重な価値であり、自らの言語と文化を守るのは基本的人権であると認めていた(第四巻30-31項)。委員会の報告をもとに、連邦政府は1971年、当時の首相トルドー(Trudeau, Pierre Elliott)によって「二言語主義の枠内における多文化主義政策」の導入を宣言する。「二つの公用語はあっても、一つの公的文化というのは存在せず、いかなる民族文化もほかの民族文化より優位ではない」という声明は、これまで文化と分かちがたく結びついていると考えられてきた言語が、政治という文脈の中で分離されたことを示しているといえる。言語と文化を分離することによって、英語とフランス語に公的な地位を与えつつも、それと関わる文化に上位の地位を与えたわけではないという説明が可能となったとされる。また、ある言語が公的な地位を与えられていなくても、それと関わる文化にはカナダの文化の一つとして公的な認知が与えられたと主張できるようになった(Day, 2000)。

このため、多文化主義政策の導入は必ずしも英語・フランス語以外の言語教育を推進することにつながらない場合もあった。言語と文化を分離して考えた政策は、民族衣装やエスニック料理、民間伝承など文化の表面的な部分のみを強調し、形式主義に陥ることもあった。また、非公用語の学習は費用がかさみ、その話者が英語を習得することを妨げ、教育的に不健全との非難すらなされた。

論争の中、1977年に連邦政府は遺産言語プログラム(Cultural Enrichment Program)を開始、民族コミュニティの言語教育に対して直接補助を行った。ただしその額は、通常土曜日の午前中に実施される補習授業経費の10%のみであった。なお、州政府の管轄下にある教育に対し、連邦政府は各学区に直接的な支援を行うことはできなかった。

1980年以降、英仏以外の移民言語の教育について、研究者らによる多くの調査が実施される。一連の調査の中で、言語の維持・強化が、子どもの知的発達や現地語の習得、他の外国語の習得を助長すること、さらに子どもの情緒安定を助け、自分のルーツに誇りや帰属意識を強めることが明らかにされ

(中島、2000)、移民言語の学習に社会的認知を与えることとなった。

　なお多文化主義政策の実践に当たり、連邦政府は移民のカナダ社会における完全な参加を目指し、少なくとも一方の公用語習得を支援すると約束した。しかし結局、多文化主義政策のもとで第二言語としての英語・フランス語教育への財政的支援はなかったとされる(Burnaby, 1996)。

(4) 先住民言語に対する「二言語・二文化主義王立委員会」の記述と連邦政府の対応

　二言語・二文化主義王立委員会は、先住民の言語や文化の維持の重要性を認めているが、報告書の中でそれに関わる議論をあえて行わないと記した。理由として挙げているのは、論題の難しさと、連邦政府の財政支援を受けた民営組織による調査がその目的を達するのによりふさわしいということであった(第一巻、General Introduction 21-22項)。その後、先住民言語そのものに関する連邦政府の政策というのはほとんど見られなかったが、先住民の学校教育の中で、教授言語として使われる言語について議論が高まっていった。

(5) 言語と話者の権利をめぐって

　英仏語話者間の和解を目指す政治的取組みであった連邦政府の公用語政策は、その後さらに言語と話者の権利をめぐる問題解決が求められることとなった。政策が転機を迎えるのは、1982年憲法の制定によるところが大きい。憲法に定められた「権利及び自由に関するカナダ憲章」は、連邦ならびにニュー・ブランズウィック州における両公用語の使用を保障したのみならず、その地域で少数派となる公用語話者集団の言語権を認めた。第23条は特定の条件のもと、少数派公用語を第一言語とする話者が、その子女に母語である少数派言語(英語およびフランス語)で初等および中等学校教育を受けさせる権利を有すると定めている。憲章の定める二公用語の原則は、連邦の枠を超えニュー・ブランズウィック州以外の州行政に適用されるわけではなく、十分でないという批判もあるが、カナダ国内における話者個人や小数派言語集団

の言語権を憲法上で扱った意義は大きい。

　憲章をもとに、1969年公用語法が改正され1988年公用語法が施行された。同法は「カナダ社会における英語とフランス語の推進」を掲げ、小数派公用語話者のコミュニティの発展を支援し、社会全体における英仏両語の認知と使用を促すとして、それに対する遺産省大臣の責任が述べられた。これにより州政府への助成を通じ、英仏両語による州・市町村行政サービスと、人々に英仏両語を学ぶ機会を提供することが推奨された。

　次に移民によってもたらされた公用語以外の言語とその話者について憲章を参照する。第22条「英仏語以外の言語に関する既得権の存続」は、第16条から20条までの公用語に関する条項が、憲章の施行以前また以後に取得、享受されていた(公用語以外の言語に関する)法や習慣上の権利・特権を廃止、制限するものではないと定めた。さらに第27条は「多文化的伝統の保存および向上」を確認している。

　なお、1988年公用語法も憲章同様、英語・フランス語以外の言語に対する法・習慣上の権利を廃止や制限するものでないことを確認している。また同法が英語・フランス語以外の言語の使用や維持・強化と矛盾しないよう解釈されると定められた。

　同じく1988年に制定された「多文化主義法」は、連邦政府が二つの公用語の尊重を前提に、それ以外の言語に対しても配慮するという立場を示している。具体的には、多文化主義政策の実践を行う上で適切と思われる処置をとるために、遺産省の大臣は、カナダの多文化的伝統に貢献するすべての言語の習得、維持、使用を促進することが命じられている。これにより、すべての州、各市町村の教育委員会は、25名の住民の要望があれば、英仏語以外の移民言語のプログラムを設けることが義務づけられた(中島、2000)。ただし、同法では少数派公用語を第一言語とする話者が、その子女に母語である少数派言語で初・中等学校教育を受けさせる権利の中で示されたような、「教授言語」として公用語以外の言語使用とその権利について保証するものではない。

　　　　　　　　　　　　　　　　　　　　　　（しなだ　みか）

第2節　カナダにおける言語教育

　カナダにおける言語教育としては、当然のこととしてまず母語教育がある。ただし、カナダ国民の母語は公用語である英仏両言語を初めとして、決して少なくはない。これらを学校教育でどのように扱うかが最初に問題となる。この点から、言語教育の対象としては、公用語話者への母語教育、先住民への母語教育、移住者への母語教育、そして第二言語教育はそれぞれにとって大きくその持つ意味が違ってくる。

(1) 言語事情
　2001年の国勢調査では2520万人のカナダ人が英語を話すことができ(85%)、一方、910万人がフランス語を話すことができ(31%)、英語とフランス語の両公用語を話せるバイリンガルはカナダ人のおよそ6人に1人の17.7%で520万人である。さらに、580万人は英語もしくはフランス語以外の言語が話せると回答している。
　家庭で英語を話すカナダ人は2000万人で(67.5%)、1750万人が英語を母語と回答している(59%)。また650万人が家庭でフランス語を使用し(22%)、680万人の母語はフランス語である。その一方で310万人(10.4%)は家庭内で非公用語を話しており、530万人(18%)の母語は非公用語であった。
　母語を地域別分布で見ると、英語の母語話者はケベック州では8.3%であるのに対し、ケベック州外では75.2%である。またフランス語の母語話者はケベック州では81.4%であるのに対し、ケベック州外では4.4%である。公用語のバイリンガルもケベック州に限れば、41%と、ここでも地域差がある。
　このような言語状況から、「遺産言語」あるいは「継承言語」と日本語に訳されている移住者の母語の教育は、公用語である英語もしくはフランス語とは別個に取り扱われている。移住者に対する公用語教育については、すでに他

の章で取り上げられているので重複を避けたい。また、先住民の言語も今日ではその教育と保持が重視され、連邦政府の補助のもと各州および準州は指導者の養成、教材作成、研修機関の設置などに改善が見られるが、ここではカナダにとって政治的・社会的にも重要な意味を持つ第二公用語教育、とりわけ英語母語話者に対するフランス語教育を取り上げる。

(2) 第二言語教育としてのイマージョン・プログラム

　カナダの第二言語教育で今日全世界に大きな影響を与えているのはイマージョン・プログラムである。カナダで開発されたイマージョン・プログラムは今では、アメリカ、オーストラリア、フィンランド、ハンガリー、香港、南アメリカ、日本などにおいても実施されている。また、フランス語イマージョン教育によって得られた知見は、カナダ国内ではイマージョン・プログラムよりはるかに多くの児童・生徒が学習する教科としてのフランス語 (Core French) の教育の改善に生かされている。

　カナダでは1960年代から、母語または家庭内言語が英語の学童に対してフランス語で学校教育を実施するイマージョン教育が始まった。しかし、第二言語で学校教育が展開されること自体は決して新しいことではない。また、コリン・ベーカー (Baker, Colin) によれば、イマージョンという用語は第二次世界大戦中にアメリカ軍が実施した語学集中訓練において初めて言語教育に活用されたものである。以下にカナダにおけるイマージョン・プログラムの特色を確認するが、その前にイマージョン・プログラムの到達目標を見ておきたい。

　このプログラムは英語を母語とする学習者に中等学校終了時までにフランス語圏で活用でき、フランス語が作業言語である職に就き、大学教育をフランスで受けることができる程度の運用能力を身につけさせることである。各教育委員会などのイマージョン紹介の文章などに極めて率直に、フランス語の習得が就職など学習者の将来に有利であることに触れている。いうまでもなく、フランス語の習得は単に言語の4技能の習得にはとどまらず、フラン

ス語がもう一つの公用語であるカナダでは、フランス語系住民に対する理解、ひいては広く異文化の理解を深めることにもつながっている。

プログラムの対象者はフランス語を母語とせず、英語が母語である(あるいは英語が家庭内言語である)としたが、今日英語もフランス語も母語とはしない学習者がイマージョン・クラスに入ってきていることがある。つまり3言語併用話者を目指す学習者である。ついでながら、ケベック州におけるフランス語系住民に対する第二言語としての英語教育にはイマージョン・プログラムは採用されていない。

①教授言語はフランス語

イマージョンは厳密な意味では言語教育ではない。学習者にとっては第二言語であるフランス語が1教科として指導されているのではなく、英語を除いてすべての教科が第二言語で指導されている正規の学校教育そのものであるのだから。今日では「古典的」タイプといわれる早期全面イマージョン(Early Total Immersion)では、表2-3-1のような形でカリキュラムが実施される。

表から読みとれるように、同じ早期全面イマージョンでも各地区の教育委員会によりフランス語による授業の時間配分は異なっている。オタワ・カールトン地区の場合はほぼ典型的な時間配分である。カルガリーのカトリック系教育委員会の例では最初から英語による時間があり、そこに幼稚園では毎日15分、第1学年からは毎日30分の宗教を当てている。またBC州の例はフランス語での授業に傾斜している度合が大きい。

オンタリオ州では小学校課程で3800時間をイマージョンで受講し、さらに中等学校で10教科前後をフランス語で受講すると「フランス語イマージョン修了証書」を取得できるところが多い。フランス語による授業の総時間数は

表2-3-1　早期全面イマージョンの英仏語の割合

Ottawa-Carleton			Calgary Roman Catholic			Coquitlam, BC		
学年	仏語	英語	学年	仏語	英語	学年	仏語	英語
K-1	100%		K	90%	10%	K-2	100%	
2-5	80%	20%	1-2	80%	20%	3-5	80-90%	10-20%
6-8	50%	50%	3-6	70%	30%	6-8	60-70%	30-40%

5000時間を超えるであろう。州や教育委員会によっては6500時間から7000時間を履修できるプログラムを用意しているところがある。

中等学校ではどのような教科がフランス語で指導されるのか。これも各地区や時には学校によって違いがあるが、数学、フランス語、地理、歴史、体育などが加わっている。

②イマージョン・プログラムのカリキュラム

フランス語で教育が行われてもっとも危惧されることは、フランス語の指導で教科全体の学力が身につくのかということである。これに対しては数多くの調査結果から、初年次においては英語の学力は劣るものの、やがて英語が教科として指導されると英語で学習している仲間に追いつくことが実証されている。

③イマージョン・プログラムは「付加的バイリンガリズム」

学習がフランス語によることは学習者の母語を軽視するものではなく、フランス語に触れる時間はほとんど教室に限られ、母語がより強力な言語に取って代わられる心配があるのでもない。つまり母語である英語の能力を何ら犠牲にすることなく、それに加えてカナダのもう一つの公用語であるフランス語を身につけようとするのである。例えば移住者の子弟がやがて母語を失っていくことが多い「削減的バイリンガリズム」とは違うのである。

④学習者のフランス語習熟度

イマージョンでは授業がフランス語で展開されていても、フランス語を母語とする学習者を対象としてはいない。学習者は早期全面イマージョンであれば、全くフランス語を知らない場合が普通である。移住者の子どもやいわゆる海外子女が現地の学校に学ぶと、何ら苦労せずに母語と英語のバイリンガルになるかのように考えられているが、英語を母語とする学習者のみで構成されている教室の中に英語を母語としない学習者が入ることは、その学習者に特別の援助がない限り、英語の習得は容易ではない。母語を失う一方、英語も十分に身につけられないこともある。これはサブマージョンと呼ばれて、イマージョンではない。

⑤教師は英仏両語のバイリンガル

早期全面イマージョンでは、教師はフランス語の母語話者で英語も十分できるか、あるいは高度のフランス語の能力を持った英語母語話者であり、授業はすべてフランス語で行われる。しかしながら、幼稚部や小学校初年次の学習者は教室で母語である英語を使用することも許容されている。したがって、次のようなやりとりが展開する(Stern, H.H., 1981)。

Child: We made a train.
Teacher: Avec la neige?
Child: No, with people.
Teacher: Que fait le train?
Child: Choo choo.

次に、イマージョン自体の特徴ではないが、付随的な特色を確認しておきたい。

①イマージョン・プログラムは選択

イマージョン・プログラムは公立の学校で実施されていて、フランス語が母語ではない学童すべてに開かれているが、あくまでも父兄または学習者本人の選択による。また、すべての小学校もしくは中等学校に開設されてもいるわけでもない。したがって学校から遠く徒歩で通学できない児童の場合は、従来はスクールバスを活用できたが、今日では学校への送り迎えは親の責任であることが多い。バスが利用できる場合でも、例えば、ある地方都市の教育委員会の規定では**表2-3-2**のようになっていて、この限度を超えた場合にバスの利用が認められる。

②イマージョン・プログラムは草の根運動から

1960年代初頭のケベック州ではいわゆる「静かなる革命」運動が台頭し、カナダは「カナダ史上最大の危機」を迎えていた。それまでケベック州では少数

表2-3-2

学　年	距離
幼稚部〜3年	1.0km
4年〜8年	1.6km
9年〜	3.2km

派ながら社会的にも経済的にも優位な立場にあった英語系住民は、ようやくフランス語運用能力習得の必要性を痛感し始めていた。それまで英語系の学校で実施されてきたフランス語教育では充分な運用能力を身につけることにはほど遠かったのである。こうして1965年にわずか26名の幼稚園児を対象としたイマージョン・プログラムが、父母の運動からモントリオール郊外のセント・ランバート市において実験的に開始されたのである。やがてこの実験の成功はイマージョン教育の全国的な展開につながるのであるが、その際もまたその実施には保護者の積極的なロビー活動によるところが大きい。今日子どもをイマージョン・プログラムに通わせている保護者の組織は「カナダ・フランス語教育父母の会(Canadian Parents for French)」としてカナダ全土に支部を持つ、強力なフランス語教育推進団体となっている。

③研究者の協力

上述のように、イマージョン教育の始まりは草の根運動であるが、この運動を支援した研究者はモントリオールにあるマギル大学のW.ランバートとモントリオール神経学研究所のW.ペンフィールドであった。最初の実験クラスの経過が長期にわたって綿密に調査されたばかりでなく、イマージョン・プログラムが、全国的に展開するようになるにつけ、各地の大学の第二言語習得の専門家が注目し、研究に携わった。とりわけ、トロントのオンタリオ教育研究所のH.H.スターン、M.スウエイン等はプログラムの初期から研究と啓蒙に当たり、イマージョンの普及に大きな貢献をした。今日イマージョン・プログラムに関する研究・調査等は1千点を超えていると言われている。

また、プログラムの理論的裏付けとして、カナダ内外の第二言語習得理論の専門家が協力していることも見逃せない。とくにオンタリオ教育研究所のJ.カミンズ、アメリカのS.D.クラッシェンなどの支援が大きいといえよう。

(3) イマージョンの類型

これまで今日では「古典的」と呼ばれる早期全面型イマージョンを主として

取り上げてきたが、イマージョン・プログラムに入るのは必ずしも幼稚部年長組もしくは第1学年だけではない。第6学年または7学年などからイマージョン方式の授業を受ける場合も多い。当然のことながら、それまで全くフランス語を学習していなければ、プログラムに入ることはできない。カナダのほとんどの地域では、小学校で1年もしくは3年から毎日20分から40分程度の教科としてのフランス語の時間があり、これはほとんど日本の中学校での英語の時間に相当するものである。つまり基礎的なフランス語能力はすでにあるとの前提で、イマージョンが開始される。この型のイマージョンを後期イマージョンと呼んでいる。フランス語による授業の割合は普通80％程度である。

　早期イマージョンと後期イマージョンに加え、第4学年から開始される中期イマージョンも当然あることになるが、すべての学校にすべての型が開設されているわけではない。

　なお、早期イマージョンにはこれまで見てきた全面型に加え、早期部分的イマージョンがわずかながら実施されている。プログラムの初期から英語とフランス語の両言語で授業が展開されるものである。

　このようにイマージョンにいくつかの類型があるとすれば、どの型がもっとも効果的かが問われることになる。これはイマージョンに限らず一般に外国語の教育はどの時期から開始することが望ましいかの問題として検討されてきた。イマージョンの場合も開始時期、および早期イマージョンにあっては全面的か部分的かの比較検討がなされている。結果は単純な調査の比較では結論を出すことはできないが、学習時間の長さとフランス語による授業の比率が高く保持されれば、当然のことながら、早期全面型が効果的であろう。

(4) イマージョン実施の現状

　1965年のプログラム創設以来すでに38年が経過している。その間にイマージョン教育はカナダ全土に普及し(厳密には1999年にノースウェスト準州から分離独立したヌナブト準州ではまだイマージョン・プログラムは実施されていない)、

今日では30万人を超える児童・生徒がプログラムを享受している。例えば1999年度のイマージョン・クラスの学習者(31万8244人)は初等・中等学校の在学生(約400万人)の7.9%に当たり、この10年ほどはほぼ同じ比率を保持している。

しかしながら、教育予算の削減から、スクールバスによる送迎が廃止されたところが増加しており、イマージョン・プログラムの将来が懸念されるが、もともと地理的に通学が不可能であったところなどにとっての朗報は、イマージョン・プログラムの遠隔教育が実施され始めたことである。カナダ・フランス語教育父母の会の調査では、すでにアルバータ州、マニトバ州、ニューファンドランド州、ケベック州で実施されている。とくにニューファンドランド州の場合はインターネットが活用されており、今後この方式の遠隔教育がさらに広められることが期待される。

(5) プログラムの問題点
①フランス語運用能力

イマージョン・クラスの児童・生徒のフランス語受容能力が、同年齢のフランス語母語話者とほぼ同じといえるほど高度であることは多くの調査研究が示すとおりである。しかしながら、その一方で発表能力に関しては、大きな問題を残している。つまり、学習者がプログラムを終了したときのフランス語には、文法上の誤り、語彙力の低さ、発音の不正確さなどがあり、発表能力は予測したほど高くはないとの報告が出ている。

その原因として考えられることは、学習者がフランス語に接触できる時間が教室の中だけであり、また教師を除いては非母語話者のフランス語に接することからピジン化した言語を使用しかねない。さらに教師の指導法が教科内容の指導に重点が置かれ、教師中心のものになりがちで、学習者が実際にフランス語を運用することが限られているとの指摘もある。

無論これらの問題を解決するために何の対策もとられていないのではない。その一つがフランス語イマージョン・センターの設置である。多くのイマー

ジョン・プログラムが普通の学校に併置されているのに対して、イマージョン・クラスのみで構成されるセンターはその管理・運営のすべてがフランス語でなされており、それだけ学習者がフランス語に接する機会は多くなる。具体的には、例えば学校での集会で校長先生は生徒にフランス語で話しかけ、校内特別行事、連絡事項、校外見学など学校内外での種々の機会にも生徒たちはフランス語を運用することになる。ただし、このようなセンターの設置は教育予算からしてもその数が限定され、スクールバスの運行も保証されない場合は、父母も子どもをセンターに通わせるべきかどうか躊躇しかねない。

②プログラムからの脱落

イマージョン・クラスでも、とくに早期全面プログラムに入った子どもが学習について行けないなどの理由で脱落し、普通の英語クラスに替わる率が比較的高いことが報告されている。カナダ全土の調査はないが、カミンズが引用するある報告では、6年次までに43%から68%まで、9年次では58%から83%、そして12年次生では88%から97%の高い率で脱落する場合があったとのことである。この原因は必ずしも学業上の問題ばかりではないであろうが、基礎的な認知能力の訓練が充分にイマージョン・クラスで行われていないことが大きいとカミンズは判断している。その論拠として、カミンズは彼が提唱する言語習得仮説である言語相互依存説を援用している。つまり学習のような抽象度の高い認知作用では一つの言語で習得した能力は他の言語による認知作用に転移すると考えるのである。

前述のようにイマージョンは英語と日本語のように大きくかけ離れた2言語間でも実践されている。日本では沼津市の1私立学校で英語イマージョンが、またアメリカでは日本語イマージョンが実施されて成功を収めているのは、片方の言語で身につけた高度の認知能力はもう一方の言語でも発揮できるためである。

③教師と教材

イマージョンにはその教育方法そのものには関わらないが、実施上大きな問題となることとして教師の確保と適切な教材がある。

フランス語と英語の両言語のバイリンガルで、かつ教員資格を有するイマージョン担当の教師を確保することは、イマージョンの普及に伴いますます困難となっている。カナダ国内の教員養成機関において、すでにイマージョン教師の養成はなされているが、需要を満たすほどではない。

またイマージョンの実施で長年の経験を有するカナダにおいても、いまだに適当な教材が容易に活用できる状況にはない。日本の学習指導要領に該当する緩やかな指針はあるものの、検定教科書が存在するわけではないので、そのフランス語版を入手できることにはならないのである。その分教師の負担と力量に負うところが大きいと言えよう。　　　　　　（なみた　かつのすけ）

第3節　第二言語としての英語教育

(1) フランス語圏ケベック州における英語教育

　英語とフランス語の公用語2言語主義のカナダにおいて、州公用語としてフランス語1言語主義であるケベック州において第二言語としての英語教育は教育政策上重要な問題となっている。この問題は、通常、英語を教授言語とする学校において英語力の不十分な生徒の支援として位置づけられているESLではなく、フランス語を教授言語とする学校において必修科目として位置づけられている英語教育の問題である。本節では、この英語教育をいかにして築き、実施してきているのか、フランス語系学校における英語教育の開始時期と学習指導要領の二側面から紹介する。

(2) 英語教育開始時期の変遷

①小学校第5学年から

　第二言語教育としての英語教育を初めて公的に扱ったのが、ケベック州の「静かなる革命期」にパラン審議会が提出した第二報告書『学校制度の教育構造』(1964年)の第13章「古典・現代語」である。その第3節「ケベックにおける

第二言語教育」は、現代語の学習とはフランス語もしくは英語を第二言語として学ぶことであり、国の使用言語である英語とフランス語を特別な指導のもとで学習することが必要であると明示している (Gouvernement du Québec, 1964)。しかし、現実にはフランス語と英語が同等の状態とはいえなかった。上流社会を英語系、もしくは英語を流暢に話す人が占めており、英語の学習が将来のよりよい仕事につながると考えた移住者の多くは子どもを英語系学校に入学させる傾向があった。この状況下で、パラン報告書におけるこの2言語の扱いが異なることは当然といえよう。英語系学校における第二言語としてのフランス語教育の開始時期が小学校第3学年とされたのに対し、フランス語系学校における第二言語としての英語教育はフランス語の質を保護するため、それ以降とされたのである。とくにフランス語保護の姿勢を強調しており、英語は北米において、フランス語のように常に保護政策下に存在しているような少数言語ではないため、フランス語と英語の両言語を同等のものとみなすことはできないとしている。

　開始時期に関して、言語教育は聴覚能力と発声能力のためにも柔軟性のある早い時期が好ましいとしているが、英語系住民とフランス語系住民では意見の違いを示している。英語系住民の意見としては、生徒にフランス語の基礎を教えていく努力をすでに始めており、この制度により英語が危機に陥ることや生徒の知能や発達に悪影響が及ぶことはないとしている。一方、フランス語系住民の意見は全く異なる。フランス語系住民にとって早い段階で生徒に英語教育を行うことは、母語であるフランス語の習得に悪影響が及ぶと主張している。とくにフランス語が少数派で常に圧迫され、多くの英語至上主義 (anglicismes) に傷つけられている国や地域では、生徒の知能発達が2言語の狭間で分裂を起こしてしまうのではないかと懸念しているのである。もちろん他の意見もあるが、最終的には一つの学校制度で相反する意見を満足させるのは困難なことであるとしている。

　以上の報告書をうけて制度化された第二言語の開始時期は、フランス語系学校においては、英語教育を原則として小学校第5学年からとした。英語系

学校では、1969年の「フランス語振興法」によりフランス語教育が義務づけられ、その始期は小学校第3学年とされた。

②小学校第4学年から

1974年に制定されたケベック州公用語法はフランス語のみを州公用語として、英語を母語としない住民の英語系学校の就学を制限し、その制限の内容が、さらに1977年のフランス語憲章によって、厳しくなった。その結果、フランス語を母語としない子どもがフランス語系学校において急増した。このような子どもは母語のほかに州公用語で教授言語であるフランス語を習得しなければならない上に英語も学ばなければならない。このような状況もフランス語系学校における英語教育の始期決定に影響を与えた。

1979年に州教育省が発表した『ケベックの学校—政策発表及び実施計画』は、ケベック州は北米にあるためフランス語系学校で英語を第二言語として学習することは必要であるとした。それでもフランス語の質を維持するため十分考慮して慎重に行動するよう勧告した。第二言語としての英語教育の開始時期については、英語の重要性を認識し、多少早める必要性があると判断し、1981年の教育課程改正によって小学校第4学年に引き下げた。しかし、同時に英語系学校における第二言語としてのフランス語教育の開始時期も小学校第3学年から第1学年まで引き下げられた。

③小学校第3学年から

2000年から実施された小学校の教育課程改正において、フランス語系学校における第二言語としての英語教育の開始時期が、さらに第3学年に引き下げられた。これは英語教育が第4学年からでは遅いという父母からの要望が増えたためである。しかし開始時期が引き下げられたとはいえ、フランス語のみを州公用語としているケベック州政府として慎重な姿勢を崩してはいない。特筆すべきは、第二言語としての英語学習開始前の小学校第1-2学年では、母語としてのフランス語の時間数が週7時間であったのが、この改正で週9時間へと増加していることである。中等学校では、前期課程3年間における第二言語としての英語の単位数は変わらず4単位であるが、母語として

のフランス語が6単位から8単位と増加している。後期課程については変更はない。

　加えて英語系学校における改正も見逃すことはできない。英語系小学校では第二言語としてのフランス語教育はすでに第1学年からとなっていたので変更はないが、英語系中等学校では、前期課程3年間で母語としての英語の6単位はそのままにして、第二言語としてのフランス語が6単位となり、英語とフランス語の地位が同列になった。第二言語としての英語の開始時期がフランス語系学校で1年引き下げられたことで、その前後の時間数や単位数、そして英語系学校にまで影響が及んでいることから、政府がフランス語の質を維持するべくフランス語の強化も図っていることがわかる。

(3) 小学校における英語の指導内容

　1964年のパラン報告書は、第二言語教育の理念に関して細かい点まで触れていないが、それまでのように第二言語としての英語もしくはフランス語を教科書などによって教えるのではなく、実用的な言語学習に重点を置くように強く勧めている。その後、ガイドラインとしての学習指導要領が発表されたが、1981年の教育課程改正によって学習指導要領も義務付けをともなうものとなった。"VIRAGE"と呼ばれる2000年教育改革は、転換期という名にふさわしく、これまでにない大きな変革の時となった。学習指導要領も全面的に改正され、必修科目「第二言語としての英語」の指導内容も定められた。次に、その概要を紹介してみる(Ministére de l'Éducation du Québec, 2001)。

①基本方針

　まず、英語学習の必要について次のように説明している。すなわち、ケベックの青少年にとって英語を学ぶことは他の言語や文化をもつ人々と交流する機会を用意することで、とくに、ケベックの地理的状況や英語系社会集団の存在や英語によるメディアや文化との接触機会などを考慮すると、英語学習は必要であるとしている。

　学習指導方針については、小学校における第二言語としての英語は、これ

までのコミュニケーション重視の方針を踏襲するが、その内面が学術的に分析され、言語学習理論、認知心理学、社会学などの研究成果を取り入れている。コミュニカティブ・アプローチの研究成果によれば、生徒が学習言語の構造を認識することでより早くその言語を習得することが可能になり、とくに話す技能が発達するという。この理念を反映させたと考えられる変化が指導内容に文法事項が明確に含まれている点である。また、社会学的見地からは、コミュニケーション手段としての英語を強調し、生徒は学習一日目から英語だけで話し、話されることが必要不可欠であると主張している。

②指導内容の概要

以上の基本理念をうけて作成された学習指導要領2000年版では、これまで必ずあった「目的・目標」という用語が削除されている。かわりに「能力」という用語が使用されている。つまり2000年からの第二言語としての英語教育の概念は、具体的な目標達成ではなく、能力獲得を基盤としたものになったのである。この身につけるべき能力は、「英語を使用して口頭で交流する能力」、「口頭による、もしくは表記された文章を正しく理解する能力」、「文章を書く能力」の3点にまとめられている。なによりも注目すべきは、これまでの目的や目標の羅列化と違って、この3点が互いに関わりあい、「英語を使用して口頭で交流する能力」に他の2つの能力が包括される形で構成されていることである。しかも、「口頭による、もしくは表記された文章を正しく理解する能力」を「文章を書く能力」より大きく扱い、重要性の観点からこの3つの能力を序列化している。序文には、生徒が一つの技能を活かす際に、他の2つの技能も最大限に活用することでさらなる発達が見込まれると述べられており、第二言語教育の基本理念が個々の目的達成でなく総合的な能力獲得になったことで、能力同士の関わりを強調することが可能となったことがわかる。

学習指導要領の編成については、まず、能力ごとに、その能力が意味するもの、学校教育全体としての横断的カリキュラムとの関連、人間形成とのかかわりなどを説明し、具体的な学習活動、評価の基準については箇条書きで示している。また、学習期の終りには何が期待されているかについては文章

でまとめられている。さらに、全体を通して、具体的に学習する言語機能(英語の表現、語彙)、言語活動に用いる手段、言語のきまり(文法、発音、表記法)、教材などについてまとめて示している。また、能力ごとに情報技術(IT)をどのように活用するかも示している。例えば、「英語を使用して口頭で交流する能力」については、英語での返答が求められる双方向的ソフトウェアや音声使用のe-mailなど、「口頭による、もしくは表記された文章を正しく理解する能力」については、CD-ROMの百科事典、インターネットなどの利用、「文章を書く能力」については、ワードプロセッサの使用、インターネットのウェブページでの情報提供、e-mailによる文通などが挙げられている。

このような情報技術の利用が積極的に取り入れられているように、英語の授業方法については、能動的な学習活動を多種多様に展開するように指導内容が編成されているのである。楽しく活発な授業が展開することになるが、同時に、英語の仕組みについて基礎的な事項はきちんと押さえることも要求されているのである。小学校の英語教育を漠然と早くから英語に馴染ませるというだけのものではなく、英語の基礎的能力をしっかりと身に付けさせるためのものと位置づけていることがわかる。

2言語主義の国カナダにあるフランス語1言語主義の州ケベックで、言語教育はただ言語の習得だけを目的としているのではない。カナダ連邦成立より150年の歴史を背負い、時代ごとの社会の流れを反映している。とくに英語教育は多くの主義と様々な論争の渦中にある。それゆえに政治と切り離して考えることは難しい。このことは、とくに、フランス語系学校における第二言語としての英語教育の開始時期にかかわっている。しかし、ここでは政治的背景をふまえつつ、言語教育そのものの基本理念の紹介も試み、「第二言語としての英語」という科目の学習指導について、小学校に焦点を当てて述べてみた。

カナダの学校教育における言語教育の傾向をみると、カナダの公用語であると同時に国際的に通用し得る英語とフランス語の両言語に堪能な住民の育

成を、政府としても社会としても重視していることがうかがわれるのである。

(かざま　かおり)

〈オタワ〉Canada Day：連邦政府議事堂前の広場に集まった人々©カナダ大使館

第4章　ITと教育

コンピュータを使った高校の授業

学校図書館での調べもの学習

第1節　日本の状況からの問題提起

　情報化の進展を背景とするIT教育推進の動向は、日本の教育改革の重要な課題の一つである。2000年12月に改訂され、2002年4月1日から施行された『学習指導要領』では、小学校、中学校の「総則」において、「各教科等の指導に当たっては、児童がコンピュータや情報通信ネットワークなどの情報手段に慣れ親しみ、適切に活用する学習活動を充実すると共に、視聴覚教材や教育機器などの教材・教具の適切な活用を図ること」（小学校、第1章総則第5；中学校、第1章総則第6）として、教科を越えて情報の利用能力を向上させることを目標のひとつとしている。また2002年施行『高等学校学習指導要領』で、高等学校には、新しく教科「情報」が設定されている。いずれも、情報社会の一員として必要な能力と態度を育成することがねらいである。ハード面でも、「e-Japan重点計画」等に基づき、「2005年度までに、すべての小中高等学校等が各学級の授業においてコンピュータを活用できる環境を整備する」（文部科学省, 2003）ことを目標に整備がすすんでいる。

　こうした状況への対応として、日本の教育現場では、コンピュータの100％導入、インターネットへの完全接続、マルチ・メディア機器の完全導入などが現実のものとなっている。しかし、こうしたハード面での急速な進行に対して、これらの設備を実践に生かすには多くの課題をかかえている。本章では、それらについて、カナダの実践がどうなっているかを明らかにしたい。

　小学校のケースを、ブリティッシュ・コロンビア州（BC州）を事例として紹介し、次いで、高等学校のケースとして、アルバータ州の事例を紹介する。州が異なり、学校レベルが異なるが、両者に共通のものは、一般の教科のなかに情報技術を統合するという基本方針である。最後に、情報技術を教科のなかに統合する具体的な授業展開の方法として、リソースセンター（図書館、しかしデジタル資料がふんだんに導入されている）を用いた授業を紹介する。日本で

も2003年度から司書教諭が12学級以上の学校で必置となった。カナダの実践が、各学校のプログラム設定に役立つことを願っている。

(せきぐち　れいこ)

第2節　小学校におけるIT政策——BC州の事例を中心に

(1) メディア・リテラシーとIT教育

　メディアが氾濫する現代社会においては、情報をどのように収集・分析し、またそれを利用するのかという力量がこれまでにもまして問われている。近年、日本でも注目を集めているメディア・リテラシーとは、まさにメディアの伝達する情報といかにつきあうかを習得する教育である。カナダはメディア・リテラシーに関して世界でも最先進国の一つとみなされている。1987年にオンタリオ州において初めて公立学校のカリキュラムにメディア・リテラシーが組み込まれたのをきっかけに、90年代には他州においてもその動きが広まった。現在では、メディア教育はカナダ全州の学校カリキュラムの中に正式に含まれている(メディア・リテラシーの詳細は、Media Awareness Network, 2003参照)。

　メディア・リテラシーとは何かを一言で述べるのは容易ではない。その定義は国や地域によって異なるが、カナダでは一般的にオンタリオ州教育省により示されたものが普及している。Media Literacy Resource Guide によると、メディア・リテラシーとはメディアがどのように機能し、意味を生成し、現実を構成するかというメディアの特性をクリティカルに理解することと、メディアをつくりだす能力の両方を指す(Ontario Ministry of Education, 1989)。分析に取り扱われるメディアはおもに、テレビ、映画、ラジオ、新聞、雑誌、広告やポピュラーカルチャー全般であるが、日常生活におけるインターネットの普及によりコンピュータの使い方(コンピュータ・リテラシー)も重要視されている。ゆえにIT教育も広い意味でのメディア・リテラシーに含まれると考

えられる。

しかし、メディア全般の学習を主とするメディア・リテラシーとIT教育では、理論的には関連があるにも関わらず、カリキュラムにおける扱われ方はまったく異なっていた。メディア・リテラシーが国語や社会など他の科目の中で取り上げられるのに対して、IT教育は別個の科目としてカリキュラムが制定されていることが多かった。その理由として考えられるのは、どの州においても教育省が学校へのコンピュータ導入を積極的に支援してきた背景があったからであろう。80年代以降はとくに莫大な投資がなされ、それに伴う教育プログラムの開発も行われてきた。一方メディア・リテラシーに関しては、カリキュラム上は必須学習事項とされているが、実際には教育委員会や教師の権限に任されている場合も多く、政府による教育資金の削減が続く中では新たなプログラムや教材を開発することが困難な状況であった。

以下、本節ではBC州におけるIT教育の現状について述べることとする。

(2) IT教育の背景

産業やビジネス、さらには家庭においてもコンピュータが急激に普及するなかで、コンピュータ・リテラシーを学校教育の中で子どもに教えることの重要性が唱えられてきた。これは近年に始まったことではなく、カナダではすでに70年代から注目されていた。70年代におけるBC州のコンピュータ教育は他州に比べて遅れていたが、1980年には州教育省の支援による試験的なプロジェクトが組まれるなど、すでに20年も前から学校におけるコンピュータ教育の普及が推進されてきた。80年代初めには州政府による資金援助がまったくなく、もっぱら学校を通しての基金集めやわずかばかりの予算からやりくりしていたが、後には州による積極的な取組みが見られる。その結果、州内の公立学校におけるコンピュータの台数は飛躍的に増加し、1983年には2889台だったのが1991年には4万4千台となり、さらに1995年には7万6千台となった(Petrina & Dalley, 2003)。

1998年にニューファンドランドのセントジョーンズで開催された、第3回

カナダ教育フォーラムにおいて発表された各州のレポートによると、どの州においてもコンピュータを主としたIT教育を他の教科のカリキュラムに統合すること、コンピュータ1台当たりの生徒数を減らすこと、プライベート・セクターとのパートナーシップを促進することなどが目標とされている(Council of Ministers of Education, 1998)。BC州においては1995/96年度より、テクノロジー5ヵ年計画が実施されている。これは教育省が100万ドル以上の資金をかけて、初等・中等教育におけるコンピュータ教育を充実させようとするものである。中等教育においては生徒3人につき1台、小学校においては6人につき1台の割合までコンピュータを普及させることが目標とされている。また1998年4月からは以後6年にわたり、さらに約123万ドルの資金をかけて州学習ネットワーク(PLNet)を確立することが決められた。これは州内の1700の公立学校と22の高等教育機関、20のコミュニティ・スキル・センターとをリンクさせようという試みである。これによって、生徒や教師が学習教材にアクセスできるようになるばかりでなく、遠隔地の学校におけるK-12の科目の充実にも効果があるとされる。さらに、生徒がより自由に就職情報にアクセスできることも利点と考えられている。

99年3月にカナダ国内すべての公立学校および図書館がインフォメーション・ハイウェイに接続され、連邦レベルのネットワーク組織であるスクールネットへ加入しインターネットへの接続が可能となった。

(3) 小学校カリキュラムのなかでのIT教育の目標

以下、1996年より段階的に施行され、97年から完全施行となったカリキュラムの中におけるIT教育を考察してみたい。他のカリキュラムと同様、「情報技術」(IT)科目も州教育省より統一教材パッケージ(IRP)が発行されている。カリキュラムというと、一般的にはこのIRPを指す。ITのIRPはK-7、8-10、11-12の三つに分かれているが、本節ではおもにK-7を中心に見ていくこととする。

IRPは以下の三つの学習原理に基づいてつくられている。

①学習は生徒の積極的な参加を必要とする
②学習方法や速度には個人差がある
③学習とは個人学習とグループ学習の両方からなる過程である

(British Columbia Ministry of Education, 1996)

　IRPによるとITとは、情報の格納、発信、入手、管理をすることが可能な電子的装置の使用であるとされている。またIRPには、IT教育を学校教育において行う理論的根拠が挙げられている。第1には、将来の職場における適応である。この情報化社会では企業の側でも情報リテラシーに長けた卒業者を希望することが多く、それに備えて学校でも教育すべきだというものである。カナダが農業国から第2次・第3次産業国へと移行するなかで、技術が職場で必要となる状況が激増していることを受けている。第2の根拠は、社会において責任ある市民を育成することである。情報や技術が急激なスピードで変化していく現代社会において、ITの役割を理解し、情報リテラシーを身につけることは必要不可欠である。生涯学習の観点においても、義務教育において子どもがみな平等にIT教育を受けることが重要であると考えられている。

　IRPには教授法の大まかな方針のほか、期待される成果、評価方法が述べられている。また州教育省の推薦する教材の簡単な説明とその出版社の連絡先なども載せられている。本節では紙面のスペースも限られているため、IRPの冒頭に載っているカリキュラムの目標概要のみを紹介することとしたい。

(K-3年生)
・生徒は日常生活で有用なIT機器を認識する
・IT機器を個人で、またグループ作業で使用する
・情報は様々な方法によって収集、整理、提示されることを認識する
・IT機器を常に正しく安全な方法で用いることを学習する

(4-7年生)
・様々なIT機器アプリケーション、作成方法を用いる

・情報ニーズに応えるため問題解決技能を適用する
・多様なIT機器を実際に使う練習をする
・資料や情報を積極的に管理しようとする態度を示す
・IT使用に際しての規約や倫理を理解していることを示す

(British Columbia Ministry of Education, 1996)

8-10年生になると、上記の目標に加えてITを教育や余暇、さらには将来の職業で用いること、簡単なコンピュータプログラムの開発、IT機器をリサーチに応用することなどが指導要綱に含まれている。

(4) IT――今後の発展のための布石

前述のように、カナダでは早くからメディア・リテラシーへの取組みがなされ、IT教育に関しても別個の科目としてカリキュラムが組まれるなど、情報化社会にいち早く適応した学校教育が推進されてきた。最後にIT教育の現状とその問題点を探ってみたい。

BC州では1998年度にBC教員組合と州教育省によって技術が教育組織にどのような変化をもたらしているかを吟味する調査が行われた。この調査結果をまとめた報告書には、八つの改善点が挙げられている。

①学校教育へのコンピュータ導入は、単にコンピュータが社会において普及しているからのみならず、技術がいかに教育に貢献するかということも含めて理解すべきである。一般的にはインターネットの普及などにより、コンピュータが教育にもたらす影響は非常に大きいと思われがちであるが、コンピュータの導入によって生徒や教師がどのようなメリットを受けるのかも十分に理解することが重要である。例えば、生徒それぞれに合った学習スタイルを取り込めることや、学習者の教育に関する機会の平等を促進することなどが挙げられる。

②技術は別個の科目として指導されるのではなく、他の科目のカリキュラムに統合されるべきである。他の科目を学習するなかでそのサポートとしてコンピュータが用いられるほうが望ましい。

③電子機器による遠隔教育も、教育委員会は正式に生徒の学習方法の選択肢の一つに加えるべきである。そのためには、すべての学校区に遠隔教育を行うための資金を提供すべきである。

④教師へのサポートの充実をはかることも欠かせない。コンピュータの使い方のトレーニングを行うことや、日常時でも学校内において技術的なサポートが受けられるようにすることなどが必要である。

⑤以下に示す三つの分野における平等の推進をはかることも重要である。一つは学校区間によるインフラストラクチャー(ハードウェア、インターネット接続)の不均衡の是正である。二つ目は性別によるコンピュータ利用のギャップの是正である。女子の利用は男子に比べて低く、現状では、性別による平等は必ずしも教育現場では達成されていない。三つ目は社会経済的な格差である。高所得層の家庭は、低所得層に比べてインターネット普及率が高いことがわかっている。

⑥教師がもっと決定に関わることも重要である。州レベルにおいても、教育委員会レベルにおいても、IT教育に積極的な少数の教師のみの意見が反映されることが多く、より多くの教師の声が反映されるよう組織的な改善が必要である。

⑦効果的な改善策を見つけるには、教育の実情を知ることが不可欠であるにも関わらず、信頼できる調査・研究がほとんどなされていないことも問題である。コンピュータの台数一つをとってみても、その調査基準があいまいであるために、実際にはどれだけのコンピュータが教育目的を達成するのに十分なだけのソフトやスペースを持っているのか定かではない。大学や他の教育機関の協力も得ながら調査対象をしぼり、リサーチを行うことが望ましい。

⑧妥当な額の資金が提供されることが、ITを他の科目のカリキュラムに統合する上で必要不可欠である。IT教育を維持し発展させるためには、上記の問題点を改善していく必要があるが、そのためには常に資金の投入が必要である。

(British Columbia Ministry of Education, 1999)

カナダは世界でも有数のインターネット普及率を誇り、学校におけるIT教育も早くから行われてきた。IT教育が定着した今、問題点をいかに改善することができるかが問われている。そうした点も含め、日本が参考にできる部分は多いと思われる。
　　　　　　　　　　　　　　　　　　　　　　　　（なみた　ようこ）

第3節　高校カリキュラムのIT関連科目
　　　——アルバータ州の事例を中心に

(1) 教育における技術統合

　カナダ人材開発省は、1996年に生涯学習として技術教育を推進する組織、学習技術局を設立した。これは、おもに成人教育部門でのIT教育推進の役割を担っているが、中等教育でIT教育を担当する教員の資質向上のためのプログラムも提供している。こうした流れの中で、アルバータ州の高校教育においてIT教育がどのように推進されているのかについて考察してみたい。

　1994年にアルバータ州教育大臣ジョンソン（Johnson, Halvar）は、アルバータ州の章で述べたとおり、「産業界の教育への参加と技術統合に関する諮問機関」を設立し、テクノロジーと情報通信を使って生徒の学習を効果的にするための具体的な条件整備についての議論を進めた。96年に議論のまとめとして報告書が作成され、アルバータ州におけるIT教育推進に向けた具体的な提言がなされた（Alberta Education, 1996）。提言のおもな内容は、生徒の学習効率の向上、技術と情報へのアクセスの整備、教員の資質向上、ITに関連した学習内容の整備、学習リソースの充実、教室の施設整備、地域や産業界との連携、政策の整備の八つである。ここでは、学習内容に関する提言を中心に取り上げる。

　報告書は、IT関連カリキュラムを単独科目としてではなく、あらゆる科目における学習活動として取り入れることを提示している。この提言をふまえ

て、98年に州教育省は、「情報コミュニケーション技術学習」(Information and Communication Technology: ICT)を発表した。ICTは、すべての科目で取り入れられる学習活動として位置づけられた。州内の高校では、すべての生徒が履修する必修科目にICTが含まれることとなった。

(2) すべての生徒を対象とするIT関連科目

ICTの学習内容を示す文書には、「ICTカリキュラムは、単独の科目としてではなく、コア・コースおよびその他の科目の学習内容に含まれることを意図している」(Alberta Learning, 2000)と記述されている。コア・コースとは、州高等学校卒業資格取得に必修である英語、数学、理科、社会などの科目を意味する。したがって、ICTは、すべての生徒が履修することを意図したカリキュラムである。

また、テクノロジーを「物事を行う方法」であると定義し、テクノロジーを扱う能力を身につけることが目的なのではなく、道具として日常生活の課題を解決することがねらいであるとしている。

ICT教育の学習目標(Outcomes)は三つの領域から構成されている。それぞれの領域には表2-4-1に示すように六～七つの総合目標(General Outcomes)が設定されている。

まず、第一は「コミュニケーション、探索、意思決定、問題解決」である。これは、他者とのコミュニケーションを通じ、情報を批判したり真意を確かめたりすることによって、問題解決に役立てるための技能の育成が中心となる。

第二は、「基礎的操作、知識および概念」である。これは、技術の性質を理解し、それを使用する時の道徳観を身につけることがねらいとされている。具体的には、デジタル化されたマスメディアや通信技術、マルチメディア技術の取り扱い方が取り上げられている。

第三は、「創造への過程」である。これは、様々な技術を使って何かを創造するときに求められる知識と技能を習得することが目的とされている。例えば、文書作成、マルチメディア、電子コミュニケーションなどの手段を通じ

表2-4-1 ICTの三つの領域に分類される総合目標（General Outcomes）

コミュニケーション、探索、意思決定、問題解決	基礎的操作、知識および概念	創造への過程
C1 様々な技術からの情報にアクセスし、使用し、理解する C2 ITを使用して別の視点を探求する C3 様々な技術によって得られた情報を批判的にとらえる C4 探索をすすめるに当たって、順序よく整理された手順に従う C5 探索をする際に、共同作業をすすめるために技術を使用する C6 問題を調査し解決するために技術を使用する C7 自分の知識や考えを構成するために電子的な調査手段を使用する	F1 技術の性質を理解する F2 技術が自分自身、仕事、社会に応用される際にどのような役割を持つのかについて理解する F3 技術の使用に当たっての倫理的道徳的なアプローチを身につける F4 マスメディアや電子媒体からの情報の真意を見極めることができる F5 技術を使用する際の人間工学とセキュリティの概念を理解し実践する F6 様々な技術の使用に求められる基本的な操作能力を身につける	P1 文書を作成し訂正し編集する P2 データを体系化し処理する P3 マルチメディアを通じてコミュニケーションを図る P4 様々なアプリケーションを統合する P5 相互に関連し合う（ハイパーリンク）リソースを創造する P6 他者と意見を交換するために技術を使う

(Alberta Learning, 2000, p.4)

て情報を発信する技能の育成がねらいとされている。

それぞれの目標には、生徒の学習段階に応じた個別目標（Specific Outcome）が設定されているが、それらを紹介するゆとりがないので割愛する。ここでは、実際にこれらの目標を必修科目の学習活動にどのように取り込んでいるのかを考察する。例として、**表2-4-2**に第10学年対象の英語10の一つの単元を取り上げる。

この単元では、表2-4-1の三つの領域のうち、第一の領域に属するC5「探索をする際に、共同作業をすすめるために技術を使用する」が目標として提示されている。さらに、個別目標として「専門家に批判的な質問を、情報通信を使って提示する」ことが示されている。すなわち、作家の文化的背景が作品に及ぼす影響についてできる限り多くの情報をインターネットから入手し批判的にとらえ、自分の考えを提示することが、この単元の目的とされている。

とくに、オンライン・ディスカッションを行うという課題が生徒に与えられている点に注目したい。これは、受け身で情報を入手するのではなく情報の発信手段として技術を使用することを意図している。

表2-4-2　英語10で取り入れられるICTカリキュラム

英語10	
	総合目標(General Outcomes)： C5「探索をする際に、共同作業をすすめるために技術を使用する」
個別目標 C5 4.1情報通信を使って専門家に批判的な質問を提示する	生徒のタスク ・幼少期の文化的体験がMichael Ondaatje, Timothy Findley, Margaret Laurence, Margaret Atwoodなどの著名なカナダ人作家に及ぼした影響について調べる。調査の一部として、可能であればEメールなどの電子的な方法で多様な文化的背景を持つカナダ人作家に接触を図り、彼らの経験が作品にどのような影響を与えたのかを論ずる。 ・自伝を読む、または、もし可能ならオンラインで直接話すなどの一次資料、伝記やインタビュー記事などの二次資料を使用する。さらに多くの情報を収集するために収集した情報をまとめてレポートを作成する。もし、オンライン・ディスカッションができたら、添付資料としてディスカッションの内容をレポートに含めること。
関連するその他の学習目標 ・作品や著者の理解を広げるために多様な考え、手がかり、視点を考慮に入れる ・作品が個人や社会に価値観や態度を伝えようとする手法について議論する	
	評価のポイント 4：単独でインターネットからの情報にアクセスし情報を引き出すことができる 3：他人の助けを得てインターネットからの情報にアクセスし情報を引き出すことができる 2：インターネットからの情報にアクセスし情報を引き出す能力に制約がある 1：インターネットを使用してコミュニケーションを発展させることができない

(Alberta Education, 1998, p.10)

　すべての生徒を対象としたIT関連カリキュラムは、ここで紹介した英語10の他にすべての必修科目の学習内容として細かく提示されている。ICTを単独科目として設定するのではなく、複数の教科における学習活動に取り込むことで、技術を日常生活における課題を解決するための手段として扱っていることがわかる。

(3) 選択科目におけるIT関連科目

　選択科目「職業・技術学習」(CTS)に分類されるIT関連のカリキュラムには、コンピュータの扱い方を学習するものと、コンピュータを使用して発表能力を高めることを目的としたものとの二つがある。前者が、情報処理(IP)であり、後者はコミュニケーション技術(CT)である。それぞれの学習内容を考察してみる。

①コミュニケーション技術（CT）

　CTのねらいは、コンピュータの使用によって効果的なプレゼンテーションを実現することである。その具体的内容は、プレゼンテーション、写真、印刷、オーディオ／ビデオ／デジタルの4テーマから構成されている。それぞれの学習内容は、表2-4-3のようになっている。

　一つ目の「プレゼンテーション」では、校内や校外の聴衆を前にして実際にプレゼンテーションを行うことを前提にその手法と必要な機器の使用方法などについて学習することが中心となる。二つ目の「写真」では、写真を撮影し現像するための技術とその作品を使って何をどのように伝えるのかに焦点が当てられている。三つ目の「印刷」では、印刷の技術を社会でどのように応用するかが中心となる。最後の「オーディオ／ビデオ／デジタル」では、AV機器の扱い方を習得し制作し発表することが学習内容として取り入れられている。

　以上のことから、CTは、技術を使用して効果的な発信をする技能を高めるための選択科目であるといえる。すなわち、コンピュータの扱い方を学ぶのではなく、その活用法について学習することがねらいとされている。

表2-4-3　コミュニケーション技術の学習内容

テーマ	初級	中級	上級
プレゼンテーション	プレゼンテーションとコミュニケーション1 メディアと自分	プレゼンテーションとコミュニケーション2 メディア・デザインとメディア分析1 スクリプト・ライティング1	プレゼンテーションとコミュニケーション3 メディア・デザインとメディア分析2 スクリプト・ライティング2
写真	写真1 デジタルイメージ1	写真2 写真コミュニケーション 写真技術1 特殊効果写真 デジタルイメージ2	写真3 フォトジャーナリズム 写真技術2 カラー写真 デジタルイメージ3
印刷	印刷1	印刷技術1 印刷応用1	印刷技術2 印刷応用2
オーディオ／ビデオ／デジタル	AV制作1 アニメーション1 デジタルデザイン1	AV1 AV2 アニメーション2 デジタルデザイン2	オーディオ3 ビデオ3 アニメーション3 デジタルデザイン3

(Alberta Learning, 2002, p.11)

②情報処理（IP）

　IPは、コンピュータの扱い方を学習することを目的としている。また、技術の発達が社会に及ぼす影響と倫理的、社会的な課題を理解することもねらいとされている。その内容は、システム操作、データ入力、創作ソフトウェア、応用処理、動的環境、プログラミング、コンピュータ科学の七つのテーマから構成されている。

　表2-4-4で示される項目を見ると、学習内容が広い範囲にわたっていることがわかる。例えば、データ入力、創作ソフトウェア、応用処理、などのテーマに分類される学習内容は、おもに文書作成や表計算などのソフトウェアを使用するための技能を育成することを目的としている。応用処理の中の「専門分野での応用1，2」というのは、医療、商業、農業といった具体的な職業分野で文書を作成することを想定したものである。また、システム操作、動的環境、プログラミング、コンピュータ科学といったテーマでは、コンピュータの内部にかかわる専門的な内容が盛り込まれている。

　CTとIPの両方の科目に共通することは、それぞれの表で示された学習内容のすべてを授業で扱うのではなく、いくつかの項目を選択し学校の実態に合わせて開講できる点である。例えば、文書作成能力を育成することに中心をおいた項目だけを選び出し提供する。また、プログラミングやコンピュータ科学といったテーマに分類される学習内容を選び出して提供する場合もある。例えば、エドモントン市内のある高校では、表2-4-4のうち「コンピュータ科学1」「プログラミング1」「プログラミング2」「インフォメーション・ハイウェイ1」「インフォメーション・ハイウェイ2」を選び出し「コンピュータ科学10」という開講科目を設定している。同校では、他に12のコンピュータ関係科目を開講している。

　また、両科目の相違点としてCTでは、技術を使用した情報発信能力の育成がねらいとされ、IPでは、コンピュータの扱い方に重点が置かれている点が挙げられる。いずれの科目も他の選択科目に比べ、生徒の履修希望者が多い。こうした発展的なIT関連科目は日本でいう専門高校のような特別な目的を

表 2-4-4　情報処理の学習内容

テーマ	初　級	中　級	上　級
システム操作	コンピュータ操作	ワークステーション操作 情報通信 1	ハードウェア・ソフトウェア分析 ローカル・エリア・ネットワーク 情報通信　2
文書・データ入力	キーボディング 1	キーボディング 2 キーボディング 3	キーボディング 4 キーボディング 5 キーボディング 6
創作ソフトウェア	ワード・プロセシング 1 グラフィック・ツール データベース 1 スプレッドシート 1 ハイパーメディア・ツール	ワード・プロセシング 2 電子出版 1 データベース 2 スプレッドシート 2 マルチ・メディア・オーサリング 1	ワード・プロセシング 3 電子出版 2 情報管理ツール マルチ・メディア・オーサリング 2
応用処理		コレスポンデンス（通信） レポート 表／書式 ソフトウェア統合　1	専門分野での応用 1 専門分野での応用 2 ソフトウェア統合 2 ソフトウェア統合 3
動的環境	インフォメーション・ハイウェイ 1	インフォメーション・ハイウェイ 2 プロセス・コントロール	インフォメーション・ハイウェイ 3 インターネット・サービス エキスパート・システム
プログラミング	プログラミング 1	プログラミング 2 プログラミング 3 プログラミング 4 プログラミング 5 特定の目的のためのプログラミング 1	プログラム応用 1 プログラム応用 2 プログラム応用 3 特定の目的のためのプログラミング 2 動的データ構造 1 動的データ構造 2
コンピュータ科学	コンピュータ科学 1	コンピュータ科学 2	コンピュータ科学 3

出典）*Curriculum Handbook for Parents 2002-2003.*

もった高校でのみ開講されているのではない。州内のあらゆる高校で開講されすべての生徒に履修する機会を与えているのである。　（おかべ　あつし）

第4節　図書館での授業——ITの教育実践での活用

(1) カナダのメディア・リテラシー理論の先進性

　今まで二つの州、二つのレベルの学校を例にとって教育のなかのITについてみてきたが、州が異なり、学校レベルが異なっているにもかかわらず、見えてくる共通のものがあるのに気がつくであろう。確かに選択科目としてIT関連科目は充実しているが、全体としてはITのみを取り出して、独立の科目として教えるのではないという特色をもっている。二つ目の特色は、コンピュータのみでなく、同時に他のメディアも顔を見せる、ということである。この二つとも、カナダの教育の伝統と密接な関係をもつ。

　後者の方から行こう。従来から、カナダの教育では、印刷媒体による教材のみでなく、言葉を換えて言えば、日本のような教科書のみでなく、教材として、テープ、ビデオ、映画、等のメディアが多用されていた、ということである。それが、カナダが世界に冠たるメディア・リテラシー教育とその理論を生み出したということにつながる。コンピュータとそのネットワークは、単にその線上にあるにすぎず、情報ないし知識の伝達の新たな媒体がもう一つ加わったというにすぎない。

　前者は、それと密接な関係にある。日本で印刷媒体による教科書が当たり前のこととしてすべての教科で用いられているのと同じ様に、印刷媒体以外の媒体がすべての教科で用いられるのは当たり前のことと考えられてきたのである。コンピュータが実用化したとき、それが教科内容の伝達を受ける手段として、あるいは表現の手段として、そこへ入り込むのは、まったく自然な成り行きであった。しかも、コンピュータは内容伝達と内容発信のひじょうに有効な手段である。

(2) コンピュータ資料使用の統合的教授法

こうした状況から、もろもろのメディアを扱う機器を学校の中で管理していたのは、図書館(ときにはリソースセンターと呼ばれる)であったということもうなずけよう。学校図書館は、印刷媒体である図書のみならず、その他の媒体も収容・管理していた。そして、そうしたメディアは単に所蔵されているのみならず、利用されている。授業の中で、である。使用頻度が高くなれば、借り出して教室で使うのではまどろっこしい。放課後ではなく、図書館そのものが教室として使用されている。

もう一度繰り返すと、コンピュータというメディアも、図書という情報伝達のメディアも、同等に、生徒に教育内容を伝達する手段として使用されてくる。日本でも司書教諭が必置になったが、そうしたメディアを扱う専門職としての司書教諭が、カナダでは図書館を切り盛りしており、教科担当の教師に対して、資料のことや資料を用いた授業の展開方法で助言を与えたり、あるいは、ティームティーチングとして授業担当の教師と対等に授業に参加するということを、はやくから行っていた。カナダで優勢な授業の展開方法は、コンピュータ資料を含む図書館資料の使い方を、他の教科と切り離して教える独立的教授法ではなくて、教科といっしょに教える統合的教授法である。カナダではそれをリソースベース学習と呼ぶ。これには、コンピュータ技術の発達がすさまじく、近年、コンピュータから単に情報を引き出すだけならひじょうに容易になった、ということもそれを現実にした背景である。

(3) 授業の具体的展開

そうは言っても、具体的にどう授業が展開されるのか、想像しにくいであろうから、説明をしておこう。一方では、日本の文部科学省による学習指導要領のように、教育省や学習省の定めた各教科の教育目標・達成目標が存在する。教育は、それを実現しなくてはならない。同時に、メディア・リテラシー、コンピュータ・リテラシーの教育目標が存在する。これら二つの領域の目標を、一つのプロジェクトをこなしながら、同時に達成しようとするのである。具体的には前節で詳しくみてきたとおりである。たいていは、年な

いし学期に一つぐらいはあらゆる科目でプロジェクトが組み込まれている。生徒が、課題をもらって、リソースセンター・図書館に来て、調べて、資料を得て、それを使って何らかの作品を仕上げるのである。それを、他のクラスメートに何らかの形で発表して、おのおのが調べたことを共有するという作業である。調べるときには、それぞれの生徒は、異なるテーマを割り当てられる。課題の求めている情報を得るのに、もっとも適した手段を用いればよい。図書や雑誌記事である場合もあるし、ビデオやテープや、CDやDVDである場合もあるし、コンピュータに蓄積されたオンライン資料である場合もある。そうしたもろもろの資料を用いて、調べることを課された情報を探し出し、自分の作品に組み込むのである。先の、小学校、高等学校の実践カリキュラムで指示されているような内容が、このなかに行動として盛り込まれていることにご注意いただきたい。

(4) IT技術とその特殊性の意味するもの

オンライン資料の場合は、他の単体資料と異なる特種な条件をもっている。すなわち、図書や雑誌記事、ビデオやテープ、CDやDVDなどの単体資料の場合、図書館は、生徒に好ましいとあらかじめ判断したもののみを購入し、所蔵している。図書館にある資料は、従来、安心して生徒が使うに任せていられた。インターネットは巨大な図書館と考えられるが、コンピュータとそのネットワークを介して入手する資料は、旧来の図書館のように図書館員や教師による「選書」の過程を経ることがない。従来のように塀や壁で仕切られた校庭や校舎や図書館の中の活動でなく、図書館の壁や学校の塀を越えて、あらゆるところから資料が入手される。いながらにして世界中の資料を入手できるという面ではたいへんに便利であるが、しかし、生徒が入手する資料のコントロールができなくなるという性質をもっている。ということは、生徒の入手する情報にだれが責任をもつかということと関連してくる。生徒の教育に対する責任の所在と性質が、いままでと変わってこざるをえない。

オンライン資料の特殊性として、オンライン情報は、情報内容についての

価値判断のスクリーニングを経ていない、という特質から、情報の質に対する判断力の育成ということが、大きく強調されてくることを挙げておこう。これは、情報リテラシーの内容の大きな領域をなすことなる。冒頭に挙げられたメディア・リテラシー理論は、情報の価値判断、伝達される情報の伝えるメッセージ(意味内容)の解釈の問題を大きく取り上げていることのみを指摘しておく。

(5) インターネット使用に関する責任

ITは学校の塀を越えるという問題に対して、学校現場がどう対処しているか、資料を上げて説明しよう。次は、エライジャスミスというユーコン準州の住民全体が顔見知りであるというようなフレンドリーな環境にある過疎地の小学校の実践例である。インターネット使用を開始するときに、親から、学校の方針に同意し、そのような条件で自分の子どもにインターネットを使用させてよいという書面を提出させる。具体的に示しておこう。

①「インターネット使用方針」という用紙に保護者がサインして提出した生徒のみがインターネットを使用することができる。この用紙は毎年提出する。
②学校のインターネットは、授業に関連して調べ物をするときのみ使える。有害なサイトやポルノサイトへの接続は厳重禁止である。
③生徒は、エライジャスミス小学校の教員の監督があるときのみインターネットを使用することができる。
④生徒は、前もって教員の許可を得てからでないと、インターネットからファイルをダウンロードしたり保存したりしてはならない。
⑤生徒は、不適切な内容のものを、インターネットにアップロードしたり、投稿したりしてはならない。
⑥ここに挙げられた条件のいずれかに違反した場合は、1年間、インターネット使用を禁止する。

(Elija Smith Elementary School, 2002, Student Internet)

　保護者と生徒とはそれぞれ、この条件を理解し、同意したという旨、サインして学校に提出して初めてインターネットを使用することが許される。この方針から、いろいろのことが見えてくるであろう。前述のように、インターネットは学校の中のみの接続に留まらない。従来の図書館と異なり、学校の外の世界に否応なく生徒たちを連れ出す。そのとき学校がどこまで責任を取るか、取れるかが問題になる。接続先の制限、アップロード、ダウンロードの制限という形で扱える内容を制限している。そして学内の使用に関しては、教員にその監督責任を求めている。
　しかし、インターネットの使用に関する全体的な責任は、保護者にあることを明記するものである。学校は、学校の条件を提示し、保護者がそれに同意するかどうかを求め、最終的には保護者が責任をとることを求めている。これは、カナダの学校全体での基本方針にもつながる。すなわち、子どもの教育についての責任は保護者にある、ということである。学校は、自分の学校の教育方針を明示して、親は、それに同意できる場合にのみ、自分の子どもをその学校に委ねる。
　もう一つ見えてくるものは、授業の方法である。このような方針からは、インターネットを使用できる生徒と、使用できない生徒がでてくる可能性がある。教師は、それに対処した授業を行わなければならない。インターネットを使う目的は、インターネットそのものを使用する方法を学ばせることではない。インターネットは、それ自体が目的ではなくて、それ以外の何らかの目的を達成するための一手段にすぎない。それは、ここに見えているように、調べ物であり、また、自分の表現である。しかし、調べ物にしろ、自己表現にしろ、インターネットを使わなくとも、できることである。インターネットを使えば、それは、より容易に効果的に行えるというだけのことである。でも、従来の方法も捨て去ってはならない。授業の方法としては、画一的な一斉授業ではなくて、個人の状況に合わせて生徒が学習できる方法が考え

られなくてはならなくなる。

(6) ウェブページへの掲載の許可

エライジャスミス校も、教員や生徒がインターネットを用いて、学校のページを公表するサイトを持っている。ウェブページに生徒の名前や作品を掲載するに当たっては、生徒が被害のターゲットにならないように、また、生徒の人権を侵さないように注意を払わなければならない。学校は、それについてもガイドラインを設けている。

あなたのお子さんがそのような(著者注、ウェブページに掲載する)プロジェクトに参加することになった場合は、次のようなガイドラインが適応されます。
①生徒の作品、名前、絵を公表する前に、保護者のサインを求めます。
②公表された作品が誰のものかを示すためには、ファーストネームのみを掲示します。
③この書式は毎年、提出していただきます。

(Elija Smith Elementary School, 2002, Web Page)

ウェブページに掲載されることによって、生徒が外からのコンタクトを直接受け、何らかの被害に遭うことがないように、配慮されている。このような学校の基本方針を示したあとで、改めて、次のうちいずれかを選ぶように、保護者に質している。

絵について、生徒個人ないし共同の作品を
　□ファーストネームのみを提示して掲載してよい
　□掲示してよいが、ファーストネームも提示しない
　□私の子どもの作品は用いてはならない

詩、物語、その他の作品を
　　□ファーストネームのみを提示して掲載してよい
　　□掲示してよいが、ファーストネームも提示しない
　　□私の子どもの作品は用いてはならない

(Elija Smith Elementary School, 2002, Web Page)

　これは、法的にいえば、著作者人格権と関係している。作品について、公表するか否か、また、公表する場合作者の名前を表示するか、非表示にするか、また、表示する場合どのように表示するか、を決定する権利（日本の著作権法によれば、第19条著作者人格権の氏名表示権に相当する）は生徒自身が持っていることを具体化するものである。ウェブページに掲載するということは、世界中に公表されるということになる。生徒が未成年である場合は、保護者がその権利を代行することになるので、保護者のサインが求められる。ここに挙げたのは小学校の書式の例であるが、おそらくは、こうした措置は、中等学校の生徒が成人に達する日まで続くことになる。興味深いことには、未成年のうちは、いちいち親のサインを求めるが、生徒がいったん成人に達したならば（大方の州では19歳になった誕生日である。まだ中等学校に在学している者もいる）、親の監督責任を離れ、生徒自身のサインのみで事が運ぶことになる。

（せきぐち　れいこ）

第5節　学校教育の転換をもたらすIT技術

　カナダにおけるIT教育推進の背景について考察してみる。第一に、インターネット上で公開されているコンテンツの充実が挙げられる。行政機関や教育機関ばかりではなく、民間企業あるいは個人が運営するサイトからの情報が学校教育現場での実践に活用できる内容となっている。
　第二に、コンピュータ等のハードウェアの普及がある。IT教育を推進する

ために各州および地域単位でのハードウェア導入に関する様々な動きがみられた。

　第三に、授業へのIT導入に対する教員の積極的な姿勢である。今回は具体的な実践例を紹介することができなかったが、マルチ・メディアを使用した授業の展開やインターネットを利用する課題の提示などが実際に行われている。この背景には、教員の研修の充実が挙げられる。また、諸州教育省の施策として、ITを単独の科目ではなくすべての必修科目で導入するとしたことで、一部の限定された教員による取り組みではなく多くの教員による実践の可能性が高まったといえる。

　インターネットは、情報科の中だけでなく、教育のほかの面にもいろいろな影響を及ぼしている。とくに、インターネットによって、学校の内側と外側が直接的につながるのを見てきた。今まで物理的な塀に囲まれた中で行われていた学校教育が、インターネットを契機として、否応なしにその外に開かれざるをえない。その一つの例として、生徒の人権の問題、著作権の問題を例にとって挙げてきた。インターネットの使用を学校が規制しても、そこで学んだ技術は、家庭からも容易に利用できる。そこで、自分の子どもに対する家庭の責任が強調されてこざるをえなくなる。カナダの教育は、全般に、実生活から隔離して、教育のための教育の場所、教室のなかで行われるのではなくて、実社会に直結して営まれているのが見て取れる。すなわち学校の中で学習したことが、現実に「生きる力」に結びついているのがみてとれるのである。IT技術はその典型である。

　　　　　　　　　　　　　　　　　　　　　　　（せきぐち・おかべ）

第5章　多文化問題と教育

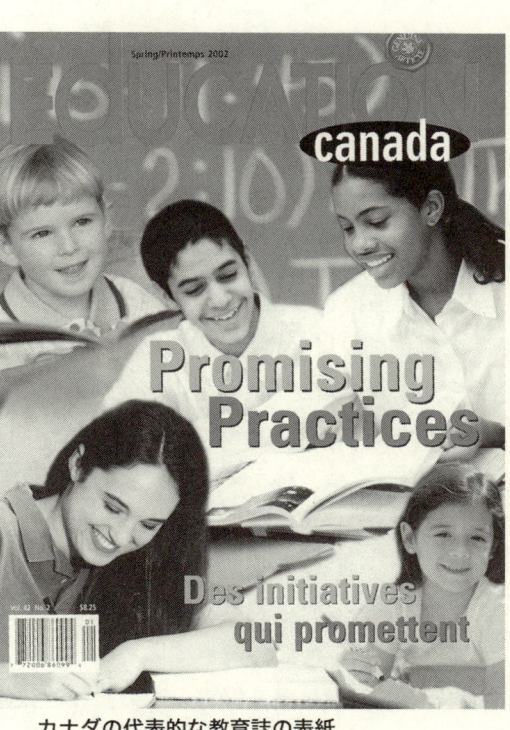

カナダの代表的な教育誌の表紙
© Canadian Education Association

人種・民族差別反対運動要綱のパンフレット
© York Region District School Board

1971年に多文化主義を国策として導入したカナダ連邦の取組みは、グローバル化を迎えた世界の動向に先駆けたものであった。1960年代のケベックにおける「静かなる革命」が、国家体制の問直しに影響を与えたことが、この背景にあることは、よく知られている。さらに、移民の急増による人口構成の多様化は、異なった文化集団からの権利要求、差別など様々な問題をカナダ社会に投げかけ、政治、経済、住居、保健医療、教育、いずれの分野においても重要な検討課題となっている。

本章では、多文化社会において何が問題とされ、教育がどのような役割を担ってきたかを問う視点から、移民による人口構成の変化を中心としたカナダ社会の多文化化とそれに伴う課題を整理し、それへの教育的対応を考察したい。第1節では、他州と比して移民が多く集中し、民族文化的多様化が進んでいるオンタリオ州の事例を紹介しつつ、連邦多文化主義政策が導入された1970年前後から世紀を跨いだ現在までの多文化問題の変遷と教育行政の対応の特色を見ていく。第2節ではケベック州を取り上げ、学校における言語教育に言及しながら、同州のフランス語振興政策と、その多文化・多言語状況を明らかにする。最後に、カナダの人口構成に多様化をもたらした移民に焦点を当て、成人移民に対する公用語教育の歴史と現状についてまとめたい。

第1節　多文化問題と教育——オンタリオ州を中心に

(1) 連邦多文化主義政策導入への流れと教育問題

連邦が結成された1867年当時のカナダ全域の人口構成は、英系6割、フランス系3割、それ以外の民族と先住民族が約8％であり、社会における利権は英系住民が掌握していた。その後の連邦政策においても、ヨーロッパ出身者を優先する移民政策や、英系住民が支配するアングロ・コンフォーミズム (anglo-conformism) 論により移民をカナダ社会にいかに同化させるかが主題とされた。多文化問題への教育現場の対応としては、1950年代のオンタリオ州

では、一部の教育委員会や学校において、移民生徒支援の一環として、第二言語としての英語(ESL)の学習プログラムが提供されていた。しかし、1960年代まで州の教育施策の柱である『公立・分離学校第1から第6学年の学習プログラム』には、学校の存在意義を「キリスト教的理想に基づいた生活のため」と定めており、子どもの文化的多様性をどのように扱うかは各教育委員会の裁量とされていた。

　さて、連邦政府によるヨーロッパ出身者優先の移民受入れ規制は、国内人口低下など経済界に危機感が募ったことから、1962年の新移民法施行時に撤廃された。一方、「静かなる革命」を受けて、1963年、連邦政府は二言語・二文化主義王立委員会を設置し、1969年には英語とフランス語を連邦公用語とする公用語法を制定した。だが、英・仏両文化・言語への同化要求を示唆する二言語・二文化主義は、公聴会を通してウクライナ系を中心とした住民から反発を受けた。そののち、同委員会は勧告第四冊目『他の民族集団の文化的貢献』を提出し、これは二言語枠内の多文化主義を意味する1971年のピエール・トルドー首相による多文化主義政策宣言へとつながった。連邦多文化主義政策は、文化的多様性の尊重による国家統合を目指し、「文化維持への公的援助」、「集団間の関係促進」、「全ての文化的集団に対する文化的障壁の克服への援助」、「公用語習得奨励」を誓ってスタートした。

　オンタリオ州でも、1973年、多文化主義に関するオンタリオ諮問審議会が設置され、多文化問題に対応する教育政策の案が協議された。その中で、優先的に取り組まれたのは、公用語の問題であった。当時より連邦政府は、公用語学習が必要とされる子どもが在籍する学校に対して州政府を通して助成金を支出しており、オンタリオ州においても公用語プログラムの整備が優先された。

　1977年には、文化的多様性の尊重の実践として、小学校の通常授業以外の時間で英語・フランス語以外の言語の指導にオンタリオ州教育省が資金補助を行う遺産言語プログラムの導入が発表された。遺産言語プログラムは、当時、アルバータ州など他州で実現していた非公用語の学校教授言語化を求め

る声が、州内の民族団体などから出されており、その要求をはぐらかすための妥協の産物でもあった (Burnaby et al., 2000)。遺産言語プログラムは、教員資格のない指導者による指導が認められており、1988年には、25名以上の親の要請があれば教育委員会に当該言語のプログラムの設置義務が発生するという規定が法制化された。その後、対象言語数、参加児童数も増え、中等教育レベルでは単位として認定されており、州下のトロント地区教育委員会では、主要言語については学校教育課程時間内のプログラムが提供されるなど、遺産言語プログラムはオンタリオ州教育施策の特徴のひとつとなっている（1993年に国際言語プログラムへの改称を発表した）。ただし、小学校におけるプログラムに対して生涯学習補助金から助成するという州政府方針はプログラム導入当初から変わらず、依然、英語・フランス語以外の言語は学校の教育課程外として位置付けられている。

(2) 多文化主義観の変化――"差異の強調"から"関係づくり"の教育へ

1980年代、カナダ社会では、多文化問題の中心的課題が差別や人種関係へと移行した。その背景には、年齢、教育、職業技能、公用語運用能力などで移民を評価するポイント・システムが1967年移民法に導入され、移民政策が人的資源の質の向上を目的とした方針に転換されたことがある。ポイント・システムによって1970年代に急増したアジア、アフリカ、中東の出身の移民は、肌の色など外見が、旧来の移民のそれとは異なるため、ビジブル・マイノリティと呼ばれた。1983年に、連邦政府は、女性、先住民、障害者、そして、ビジブル・マイノリティの雇用状況改善に関わる審議会を発足させ、審議報告は1986年制定の雇用公正法に反映された。1984年には、とくにビジブル・マイノリティに関する調査報告書『平等を今！』(*Equality Now!*) が連邦下院特別委員会によって提出され、マイノリティの状況改善が論じられるようになった。ポイント・システム導入後の移民政策が引き起こした人口構成の変化は、カナダ社会に大きなインパクトを与えたのである。

オンタリオ州では、トロントの南アジア系住民に対する暴力事件のレポー

トなど、1970年代後半から深刻な人種差別の状況が報告されていた。教育現場でも人種差別に関わる問題があり、1979年にトロント教育委員会がカナダでは最初に人種関係に関する政策を導入した。

1980年代に入ると、オンタリオ州政府も、人種差別問題対策を教育現場の課題のひとつとして位置付けはじめた。例えば、1982年に州人権委員会がトロント地域の教育委員会と州教育省と共催した会議では、多文化主義は文化的遺産の維持という側面を評価される一方、現存する人種主義の解決どころか何の啓発もしていないと指摘され、人種問題を扱う「人種関係」の概念が提唱された。また、人種関係に関わる州諮問委員会（州教育省によって1985年に設立）に対し、人種差別の解消に向けた政策作りへの州教育省からの支援を要望する声が教育委員会・学校関係者から寄せられた。さらに、州内の教育委員会の人種・民族文化的公正政策の導入・実施状況調査（1989年2月）によれば、100の教育委員会の内、政策導入済みの教育委員会は39あり、その多くが、人種・民族的公正政策の義務化など州教育省による支援を望んでいることが判明した（Mock, K.R., & Masemann, V.L., 1989）。

当時、連邦レベルでは、1988年に成立した多文化主義法（An Act for the Preservation and Enhancement of Multiculturalism in Canada）において、「平等な機会の創出」、「社会貢献への支援」、「相互理解」という理念が最優先事項とされ、多文化主義の中心原理は1971年政策の"多様性の承認"から"人種差別解消"へ移りつつあった。こうした反人種主義教育への期待は、1990年10月にオンタリオ州政権についた新民主党にかけられることになった。

オンタリオ州政史上初めて革新派として州政を執った新民主党政府は、1992年5月にトロント市街で起こった暴動をきっかけに政策推進にとりかかった。トロント暴動は、アメリカ・ロサンゼルス暴動の影響もあり、平和集会が2日間の略奪・破壊行為へと発展した。黒人若年層がその中心だったことから、この事態を深刻な人種問題と捉えた州政府は、暴動直後に、新民主党前党首ステファン・ルウィス（Lewis, Stephen）を人種問題アドバイザーに任命した。ルウィスは、市民や専門家との意見交換、報告書の提出を、1ヶ月

間で実行し、治安維持、雇用公正策と共に教育の重要性を指摘し、州教育省による反人種主義・民族文化公正政策推進の他、教育に関する提言として、オンタリオ社会の多文化的変化を反映したカリキュラム改訂、ビジブル・マイノリティ向けに大学入学資格要件を見直すことなどを挙げた。

　ルウィス報告書をきっかけに、州教育省は、反人種主義・民族文化公正の推進を各教育委員会の義務とする項目を加えて州教育法を改正する第21法案 (Bill 21)を採択し、1992年7月の施行に持ち込んだ。その施行当初、第21法案に関する州教育省からの具体的指示がなく、各教育委員会における改革は停滞していたが、1993年7月に、州教育省は、各教育委員会に対して、反人種主義・民族文化公正に関する政策導入計画の提出と政策実施に期限を定めた政策・プログラム覚書第119号を発布した。また、州教育省は、各教育委員会向けに政策開発・導入の手引きを配布し、1993年9月に発表されたコモン・カリキュラムでは、全生徒の異なった人種的、民族文化的背景と同様に、様々な能力、要望、興味に合わせ、偏見のないカリキュラムを目指すことが確認された。1993年に設立され、後のオンタリオ州教育改革の基礎を築いたとされる学習に関する王立委員会の提言書でも、学校環境における人種関係改善に関する提言が盛り込まれ、人種差別を生み出す社会構造を問う視点から、学校環境、カリキュラムなど教育に関わるあらゆる側面の再検討を要請し、社会的平等の達成を目指した。

(3) 教育改革とシティズンシップ教育

　新民主党のオンタリオ州政府による反人種主義教育の推進も1995年6月の進歩保守党への政権交代によって途絶えることとなった。州議会選挙運動中から反人種主義政策を含む新民主党政府施策の経費膨大化を非難していた進歩保守党は、政権掌握後、反人種主義教育関連の部署やプログラムを廃止した。新政権は、コモン・カリキュラムに替えて、教科別に編集されたオンタリオ・カリキュラムを新たに導入し、学年ごとの学習達成度評価の方針を打ち出すなど、結果主義の教育改革に取り掛かった。この進歩保守党の州議会

議員選挙勝利は、アジア諸国出身の移民が支持した結果であるといわれる。連邦政府政策のもと入国してきた移民は、近年では香港やインドなどアジア出身者が多数を占め、その多くがトロントなど大都市に定住する。こうした移民からは、母語や独自の文化の保障よりは自分たちに対する偏見や差別を解消して欲しいという声が少なくないという(梶田、1999)。ルウィス報告書で黒人若年層の問題をとくに取り上げていたオンタリオ州政府による反人種主義教育の方針に対して、どんな問題も人種の問題に結び付けられているという批判が起こった。特定の人種集団に対する政府の配慮に対して白人住民から反発が起こることを懸念したマイノリティ住民も多く、オンタリオ州の反人種主義政策は廃止あるいは縮小など教育改革の影響を正面から受けた格好となった。

　一方、1990年代以降は、カナダ全体の関心が社会統合の問題へと移行してきており、教育もその影響を受けていることが指摘できる。

　連邦政府は、1867年以来、英国議会制定による英国領北アメリカ法(1867年憲法)をカナダの憲法として位置付けてきたが、1982年に英国議会の承認を得て、1982年憲法を発効させた。1982年憲法は、権利及び自由に関するカナダ憲章をその一部とし、また、多様な文化の受入れ、社会における承認を第一義的な目標とする1971年多文化主義の原理も、1982年憲法に投影された。これにより、英国との強い結びつきをその特徴とした1867年憲法から発展させた新しいカナダ社会の方向性が、模索され始めた。連邦政府が委託した「カナダの将来に関する市民フォーラム(Citizen's Forum on Canada's Future)」による40万人を対象にした多文化主義政策に関する世論調査(1991年に報告書刊行)の結果、カナダの将来は、多様な文化の尊重と共に多文化社会としての統合が必要という見解が出された。

　一方で、ビビー(Bibby, R.W.)やビソーンダス(Bissoondath, N)などの識者に代表されるように、移民の持つ多様性をありのまま受け入れてきた多文化主義の側面が社会統合の障害となっているとの指摘がなされるようになった。また、次期政権の座を窺う各党も、1993年の連邦選挙に向けた党大会において、多

文化主義政策の廃止あるいは縮小などの公約を相次いで掲げた。このような動きは、ネオ・リベラリズムの風潮の高まりによるものとの指摘がある(Joshee, 2002)。そして、1993年に連邦政権をとった自由党は、連邦行政機構を再編し、多文化主義政策は経費削減の対象とされた。1988年に設置された多文化主義省(Multiculturalism Canada)は、国務省の一部機関、遺産省(Heritage Canada)としてその組織・業務を引き継ぐことになり、移民問題はシティズンシップと結び付けられて、シティズンシップ・移民省(Citizenship and Immigration Canada)が誕生した。この再編は、構造的・文化的多元主義よりも新来者の統合に重点を置いた象徴的転換であった(Juteau et al., 1998)。1996年11月には、社会的結合に関わる政策研究小委員会が結成されるなど、カナダ連邦政府による多文化主義は、ケベック問題をめぐる議論に加え、移民やマイノリティ集団の社会的地位の向上を約束していくなど、統合を視野に入れた実践が要請されている。

　教育研究の分野でも、連邦政府の支援を受け、おもに移民の社会統合について論じるメトロポリス・プロジェクトにおいて教育が主要テーマとして取り上げられ(1994年にプロジェクト事業開始)、1998年にシティズンシップ教育の研究フォーラムが結成されるなど、シティズンシップをめぐって議論を行う動きが始まっている。こうした中で議論されるのは、あくまで、多様性を認めた上でのシティズンシップである。支配集団の価値観に基づいた単一文化的なシティズンシップ概念への回帰ではない。

　教育改革の流れの中で、反人種主義からの転換を目指したオンタリオ州は、オンタリオ・カリキュラムに第10学年の必修科目として「市民」(Civics、実施は2000年より)を組み入れ、また、州政府による教育行政方針として2000年9月に施行された『行動規範』(The Code of Conduct)が安全な学習・教育環境で学校にかかわるすべての人々の責任、尊重、シティズンシップ、優秀な学業成績を促進させるための心得として位置付けられるなど、オンタリオ社会の展望をシティズンシップ概念との関連で取り上げていこうとする方向性が読み取れる。

第5章 多文化問題と教育 221

　以上のように、多文化主義が国策として導入されたカナダにおいては、教育の文脈に見出すことができる中心原理は、支配的概念を普遍的なものとして捉えず、すべての人々が多様性と関わった存在であるという意識である。各学校、各教育委員会も、このような流れの中、教育内容の洗練を目指し、試行錯誤を重ね、多文化社会で生み出される問題に、常に挑戦を続けているのである。
（こだま　なな）

第2節　ケベック州の挑戦──フランス語の維持と多文化・多言語社会の構築に向けて

(1) 言語政策の変遷と社会の変容

　カナダへの移民は戦後急増したが、ケベック州もモントリオールを中心に多くの移民を受け入れてきた。とくにこの15年ほどは、アジアや西インド諸島からの移民が増加しており、多種多様な文化や言語を持つ人々が多くなっている。この移民の流入は、数世代にわたり根付くフランス語系を多数派としてきたケベック州に、大きな社会的変化をもたらした。またこの期間ケベック州が経た言語政策の変遷も、社会に大きな影響を与えた。これらの変化は、他州とは異なる独特の多文化、多言語状況をケベック州に展開させることになった。

　1960年代、ケベック州では「静かなる革命」が起こったが、このケベックナショナリズムはフランス語の地位を高めることに向かった。まず、1969年にフランス語振興法(Loi pour promouvoir la langue francaise au Quebéc)が施行され、同州におけるフランス語の優位性が示された。ケベック州では元来フランス語より英語の方が高く評価されており、移民や英語とフランス語以外を母語とするアロフォン(allophone)[1]はフランス語系学校よりも英語系学校を選択する傾向にあった。しかし政府主導のフランス語化は、ケベック州住民にケベック州におけるフランス語の重要性を認識させた。例えば、それはフラン

ス語を教授言語に用いることでフランス語を生徒に習得させるフランス語イマージョン・プログラムの発展にみられる。同方式は1965年にモントリオールの英語系学校で開始されたが、ケベック州で生活するために子どもがフランス語を習得する必要があると感じた保護者の要請により開発されたものであった。プログラムの結果は芳しく、参加した生徒は通常プログラムの生徒より高いレベルでフランス語を習得し、さらに英語もかれらと同レベルで習得することが報告されている。現在もケベック州ではイマージョン・プログラムの参加率は上昇しており、英語系学校に通う生徒やその保護者が、フランス語の必要性を認識していることがわかる。

その後1974年には州公用語法(Loi sur la langue officielle)が施行され、フランス語がケベック州における唯一の公用語と制定された。しかしこの法律はフランス語化を徹底できなかったため、州政府は1977年にフランス語憲章を制定してフランス語の地位を強化し、ケベック州のフランス語化を決定的にした。フランス語憲章は、移民やアロフォンがフランス語系学校で初等、中等教育を受けることをほぼ義務化している。これによりフランス語を母語とする生徒で占められていたフランス語系学校に、伝統的なケベック文化を持たずまたフランス語以外を母語とする生徒が在籍するようになった。地域や学校によりその比率は異なるが、現在はアロフォンの約8割がフランス語系学校に入学する。

フランス語憲章の結果、多くのアングロフォンがオンタリオ州を中心とした英語圏に移住し、ケベック州におけるアングロフォンの比率は減少した。移民の比率については大きな変化はなかったが、1986年以降は再び増加傾向にある。アロフォンは、フランコフォンやアングロフォンに比べて出生率が高いこともあり、1951年にはケベック州総人口の4%であったものが、2001年には10%を占めるほどになった。この比率は今後増加すると予測されている。

移民の増加はケベック州の政策にも変化をもたらした。フランス語化が開始された1970年代はフランス語一辺倒であったが、90年代に入り州政府はケ

ベック州の人口に占める移民やアロフォンの割合の高さを認識し、多様性を方針として打ち出した。それは、フランス語が社会の言語として機能し、多文化、多言語性が包括されるケベック社会を、すべての居住者と共に作り上げようと、州政府が転換し始めたことを意味する (Juteau et al., 1998)。

(2) 移民・アロフォンを対象とする言語教育

　本項では、言語の維持および習得に貢献する教育、すなわち移民に対するフランス語教育と、移民およびアロフォンに対する遺産言語教育をみていこう。まずはケベック州が実施する教育を、次いで政府以外が実施する教育を扱う。いずれも、フランス語を共通語とした多文化、多言語社会を形成するために大きな役割を果たしている。

　まずフランス語教育についてであるが、ケベック州政府の言語政策は公用語であるフランス語の地位を高めることにある。そのため政府は移民にフランス語を習得させることで、かれらをケベック社会へ融合しようと試みる。つまり増加する移民を英語よりもフランス語に結び付けることで、同州のフランス語化を強化するのである。実際、ケベック州政府はフランス語を話せない移民に対してフランス語習得の機会を無償で与える。例えば、ケベック州に移民したばかりの、通常クラスで学習するレベルのフランス語を習得していない子どもは、政府が設立した受入れ学級 (classe d'accueil) に参加できる。かれらは集中授業を通してフランス語を習得し、またケベック州の社会文化的現実を学習する (Vieira, 2001)。

　次に遺産言語教育についてであるが、ケベック州におけるそれは2タイプに分けられる。ひとつはケベック州の多言語、多文化政策の一環として、教育省より経済的に支援をされて1977年に設置された、遺産言語教育プログラム (Programmes d'enseignement des langues d'origine: PELO) である。授業を行うことが可能な言語に対して授業を成立させるために必要な人数の言語集団の生徒が集まると、学校はその言語の授業を昼休みか放課後に行うことができる。だがマッケンドルー (McAndrew, 1991) が指摘するように、PELOの設置は、多

文化、多言語教育を提案することでアロフォンをフランス語系公立学校に通わせようとする、州のフランス語化の推進を目的としたものであった。そのためかプログラム実施の目的はあいまいであり、また体系的評価も受けていない。そしてプログラムに人気を得ていない。例えば、1998年の登録数は7000を切り10年前に比べて減少している上に、この数値はPELOに参加可能である生徒の10%にすぎない。さらにPELO参加者は、遺産言語が母語である新移民よりも、遺産言語が第二、第三言語に相当する生徒が多い。1998年のPELO参加者のほぼ半数はイタリア系が占めたが、このほとんどは第2、3世代であった(Laurier, 2001)。

もうひとつの遺産言語教育は、各言語集団が運営する民族言語プログラム(Programmes des langues ethniques: PLE)を通して実施される。すなわち、各集団により教授法や授業時間数、経営などは異なる。例えばイタリア系集団は、イタリア政府からの支援を受けて経営する。PELOへの参加を拒否して自らのプログラムを設立したギリシア系集団は、ギリシア語を用いて教科の授業を実施し、ギリシア語とギリシア文化を次世代に継承することに熱心に取り組む。信頼性のある統計は存在しないが、PLEは20ほどの集団で開催され、毎年1万5000人ほどの生徒が登録すると推算される。そのようなことから、PLEは成功していると考えられる(Laurier, 2001)。

ケベック州が多文化、多言語社会に貢献していることは、受入れ学級やPELOの運営に見出される。しかし問題も多い。例えばPELOは、第2、3世代だけではなく増加する新移民を惹きつけるプログラムを実施するよう求められているが、予算はここ10数年増加していない。ケベック州は、移民やアロフォンの特別なニーズに応じた教育を提供できるように取り組んでいく必要があるだろう。

(3) モントリオールにおける多言語状況

最後にモントリオールで展開される多言語、多文化状況を描こう。同都市は、7割弱のフランコフォンと1割強のアングロフォン、そして2割弱のア

ロフォンを包括する。ケベック州における移民やアロフォンはモントリオールに集中して住むが、それは同都市には経済機会が多いからである。その集中は移民やアロフォンが文化的および言語的集団を形成し、結びつきを維持し続けることを可能にする。

　2001年の国勢調査において、モントリオール住民のほぼ半数に当たる53.0%がカナダの公用語である英語とフランス語を話すことができると答えたが、この比率は他都市に比べ非常に高く、また時代と共に上昇してきた。国勢調査はこの項目を母語別に発表するが、1996年のケベック州におけるそれはアングロフォンが62.9%、アロフォンが44.0%、フランコフォンが34.0%であった。

　ここで注目したいのは、英語とフランス語を話すアロフォンである。アロフォンの母語は二公用語以外の言語であるため、この44.0%のケベック州のアロフォンは母語と英語およびフランス語を話すトライリンガルということになる。モントリオールのアロフォンのその比率は2001年には52.6%になっている。それではモントリオールのアロフォンのトライリンガリズムを構成する母語(遺産言語)の維持と二公用語の習得をそれぞれみていこう。

　まず母語の維持についてであるが、モントリオールのアロフォンは、カナダ他地域のアロフォンに比べて自らの言語を維持する傾向にある。それは同都市独特の言語状況によるところが大きい。モントリオールにはフランコフォンとアングロフォンの言語的多数派集団が居住するが、この二者間には常に溝があり、アロフォンがそれを埋めることで都市の均衡が保たれてきた。しかし一方で、アロフォンは自らの「エスニック空間」(un espace ethnique)を作り上げ、自分たちの文化や言語を維持していた。すなわちモントリオールの複雑な言語環境のおかげで、アロフォンはそれぞれのエスニック空間を広く深く存在させ、言語を維持してきたのである。

　カナダのような多文化多言語社会においては、自らの文化や言語を維持する少数派が多く存在する。文化や言語は、世代差のある家族を結束させ、居住地域の言語集団、母国や他地域に住む親類との関係を保つ役割を果たす。

また子どもの文化的アイデンティティを発達させることにも貢献する。そのため遺産言語の維持を高く評価し、たとえ母語としてではなくても、次世代に自らの言語を伝えようとする者は少なくない。モントリオールで遺産言語が維持され続けるのは、その言語状況の恩恵もあるが、それ以上にかれら自身が自分の言語を維持しようとする意向を持つからである。

　次にアロフォンの、英語とフランス語習得をみていこう。2001年にモントリオールのアロフォンの半数は、カナダの二公用語を話せると答えたが、1971年のそれは33.4％であり、時代と共にこの比率は上昇している。これはケベック州政府が展開するフランス語化政策の成果であろう。1977年にフランス語憲章が施行され、ケベック州ではフランス語が社会の共通語として機能するようになった。そのためフランス語の必要性が強く認識され、アロフォンのフランス語習得率が伸びた。だが一方でアロフォンは英語習得の動機を失わなかった。英語はカナダの公用語であると同時に、隣国のアメリカ合衆国で使用され、さらに国際言語として機能する言語である。そのためケベック州のフランス語化に関わらず、英語は常に高く評価されるのである。実際にここ30年間、アロフォンの英語習得率はほとんど変化がない。すなわち、ケベック州のフランス語化によりアロフォンのフランス語習得率が伸び、その結果、遺産言語である母語と英語およびフランス語からなるトライリンガリズムが発展したのである。

　以上、アロフォンのトライリンガリズムを中心にモントリオールの多言語状況を概観した。モントリオールでは、母語に関わらず英語とフランス語を話す者が住民のほぼ半数を占める上、アロフォンのように遺産言語を維持する者やそれ以外の言語を話す者もおり、マルチリンガルである個人が多く見出される。社会レベルにおいても、カナダの公用語である英語とフランス語の公的バイリンガリズムが展開されることに加え、多くの移民やアロフォンが自らの言語を維持するため多言語状況が展開されている。移民が増加し続けアロフォンの比率が高くなってきている現状を考えると、モントリオールは今後ますます多言語社会となっていくと推測される。

最後に、このような多言語状況の展開は、ケベック州の言語政策の結果生じたことをもう一度強調しておきたい。ケベック州は現在もフランス語化を推進し、その枠組みの中で多文化、多言語社会を構築しようとしている。この状況をさらに発展させるために、教育においてもフランス語のみではなく、PELO を通した遺産言語教育や英語教育、および他の外国語教育を今以上に充実させていくことを、ケベック州は強く求められている。

（ときた　ともこ）

第3節　成人移民に対する公用語教育

　カナダにおいて、移民の受入れは連邦政府の管轄事項であるため、移民の定住支援も連邦政府の計画に沿って行われることになる。しかし、教育の管轄権は各州の自治に委ねられているため、連邦政府は、教育に関わる事項についての主導権を取ることができない。例えば、連邦政府が1947年に成人移民向け言語教育用教科書にかかる費用の補助事業を開始したが、これも各州政府からの要望の結果であったことなど、連邦政府は移民定住後の問題のひとつである公用語教育にはあまり積極的な役割を担ってこなかった。

　このような法制上の制限から、連邦政府による成人移民に対する公用語教育は、職業訓練の一環という位置付けで行われてきた。このプログラムは、1966年に連邦政府が成人のための職業訓練法を成立させることにより始まった。このとき、公用語教育の責任部署がシティズンシップ局から新設の人材・移民省(Manpower and Immigration Canada)に移されたことからも、言語教育と労働力問題との強い関係を読み取ることができる(Joshee, 1996)。1980年代後半まで存続したこのプログラムにおいては、その期間中の大部分の時間が、公用語指導に充てられ、移民の受講者からも高い支持を得た。しかし、連邦政府はその資金拠出に関わるのみで、カリキュラム編成、教員、教材などのプログラムの実質的な運営は、コミュニティ・カレッジなどが担当してお

り、その内容の充実度は州、地方ごとにばらつきがあり、体系的発展に向けて、包括的プログラム作りの声が上がるようになった。1970年代には多文化主義政策宣言などの動きがあり、移民の公用語獲得に対する支援も多文化主義政策の方策のひとつとして挙げられた。しかし実際は、公用語法施行に沿って、英語・フランス語プログラムの整備が優先され、移民向けの公用語指導支援には十分な対応がなされなかったといわれる。

その後、連邦政府は、1970年代に多数のインドシナ難民を受け入れるに際し、世論において高まった人道的支援拡大の要請を受けて、1979年に、移民定住・適応プログラム(Immigrant Settlement and Adaptation Program：ISAP)を連邦雇用・移民委員会定住局(The Settlement Branch of the Canada Employment and Immigration Commission)の管轄で開始した。ISAPは、住居探し、カウンセリング、通訳など実際のサービスを請け負う非政府組織などと連邦政府が契約を結び、連邦政府が資金を助成する形で導入されたものであり(Burnaby et al., 2000)、実質的な運営はコミュニティの力によるところが大きかった。ISAP設置当初、ISAPの中で公用語指導プログラムを提供する意図は連邦政府になかった。しかし、ISAPのサービスを受ける移民と直に接するコミュニティは、移民の要望を受けた結果、公用語指導に力を注ぐことになった。増え続ける需要に対応するため、ESLの教員養成が急務とされ、各州の努力によって徐々にプログラム整備などが行われた。

連邦政府は、1990年より、移民・難民を含む成人の永住希望者向けに無料の公用語指導サービスの提供を開始した。同時期、連邦政府は、将来的な労働人口の減少を見据え、1年間で25万人の移民受入れを目標とする新移民計画を発表しており、連邦政府としても移民の定住後の生活に対する積極的な支援表明を免れることはできなかった。この新しい公用語指導プログラムは、「カナダへの新規移住者に対する言語指導」(Language Instruction for Newcomers to Canada：LINC)プログラムと呼ばれ、それまでの成人言語指導プログラムを大幅に修正したものであった。なお、ブリティッシュ・コロンビア州では、同プログラムは、「成人のための英語サービス」(English Language Services for Adults)

である。その目標は、新規移住者の社会統合とされており、受講者はカナダ入国後3年間の言語指導が保障される。LINCプログラムは、企業、非営利団体、地域団体、地方教育委員会、州政府、個人など幅広い範囲から支援協力団体を募り、プログラムの計画書の審査後、助成金額が決定される。

　LINCプログラムと関連して、1992年に移民向けの公用語指導に関する新たな政策が導入され、学習者の語学力を評価する基準が必要との見解を示した連邦政府は、語学力基準についてのワーキング・グループを結成し、公用語の学力基準を設けた(ただし、英語の語学力基準のみ)。LINCプログラム支援協力団体に提出義務のあるプログラム計画書は、この語学力基準を含め、予算、教員養成、カリキュラム、特別コースの設置案などプログラム運営の様々な要素に関する方針の詳細な記入が求められている。カリキュラムについては、定住後の生活に関連した内容を中心にした構成が望ましいとされる。LINCプログラムの受講希望者は、連邦政府運営による各地区のアセスメント・センターで面接によるプレイスメント・テストを受け、レベルごとのクラスに入る。プログラムは、終日、あるいは、パートタイムなど、受講者のライフ・スタイルに合わせた受講形態や、通学が難しい受講者のための家庭学習プログラムや難聴などの障害を持つ受講者向けのプログラムなどが準備されている。実際のプログラムは、各州政府、地方教育委員会、コミュニティ・カレッジ、民族組織や移民互助団体など地域の民間組織などによって提供されており、受講者は各居住地などに設置された各クラスに通って学ぶ。その他、LINCプログラムとは別に、州政府、地方自治体が独自に成人向けESLプログラム、通訳サービスなど新規移住者に提供し、新生活への便宜を図っている。

　新規移住者が、カナダ市民権を得るためには、永住者であること、3年間のカナダ国内居住歴、公用語のうちいずれかについての十分な語学力の証明などに加え、カナダ市民となるのに必要な知識とされたカナダの歴史、地理、選挙制度などの政府システムに関連するシティズンシップ・テストの受検を義務付けられている。新規移住者の多いトロントなど都市部では、地区教育

委員会によってシティズンシップ・テスト準備プログラムも設置されている。

以上のように、カナダへの新規移住者に対する言語教育支援は、労働力として移民を位置付け、その枠組で言語教育支援を進めようとする連邦政府の意図と、人道的支援、新たな隣人として移住者を迎えようという視点からプログラム作りを働きかけるコミュニティなど市民の考えとの間に、常にズレがあることがわかる。今後、このズレをどのように調整していくか、教育管轄権の問題も含めた議論に、その展開の可能性があるだろう。

（こだま　なな）

(1) アロフォンとはフランス語であるが、辞書『Le petit Robert』によると、ある地域において母語がその社会の言語ではない人々のことを指す。よってカナダの文脈においては、アロフォンとはカナダの公用語である英語とフランス語以外の言語を母語とする人々のことを指す。なお後述のフランコフォンとはフランス語を母語とする人々を、アングロフォンとは英語を母語とする人々を指す。

第6章　連邦政府の先住民教育制度

子どもの笑顔©カナダ大使館

イカルト市の小学校の教室

第1節　先住民教育制度の法的枠組み

(1)　インディアン法の学校教育関連条項

　カナダにおいて先住民とは、「インディアン」、「メティス」、「イヌイット」を指す。2001年のカナダ統計局の調査では、「インディアン」60万8850人、「メティス」（おもに毛皮交易時代に白人と混血した先住民の子孫）29万2305人、「イヌイット」4万5070人で、先住民総数は97万6305人であり、カナダ人口（2963万9030人）のおよそ3.3％を占めている。ただし先住民の、州（準州）民全体に占める割合は州（準州）によって大きく異なり、ヌナブト準州ではおよそ85％であるが、アルバータ州やサスカチュワン州などの平原諸州でおよそ10％、プリンス・エドワード・アイランド州で1％程度となっている。

　先住民に対する立法権は連邦政府に属し、基本的には、州や準州政府は、先住民のみを対象とする法令を制定することはできない。1867年憲法第91条第24項が、「インディアン及びインディアンのために保留された土地」に対する専属的立法権能が連邦議会に属することを定めているからである。ここで言う「インディアン」には、イヌイットやメティスも含まれる。「インディアンのために保留された土地」とは、おもに、英国君主と先住民が交わした条約（インディアン条約）に基づき、連邦政府が設置した先住民居住区のことである。英国君主は、とくに1871年から1921年にかけてカナダ各地の先住民と締結したインディアン条約において、先住民に土地の割譲を迫る一方、先住民に対しては「保留地」を設置し、「保留地」内での教育、医療、福祉などの行政サービスの提供や「保留地」内での収入に課税しないこと等を約束した[1]。ただし、条約の締結は連邦政府によって一方的に進められ、先住民側には一切の反論を許さず、条約内容も正確に伝えられなかったことに留意しなければならない。ブリティッシュ・コロンビア（BC州）では、当時の植民地政府が条約を締結することなく先住民のテリトリーを収奪し、一方的に保留地を設置した。

以上のような憲法の規定や条約を踏まえて、連邦政府は、1876年、「インディアン法」を制定した。現行のインディアン法は「保留地」を単位とする「インディアンの組織」を「バンド」と定義し(第2条)、おもに、バンドの構成員を『インディアン登録簿』に記載して、インディアン法の適用対象としている。インディアン法第114～第120条(学校関係条項)は、学校教育に関するインディアン問題北方開発大臣(Minister of the Department of Indian Affairs and Northern Development)の権限を定めているが、同法の第4条は、学校関係条項の適用対象者を、保留地に居住する「登録インディアン」(オンリザーブ登録インディアン)に限定している。イヌイットはインディアン法の適用を受けないが、州の先住民居住地に暮らすイヌイットに限り、インディアン問題北方開発省の教育行政の対象となっている。ただし、準州に居住する先住民の教育は、「オンリザーブ登録インディアン」やイヌイットも含め、準州政府教育担当省の管轄下におかれている。したがって、州に居住する「オンリザーブ登録インディアン」とイヌイットに対する教育行政は、一般のカナダ市民と異なり、連邦政府、なかんずく、インディアン問題北方開発省の管轄下にある。

　一方、保留地の外に居住する「登録インディアン」(オフリザーブ登録インディアン)、『インディアン登録簿』に記載されていない「インディアン」(非登録インディアン)、メティスは、基本的には州政府の教育担当省の管轄下におかれ、インディアン問題北方開発省は、これらの先住民に対する初等・中等教育費予算を組まない[2]。ただし、インディアン問題北方開発省の中等後教育就学奨学金については、「登録インディアン」とイヌイットであれば、その居住地に関わらず、誰でも受給申請資格が認められている。

　インディアン法第114条第1項は、インディアン問題北方開発大臣がバンドの子どもたちを州(準州)政府管下の公立学校や宗教団体等が経営する私立学校に就学させる際に、州(準州)政府や地方教育委員会、宗教・慈善団体と「協定」を締結する権限を大臣に与えている。教育に関する専属的立法権能が、州議会に属していることから、大臣は州政府に対して行政命令を下すことができない。そこで大臣は、連邦政府が授業料やバンドの子どもたちを受け入

れるに際し必要となる教室の増改築費用等を州や地方教育委員会に支払い、一方、州や地方教育委員会はバンドの子どもたちに対する教育サービスを提供するという契約(「授業料協定」)を結ぶ。インディアン法第114条第2項は、大臣に学校の設置・運営権限を、第115条は、教育課程や学校規則を編成する権限、授業料や交通費、寄宿料等を支弁する権限を与えている。このようにインディアン法の下では、教育に対する先住民の意思決定が保障される余地はない。

(2) 政策書『インディアン教育はインディアンの手で』

このような法的枠組みに対し、1972年12月、バンドの全国組織=全国インディアン協会は異議を唱え、インディアン問題北方開発大臣に政策プラン『インディアン教育はインディアンの手で』(*Indian Control of Indian Education*)を提出した。全国インディアン協会は「子どもたちのために望むことをごく簡潔に要約すると、インディアンとしてのアイデンティティを補強すること、現代社会でよき暮らしを送るために必要な訓練を施すこととなる」と述べ、「インディアン」としてのアイデンティティを確立し、「インディアン」であることに誇りを持つこと、そのことが現代社会で要求される学歴や種々の技能を獲得する上で力を発揮するとの考えを表明した。全国インディアン協会は、「インディアン」の権利と連邦政府の責務を、次のように述べた。

> 子ども達の教育は自分たちでコントロールするという我らの権利を蘇らせなければならない。カナダ社会で承認されている二つの教育原理—〔教育は——筆者註〕親が責任をもつこと、地域住民の手で教育を行うこと、これらの原理に基づいて、インディアンの父母は教育への参画と連邦政府とのパートナーシップを模索している。連邦政府のインディアン教育に対する法的責任は、条約及びインディアン法によって規定されている。現代生活に適応するような、インディアンの価値観に基づくふさわしい教育思想を発展させることができるのは、インディアンの民だけである、と我らは断

言する。一方、保留地に居住していようといまいと、登録インディアンに対し、あらゆるタイプ、あらゆる階梯の教育を提供する財政上の責任は、連邦政府にあるとの立場を堅く支持する。(National Indian Brotherhood, 1973)

　全国インディアン協会は、自分たちで自分たちの教育をコントロールすることは、回復するべき権利であること、インディアン条約やインディアン法は、連邦政府のインディアン教育に対する法的な責任を示したものであり、連邦政府は「インディアン」のニーズに合ったあらゆる教育プログラムを財政的に保障しなければならないと主張した。そして、インディアン問題北方開発大臣に対し、先住民が主導的な立場で言語、文化、歴史などのカリキュラムを開発し、先住民のニーズに合った教員やカウンセラーを養成し得る法制度の整備を要求した。また、州や準州政府の教育行政当局は、非先住民の先住民理解を促進するべく、先住民学習を州や準州のカリキュラムに位置付けるべきだと提案した。

　1973年2月、インディアン問題北方開発大臣は、政策プラン『インディアン教育はインディアンの手で』を「歓迎」すると発表し、授業料や学校建設費をインディアン問題北方開発省が負担すると共に、教員の任免や教育課程の編成等の学校運営権限をバンドに委譲する方針をとった。以後、バンドが管理・運営する学校＝「バンド・スクール」が全国に設置されていく。1999年には481校のバンド・スクールが設置されており、連邦政府の管轄下にある先住民生徒11万9370人のうち7万1823人が就学している。ほとんどのバンドが独自に教育委員会を組織し、カリキュラムの中に先住民言語・文化学習を位置付けている。一方、インディアン問題北方開発省の直轄学校は1970年度には321校あったが、1999年にはわずか8校と減少した。

　「授業料協定」の交渉権についても、バンドと州政府ないし地方教育委員会が協定を直接締結することを認め、今日、インディアン問題北方開発省は直接的な関与をしなくなった。BC州では、1999年から2000年にかけて、先住民

言語・文化学習をカリキュラムに導入することや先住民の学力向上を図ることを盛り込んだ「先住民教育改善協定」が、同州のいくつかのバンドと地方教育委員会との間で締結されている。州政府の中には、サスカチュワン州やオンタリオ州など、地方教育委員会に先住民特別議席枠を設け、バンドの代表者を任命する州もある。1999年現在、インディアン問題北方開発大臣の管轄下にある先住民生徒を受け入れている州政府管下の学校は1778校あり、3万9320人の先住民生徒が就学している。

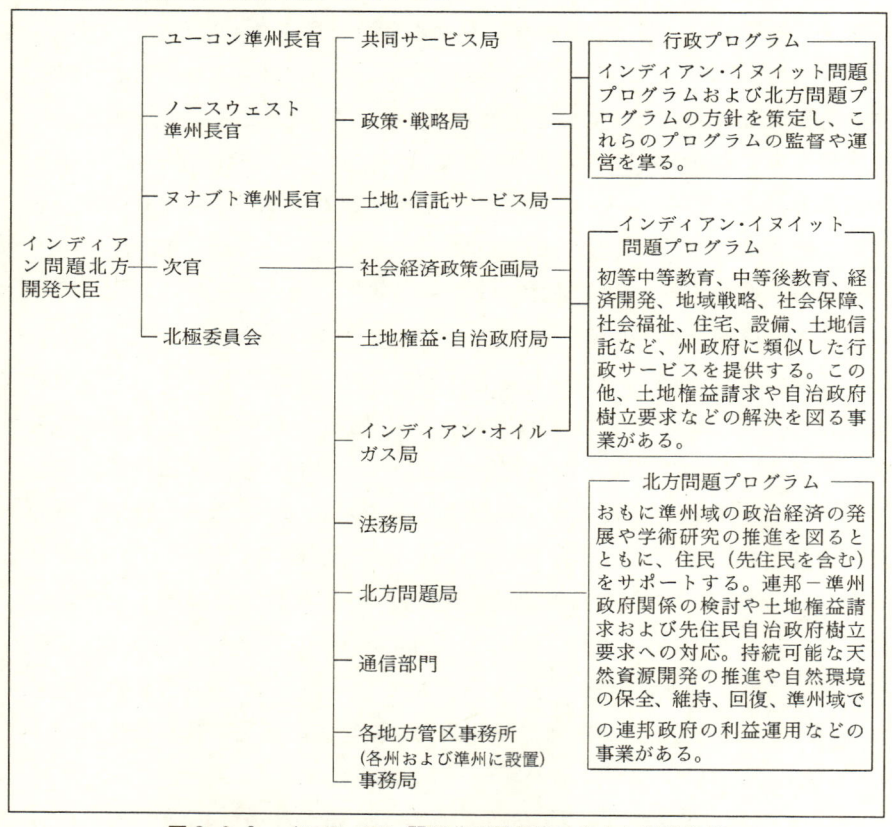

インディアン問題北方開発大臣	ユーコン準州長官	共同サービス局	行政プログラム
	ノースウェスト準州長官	政策・戦略局	インディアン・イヌイット問題プログラムおよび北方問題プログラムの方針を策定し、これらのプログラムの監督や運営を掌る。
	ヌナブト準州長官	土地・信託サービス局	インディアン・イヌイット問題プログラム
	次官	社会経済政策企画局	初等中等教育、中等後教育、経済開発、地域戦略、社会保障、社会福祉、住宅、設備、土地信託など、州政府に類似した行政サービスを提供する。この他、土地権益請求や自治政府樹立要求などの解決を図る事業がある。
	北極委員会	土地権益・自治政府局	
		インディアン・オイルガス局	北方問題プログラム
		法務局	おもに準州域の政治経済の発展や学術研究の推進を図るとともに、住民（先住民を含む）をサポートする。連邦－準州政府関係の検討や土地権益請求および先住民自治政府樹立要求への対応。持続可能な天然資源開発の推進や自然環境の保全、維持、回復、準州域での連邦政府の利益運用などの事業がある。
		北方問題局	
		通信部門	
		各地方管区事務所（各州および準州に設置）	
		事務局	

図2-6-1　インディアン問題北方開発省のおもな行政機構

（出典）　Indian and Northern Affairs Canada and Canadian Polar Commission, (2003), *2003/2004 Estimate: Report on Plans and Priorities.* Minister of Public Works and Government Services.

しかしながら、バンドの教育予算を決定するのはインディアン問題北方開発省であり、バンドが教育予算をめぐって同省と交渉する場は保障されていない。インディアン問題北方開発省の予算は、バンドのニーズに合うものではなく、言語や文化に関するカリキュラムの開発もままならないことが繰り返し指摘されている。極端な例を挙げれば、あるバンドは、1962年以来、学校の新設を要求していたにも関わらず、インディアン問題北方開発省はこれを40年近く無視し続けた。この間、校舎の老朽化が進み、2000年には生徒の通学すら困難となって、生徒は自宅に待機するか、保留地外の学校へ通う事態となった。この他、インディアン問題北方開発省は教育費をバンドに提供する条件として、「生徒が州政府管下の学校に転校した場合に、アカデミックな学科の学習にいかなるペナルティをも負わないような水準を満たすこと」をバンドに求めており、バンドが思い思いのカリキュラムを、自由に編成できるわけではない。

「授業料協定」の直接交渉権についても、1996年、王立先住民委員会は、「このメカニズムが先住民教育を改善しているかどうかを知るいかなる情報も得ることはなかった」と報告している。先述のBC州における「先住民教育改善協定」のような事例は、全国的に見れば、今なお、稀有な例である。また、バンドを通じて州政府ないし地方教育委員会等に支払われた教育費の使途に対し、州政府や地方教育委員会に法的な説明責任はない。地方教育委員会先住民特別議席枠も、先住民生徒の割合がどんなに多くとも、1名か2名分しかなく、先住民の意思決定を保障するものではない。

第2節　先住民協定における先住民の教育権限

(1) 「ファーストネーションズの教育権限宣言」

全国インディアン協会の後身団体であるファーストネーションズ議会は、1988年、「インディアン問題北方開発大臣からバンドへの教育権限委譲政策

は失敗している」と指摘し、教育に対する先住民の立法権能や、先住民のニーズにあった教育を保障し得る予算決定・運用権限(以下、これらを「教育権限」と略記)が承認されなければならないとして、「ファーストネーションズの教育権限宣言」(A Declaration of First Nations Jurisdiction over Education)を発表した。この「宣言」は、冒頭で次のように述べている。

> ファーストネーションズ〔ここでは、バンドの意──筆者註〕は自治に対して、固有の権利たる先住権を有している。ファーストネーションズはカナダ政府が発足するよりも遥か昔から、主権をもった自治ネーションとして存在してきた。ファーストネーションズは決して、自治権を放棄したことはない。……ファーストネーションズの固有の権利と条約は、ファーストネーションズとカナダ政府が互いに対等なネーションとなる上で、基盤となるものである。(Assembly of First Nations, 1988, p.1)

ファーストネーションズ議会は、先住民自治権が保障されること、先住民政府とカナダ政府が互いに対等な政府であることが、教育権限を得る前提であるとの認識を示した。その上で、「教育は、固有の権利たる先住権の問題である」と主張し、教育もまた先住民の「固有の権利」、すなわち、国家が与えたり奪ったりすることのできる権利ではなく、先住民が本来的に持っている権利であると謳った。

このような権利の回復をめぐって、これまでに先住民と連邦ないし州政府との間で、様々な協議が行われてきた(表2-6-1、238-239頁)。先住民は、土地権原をめぐる協議(伝統的テリトリーに対する土地権原が先住民に属することを主張し、当該地域の土地所有権や使用権、自治権等を連邦政府に承認させる協議)や、連邦・州政府と対等な自治政府の樹立に向けた協議、条約の改正や新たな条約の締結を求める協議などを通じて、教育権限の承認を要求してきた。すでに、いくつかの自治政府が発足し、その多くに、条例制定権ではなく、立法権が認められている。

先住民自治政府の教育法令は、著作権法などいくつかの制約を除けば、連邦法や州法に優先する。「ジェームズ湾及び北部ケベック協定」の下に発足したクリー政府とカティビク政府には立法権はないが、教育予算の編成に際し、州政府や連邦政府と対等な立場で、議決権をもって両政府と協議する権限が与えられている。「ヌナブト協定」によって発足したヌナブト準州政府は先住民自治政府ではないが、住民の85％がイヌイットであり、政策の中枢を先住民が担っている。後述するように、教育に関しても、目下、イヌイットの言語・文化の伝承や学校運営への住民参加を保障する教育制度の構築を進めているところである。

(2) 先住民協定交渉の動向

　こうした土地権原や先住民自治をめぐる協議（以下、「先住民協定交渉」と略記）が行われるようになったのは、1973年の「カルダー対ブリティッシュ・コロンビア裁判」におけるカナダ最高裁判所の判決を契機とする。カナダ最高裁判所は、ニシュガア民族の土地権原が条約未締結の地域に存在することを認めた。このことから、先住民の土地権原に関する裁判で連邦政府が全面的に敗訴する可能性が生じた。また、このことは、ダム開発等によって先住民を立ち退かせようとする際に、土地権原に関する協定を結ぶ必要性も生み出した。連邦政府や州政府が先住民との協議に応じるようになったことには、政治的な理由が多分にあることに留意しなければならない。なお、ニシュガア民族とBC州との交渉が始まったのは、1887年のことである。先住民協定は、先住民が、連邦政府や州政府と長い年月をかけて交渉を続け、裁判闘争を繰り広げてきた結果、実現したものでもある。

　1982年に制定された「権利及び自由に関するカナダ憲章」（「1982年憲法」）に、「現に存する先住民の権利及び条約上の権利は、ここに承認され確定される」（第35条）として先住権・条約権の保障が盛り込まれたことも、先住民協定交渉に弾みをつけた。この規定は、先住民側の国際的なロビー活動と連邦政府の政治的判断とによって盛り込まれたものである。1982年、連邦下院議会は

表 2-6-1 教育権限に関する先住民と連邦ないし州政府の協議

協定／条約交渉	経緯と内容
B.C.州第92学区（ニシュガア教育委員会）／ニシュガア協定最終合意	1960年代半ば、ニシュガア民族の父母および民族議会（Tribal Council）が、インディアン問題北方開発省と教育問題を協議。1974年1月、2言語2文化カリキュラムの導入を目指して、州教育担当省と協議。州とインディアン問題北方開発省の財政援助を受け、1975年、第92学区（ニシュガア教育委員会）設置。1999年、連邦政府、州政府との間に、ニシュガア協定最終合意を調印し、ニシュガア政府が発足。同政府は、教育・文化に関する立法権を持つ。
ジェームズ湾岸および北部ケベック協定	1975年最終合意に調印。クリー教育委員会およびカティビク教育委員会を設置し、クリーやイヌイット文化・言語に基づく教材の開発、教員の雇用、行政のコントロール、学校予算の決定・運用などの権限を承認。
北東部ケベック協定	1978年、連邦政府、ケベック州政府とナスカピ民族の間で締結。これにより、ナスカピ民族バンドの地方政府が発足。ナスカピ教育審議会（Naskapi Education Committee）が発足し、ケベック教育法の下で、州の諸問題として機能している。
DPI／先住民教育政策機構（NEPU）（オンタリオ州）	1978年、連邦政府、オンタリオ州、同州の先住民、先住民自治政府をめぐって、公的な3者懇談を持つ。1985年、3者懇談会はDPI（Declaration of Political Intent）に調印し、授業料協定、先住民代表教育委員、ファーストネーションズ教育法の開発について協議に入る。1991年、州政府は先住民教育政策機構を設置し、先住民コミュニティと地方教育委員会の協働関係を拡大し、父母の学校教育への参画の促進を図る。
セシェルトインディアンバンド自治法（BC州）	1986年、連邦政府および連邦議会、セシェルトインディアンは、同バンドがその土地に対し自治的権限を行使すること等をめぐって合意した。バンド自治政府の権限の中には、教育に関する立法権能が含まれている。
マニトバ・フレームワーク協定	1990年、教育権限の委譲に関し大筋で合意。1994年、1996年12月までにインディアン問題北方開発省マニトバ管区事務所を解体し、先住民族の自治権回復を目指すことに原則的に合意。1997年、マニトバ首長議会はこの協定を「条約」とする案を提示したが、マニトバ州はこれを拒否。1997年3月、協議は決裂。
ミクマック教育権限委譲協定（ノバ・スコシア州）	1991年、ミクマック民族の首長ら、教育に対する先住民コントロールを行う教育機関の設置を提案。1993年、首長らは教育プログラムだけでなく、インディアン問題北方開発大臣の教育権限をバンドに委譲するよう要求。1997年、ミクマック民族全13バンドのうち9バンドの首長らは、インディアン問題北方開発省および州政府との間に、教育権限委譲に関する最終合意に調印。

「インディアン自治政府特別委員会」を設置し、同委員会は翌年、先住民自治政府を承認するよう連邦政府に勧告した。1986年、インディアン問題北方開発省は現行の憲法の枠内で新たな自治政府を樹立するための交渉ができること、先住民協定は連邦議会の立法により効力を付されるものとするという方針を掲げた。さらに1995年には、先住民自治政府交渉のガイドラインを打ち出し、教育に対する立法権能や行政権限の承認を、協議事項の一つに掲げた。

だが、先住民協定交渉は、難航を極めてもいる。例えばノバ・スコシア州のミクマック民族の首長らは、「ミクマック教育権限協定」の交渉開始当初、

第6章　連邦政府の先住民教育制度　241

協定／条約交渉	経緯と内容
ヌナブト協定	1993年最終合意。1999年、ヌナブト準州が発足。住民のおよそ80％はイヌイットであるが、イヌイットのみで組織する民族政府ではない。2002年3月、準州政府はイヌイット語や文化の伝承に配慮しつつ、準州住民の学校参加を保障する「教育法」の成立に向け準州議会にて審議中。
ユーコン・ファーストネーションズ自治政府一括最終合意	1993年最終合意。1994年「ユーコン・ファーストネーションズ自治政府法」を制定。2002年までに、ユーコン準州内の先住民バンド全14バンドのうち12バンドが自治政府樹立協議の最終合意に達した。自治権限の中には、教育に関する立法権能も含まれる。
アルバータ州先住民教育権限委譲協定	1996年11月、インディアン問題北方開発省、州政府との間に、教育に対する法的・財政的権限を傘下の先住民へと委譲することを目標とする公的交渉を開始することで合意。現在、アルバータ州政府との合意を目指している。
サスカチュワン条約交渉	1996年、サスカチュワン・インディアン、ネーション連合、連邦、州政府と共に、条約問題に関する合意書に調印。1998年10月、条約問題宣言を発布し、サスカチュワン・インディアン・ネーション連合と連邦政府は、条約権等に関わる議論を方向付ける原理に合意。同年、両者は、教育権限交渉を開始することについて原則合意に達した。
フォートフランシス地域ファーストネーションズ教育自治協定（オンタリオ州）	1995年、先住民自治政府樹立方針のもとに、教育自治協定の交渉を開始し、2002年11月12日、原則合意に達した。初等・中等教育に関する立法権能などが承認される見込みである。フォートフランシス地域の八つの先住民バンドが参加している。
アニシュナウベ教育自治協定（オンタリオ州）	1998年6月、インディアン問題北方開発省とアニシュナベク連合議会は、先住民自治政府協定に原則合意し、教育に関する立法権能を先住民に承認する意向を明らかにした。この方針のもとに、教育自治協定の交渉を開始し、2002年11月29日、教育自治権限の承認について原則合意に達した。
トリチョー合意（ノースウェスト準州）	2002年9月4日、ドグリブ第11条約会議は、土地権原請求協定と先住民自治政府協定を同時に調印し、トリチョー政府が発足。自治権限の中には、教育に関する立法権能が含まれている。

出典）*News Release* [DIAND, 1996-2002] および同 *Backgrounder* の他、[Barman eds, 1987]，[Cannon, 1994]，[Morgan, 1998]，[広瀬、2003] をもとに作成。

教育権限に関する条約の締結を目指していた。ところが、インディアン問題北方開発省が協定を条約とすることに難色を示した。結局、ミクマック民族は条約の締結を断念せざるをえず、これが一因となって、同州のミクマック民族全13バンドのうち4バンドは、「ミクマック教育権限協定」への調印を拒んだ。すでに決裂してしまった先住民協定交渉も多い。1988年までに135のバンドが自治政府交渉に臨んでいたが、この内、1999年の時点で協議が継続していたのはわずか五つに過ぎない。

さらに、先住民協定が成立しても、協定が条文どおりに履行される保障は

ない。「ジェームズ湾及び北部ケベック協定」は、連邦政府、ケベック州政府、クリー教育委員会の三者による協議によって、クリー教育委員会の予算を編成することを定めているが(第16条第23項)、実際には、連邦政府と州政府の二者によって決定され、予算を協議する場に、クリー教育委員会は加えられなかった。同協定はまた、クリー教育委員会の予算の25％を州が、残りの75％を連邦政府が負担することを定めているが(第16条第28項)、インディアン問題北方開発省は連邦政府の負担分を支払わず、1995年には、連邦政府の未払い分は1億3700万ドルにも達していた。さらに1996年、インディアン問題北方開発省と州政府は、州が教育予算編成上の規則を定め、連邦政府との協議を経た後、クリー教育委員会に予算を示すとする新しい予算編成ルールを、クリー教育委員会の同意なく、制定した。これは、「第16条の規定は、ケベック州及び関係する先住民団体の同意がある時にのみ改正することを得」(第16条第38項)との規定に明らかに反していた。

　1996年、クリー教育委員会は、連邦政府とケベック州政府が取り決めた予算編成ルールは「協定」に反するとして、連邦政府を相手に、これの撤回を求めて訴訟を起こした。州高等裁判所は、同協定が1982憲法第35条の下に保障されるものだと指摘して、クリー教育委員会の主張を支持し、同予算編成ルールの無効を宣言した。インディアン問題北方開発省とケベック州教育担当省は州最高裁判所に控訴したが、州最高裁判所も予算編成ルールの無効を宣言した。「協定」の適正な履行を求めて、先住民は裁判をおこさなければならなかったのである。インディアン問題北方開発省とケベック州教育担当省はカナダ最高裁判所に控訴し、この裁判は今なお係争中である。

（ひろせ　けんいちろう）

(3) ヌナブト準州における教育権限

　このような先住民協定交渉の決裂や不適切な履行がみられる一方で、交渉の結果、準州が成立し、先住民が教育権限を実質的に獲得している例もある。ヌナブト準州は、北極地方のイヌイット、ノースウェスト準州とカナダ連邦

政府による30年以上の先住民協定交渉の結果、ノースウェスト準州と割譲されたことにより、1999年4月1日に成立したカナダ第3の準州である。26のコミュニティには、約2万6000人が居住しており、その約85％がイヌイットで占められている。この「ヌナブト」とは、イヌイットの言語であるイヌクティトゥト(Inuktitut)で、「我らの大地(our land)」を意味する言葉であり、イヌイットの土地に対する敬愛の念、そして、土地権原の所有を象徴する言葉である。

　ヌナブト準州は、国土の約5の1を占める地域に関するイヌイットの土地権原を承認した「ヌナブト協定」(1993年批准)が契機となり、成立した。ヌナブト準州が、イヌイットの自治政府としてではなく、準州として成立したことにより、実際に準州として成立するまでには、政治的意思決定などにおけるイヌイットの参加の程度について内外から懸念する声が挙がっていた(Cameron and White, 1995)。しかし、準州政府におけるイヌイットの雇用の促進に関する規定が設けられたこと(ヌナブト協定第23条)、実際に、準州首相・議員や各省大臣にイヌイットの人材が選ばれたこと、そして、2000年4月には、準州政府職員に占めるイヌイットの割合は44％まで上昇していることなどから、実質的にはイヌイットの自治が確立しつつあるといえる。

　ヌナブト準州における教育は、1867年憲法第93条(カナダにおける各州・準州への教育権限)の規定より、準州の権限とされている。教育に関連する法律や制度はノースウェスト準州のものが受け継がれており、その教育行政は、教育省によって執り行われている。その就学年限については、現行の教育法では6歳から16歳までとされている(教育法第27条)。しかし、現在進行している教育法改正のための議論の中で、それを5歳から(12学年を修了していない者については)18歳までに延長することが検討されている(教育法案第26条)。

　ヌナブト準州において、教育は、将来の経済的・社会的発展のための鍵の一つとして重要視されており、2002/03年度の準州予算のうち、最も高い割合である約22％が教育予算に充てられている。この背景として、ヌナブト準州の居住者のほとんどが若い世代で占められていること、失業率や中途退学

率が非常に高いこと、アルコール依存症や自殺などの深刻な社会問題を抱えていることなどが挙げられる。過去50年間、イヌイットは急速な社会的経済的変化を経験し、その間、非先住民によるイヌイットの文化とは異なる文化に基づいた教育が行われていた。その結果、現在ではイヌイットとしてのアイデンティティの危機的な状況や言語の喪失を招くなど、多くの課題が山積している。このことから、1999年のヌナブト準州成立を契機として、イヌイットを中心とした教育を行うことにより、このような課題を解決していくことが目指されている。とくに、居住者全体の47％は19歳以下で占められており、2011年までにその人口は約2倍に増加することが見込まれていることから、ヌナブト準州の未来を担う若者に対する教育は重要な課題とされている。そして、これまで教育の場で体系的に教授されてこなかったイヌイットの文化や言語に関する教育が、多くの社会的問題の解決に寄与するものと捉えられている。

　イヌイットの文化は、ヌナブト準州における諸政策にも影響を及ぼす重要な位置を占めている。これは、ヌナブト準州における諸政策のビジョンについて示された「バサースト提言」(Bathurst Mandate)において、イヌイットの文化(Inuit Qaujimajatuqangit: IQ)が諸政策の基盤とすることが前提とされていることに現れている。このIQとは、イヌイットの価値、世界観、言語、社会的組織、知識、ライフスキルなどの伝統的な文化のすべての側面を包含するイヌイットの文化を総体的に表したものである。教育においては、「IQの文脈に即した教育制度」を構築することが挙げられており、「文化の関連性と学術的な卓越性を強調するカリキュラム」の改定が、具体的な目標の一つとして挙げられている(Government of Nunavut, 1999)。

　この提案を受け、現在、教育省を中心として、IQを基盤としたカリキュラム改革が行われている。そこでは、IQを基盤とした教育が、イヌイットの自尊心を向上させ、ひいては社会的問題等の解決が導かれるものとして捉えられている(Early Childhood and School Services, 2002)。この改革において、1997年にノースウェスト準州教育・文化・雇用省の主導のもと開発されたイヌイッ

トの伝統や文化に関するカリキュラムである「イヌカティギート」(Inuuqatigiit)を参考にし、各コミュニティの長老の意見を取り入れつつ、新たにIQを基盤としたカリキュラム案が提出されている。また、IQに強く関連する言語に関する教育も強く推進されており、イヌクティトゥットと英語のバイリンガル教育制度を確立することが目指されている。ヌナブト準州では、英語、フランス語のほか、イヌクティトゥットも準州の公用語とされており、現在、初等学校では、教授言語として導入されているほか、科目も設置されている。イヌクティトゥットがイヌイットの文化と密接な関係にあることから、言語は教育における重要な課題の一つと捉えられている。

　このような状況を受け、伝統に根ざした教育を行う能力を有する教員へのニーズも高まっている。ヌナブト準州では、唯一の高等教育機関であるアークティック・カレッジ(Arctic College)を中心として、1981年以降、マギル大学と提携した教師教育プログラムが展開されている。当初、初等学校教員養成を中心として展開されてきたプログラムは、90年代以降、拡大・発展しており、すでに免許を有する教員のほか、言語教員や中等学校の教員を対象とするもの、そして、管理職養成プログラムなど、多様な対象や目的に対応したものが提供されている。なお、言語教員については、教員免許を保有する者がまだ少数であることから、教育法案第48条では、教員免許状を保有しないものについても、条件を満たせばイヌイット語の教員として雇用することを可能とする条項を盛り込むことが検討されている。

　以上述べてきたように、ヌナブト準州では、教育におけるIQの位置付けにも見られるように、イヌイットの文化や言語が反映された教育が展開されているといえる。また、一方では、2002年にはヌナブト準州で初めてフランス語系学校が設置されるなど、非イヌイットに対する教育の整備も進められている。しかし、教育権限を得たことが、先に述べたような山積する課題の解決へと容易に直結するものであるとは言い切れない。ヌナブト準州では、イヌイットの自治政府としてではなく、カナダにおける準州の一つとして、イヌイットが中心となりながら、ヌナブト準州の居住者(Nunavummiut)のため

に、自らの手でその教育を担っていくための方法が模索されている。

(しもむら　ともこ)

第3節　『力を結集して―カナダ先住民行動計画』下の先住民教育行政

(1) 『力を結集して―カナダ先住民行動計画』の成立経過

　1991年8月26日、連邦政府は、先住民に関するありとあらゆる問題を調査することを目的に、王立先住民委員会を設置した。これは、1990年の「ミーチ・レイク憲法改正案」の不成立と、1990年8月にケベック州モントリオール市近郊で起きた「オカ危機」を契機とする。「ミーチ・レイク憲法改正案」は、マニトバ州とニューファンドランド州が批准手続きを取らなかったために成立しなかったのであるが、マニトバ州が批准しなかった背景には、先住民の批准反対運動があった。先住民は、改憲の審議過程に先住民代表者が加えられなかったこと、改憲案に先住民自治権を保障する条項がないことを挙げ、改憲案の成立に反対していた。「オカ危機」は、モホーク民族が伝統的テリトリーと考えている地域に、オカ町がゴルフ場を拡張しようとしたことに端を発し、銃などで武装したモホーク住民とカナダ軍・警察とが対峙する事態にまで発展した。

　1996年11月21日、王立先住民委員会は、カナダ総督に最終報告書を提出し、先住民と非先住民とのパートナーシップを根本的に変革し改善する400件以上もの勧告を発した。そこには、例えば、「国王宣言」を公布して、過去の先住民政策の過ちを認め、先住民政府と連邦及び州・準州政府とが対等な政府であることを宣言することや、連邦議会に「先住民院」を設置すること等の勧告がある。インディアン問題北方開発省は、1997年5月、ファーストネーションズ議会の要請を受け、州政府先住民政策担当大臣を交えた協議の場を設置し、王立先住民委員会勧告への対応を協議した。インディアン問題北方開発省は以後、ファーストネーションズ議会と共同で、王立先住民委員会勧告を

踏まえた政策プランの起草に着手した。インディアン問題北方開発省はまた、非登録インディアンやメティス、イヌイット等の全国組織とも協議をもった。

1998年1月7日、インディアン問題北方開発大臣は、過去の先住民政策が先住民社会を破壊し、差別や貧困の原因を作ったと認め、「後悔の念」を表明した。とりわけ、先住民の子どもたちを強制的に親元から引き離し、寄宿舎学校に就学させた政策に関し、寄宿舎学校で体罰や性的虐待を受けた人々に対し謝罪した。そして、体罰や性的虐待を被った個人およびその出身コミュニティを癒すべく3億5000万ドルを支出し、「先住民ヒーリング財団」を設置すると発表した。

さらに大臣は、政策プラン『力を結集して―カナダ先住民行動計画』(*Gathering Strength-Canada's Aboriginal Action Plan*：『行動計画』と略記)を発表した。これは、連邦政府と先住民とが対等なパートナーシップを築くと共に、先住民と非先住民とが互いに理解を深め合うこと、先住民自身による統治体制を強化し、先住民が独立独行してゆけるような財政援助の仕組みを構築すること、また、先住民コミュニティの経済が活性化するように支援することを目標としたものである。この計画は、保留地に居住する「登録インディアン」だけでなく、あらゆる法的地位の先住民を対象としている。

1998年1月15日には、インディアン問題北方開発大臣とファーストネーションズ議会全国議長が、『行動計画』を具体化する『実行課題―ファーストネーションズとともに』(*An Agenda for Action with First Nations*)を共同で発表し、連邦政府と先住民諸団体や先住民バンドが対等な立場で、共同で実行することを謳った(Department of Indian Affairs and Northern Development: DIAND, 1998a)。P.フォンタイン全国議長は「この発表は、連邦政府とファーストネーション政府とが互いに対等な政府として認め合う関係を築く、長い旅路の第一歩である」と述べ、「我々はこのようなやりかたを、長い間待ちつづけてきた」と、『行動計画』に対する強い期待を表明した。

(2) 『力を結集して―カナダ先住民行動計画』と先住民教育行政組織の役割

『行動計画』では、教育政策を、先住民と非先住民の相互理解の促進や先住民コミュニティの経済活性化の要として位置付けている。先住民と非先住民の相互理解に関する事業には、例えば、先住民理解学習のための副読本の作成・配布等がある。先住民を対象とする教育プログラムには、職業訓練プログラムや早期幼児教育プログラム、言語教育プログラムがあり、人材開発省をはじめとして保健や文化などを担当する省庁との協力のもとに進められている。インディアン問題北方開発省は1998年、ファーストネーションズ議会との協議を踏まえて、「教育改革基金」を設置した。2000年度には「教育改革基金」に4000万ドルを投じ、先住民自治の強化、障害児教育や言語・文化学習の指導方法の改善、先住民学校での情報技術教育、中退率低減策、父母や地域住民の教育行政への参加の増進、就職指導等、全国で390以上もの教育プロジェクトに助成した。

このような事業の多くが、州内の先住民を統括する先住民教育行政組織（**表2-6-2**）を通じて進められている。2000年度の「教育改革基金」の予算の内およそ75パーセントは、先住民教育行政組織が運用していた。こうした教育行政組織は、州教育担当省のような機能を担いつつあり、教育プログラムの選定やカリキュラムの設計、テクノロジーや特別教育への支援といったサービスを、管下の学校へ幅広く提供している。なお、これらの先住民教育行政組織はいずれも、先住民が自発的に設置・運営しているものであり、インディアン問題北方開発省の行政指導等を受けて設置されたものではない。

しかしながら、インディアン問題北方開発省が一方的に教育予算を決定するという教育財政制度は見直されていない。先住民の教育財政に対する権限は、依然、連邦政府、なかんずくインディアン問題北方開発省の強い制約の下におかれている。また、『行動計画』の文言と異なって、保留地外の「登録インディアン」や非登録インディアン、メティスに対する教育プログラムは、保留地に居住する「登録インディアン」に比して著しく制限されており、これらの先住民が教育に対して自治を行い得るような法制度は整備されていない。

2002年6月14日、インディアン問題北方開発大臣は、『行動計画』の一環と

表 2-6-2　州規模の先住民教育行政組織

組　織　名	事　項
ファーストネーションズ教育運営委員会	州内の先住民バンドに教育権限を委譲するよう連邦政府と協議。 障害児教育への支援や教員研修、教育養成制度改革、言語・文化学習プログラムの策定など。
アルバータ首長サミット	州内の先住民バンドに教育権限を委譲するよう連邦政府と協議中
アルバータ首長ベンチャー	州内の学校に先住民学校および公立学校で使用する先住民言語・文化学習教材を開発
サスカチュワン・インディアン・ネーション連合	サスカチュワン・インディアン連合大学の運営 州内の先住民学校のカリキュラム開発 インディアン問題北方開発省および州と、教育権限委譲交渉
マニトバ・ファーストネーション・リソースセンター	州内の50以上のバンド・スクールに対し、教材利用や教員の専門性の訓練、特殊教育等の問題につき、援助を行う。
第3条約大会議	オンタリオ州西部の8つの民族を統轄
ケベック・ファーストネーションズ教育会議	州内の21のバンドを統轄 インディアン問題北方開発省とともに、特殊教育に関するパイロット・プロジェクトを展開
クリー教育委員会	1975年、ケベック北部・ジェームズ湾協定により設置。ケベック州ジェームズ湾岸のクリー民族のコミュニティを統括する。連邦および州政府と対等な教育予算決定権を持つ。
カティビク教育委員会	1975年、ケベック北部・ジェームズ湾協定により設置。ケベック州北部のイヌイットのコミュニティを統括。連邦および州政府と対等な教育予算決定権を持つ。
ミクマウ・キナマトニュウェイ（ミクマック教育委員会）	1998年の「ミクマック教育法」により、立法権能を持つ教育行政機関として指定される。州内のミクマック民族9バンドを統轄。先住民学校及び公立学校で使用する先住民言語・文化学習教材を作成。

(出典)［広瀬、2002年 a、17-18頁］および［DIAND, 2002a, p.4］をもとに作成。

して、ファーストネーションズ統治法案(Bill C.61)を連邦下院議会に提出し、先住民自治の法的枠組みを定めると共に、インディアン法を廃止することを議会に諮った。しかしながら、法案準備の過程でインディアン問題北方開発省とファーストネーションズ議会の間に対話は成立しておらず、ファーストネーションズ議会は、同法案の議会提出に強く反対していた。

2002年6月17日、インディアン問題北方開発省は、先住民と非先住民の学歴格差などを狭めることを目的として、全国教育作業部会を設置し、委員には全国の先住民教育家13名を任命した。委員会の設置に際し、インディアン

問題北方開発省は、「『インディアン教育はインディアンの手で』の原理を尊重する立場を今もとっている」と述べた(DIAND, 2002b)。しかしながらインディアン問題北方開発省とファーストネーションズ議会とのパートナーシップはすでに崩壊し、先住民自治権の保障そのものが、今後どのようにすすめられるのか不透明な状況である。

(ひろせ　けんいちろう)

(1) この条約は、おもに平原諸州域からノースウェスト準州域の一部に居住する先住民との間に締結されたものであり、カナダには条約を締結していない先住民も多い。
(2) 現在、ほとんどの州が先住民教育を担当する部局をもち、それぞれ独自の先住民教育プログラムを展開している。バンクーバー市、サスカトゥーン市、ウィニペグ市、トロント市には、公立の先住民学校も設置されている。だが、州の先住民教育制度は、州によって様々であることから、ここでは、とりわけ州政府管轄下にある先住民父母が、学校運営に参画したり、教育政策に対する意志決定が保障されたりするような法制度は整備されていないことを指摘するに留める。

ホワイトホース市の小学校の図書館

引用・参考文献一覧

共通

- カナダ教育研究会(2002).『カナダ教育研究』第1号,カナダ教育研究会.
- 小林順子(1994).『カナダの教育1―ケベック州の教育』,東信堂.
- F.ヘンリー・ジョンソン/鹿毛基生訳(1984).『カナダ教育史』,学文社.
- 関口礼子編(1988).『カナダ多文化主義教育に関する学際的研究』,東洋館出版社.
- 関口礼子(1997).『カナダハイスクール事情』,学文社.
- 日本カナダ学会編(1997).『史料が語るカナダ―1535-1995』,有斐閣.
- 吉田健正(1999).『カナダ―20世紀の歩み』,彩流社.
- カナダ全体の統計資料のWebsite:http://www.statcan.ca
- カナダ全体の教育関係Website:http://www.cmec.ca/educmin.stm
- 各州の初等・中等教育省庁のWebsite:
  - ニューファンドランド・ラブラドール州:http://www.gov.nf.ca/edu
  - プリンス・エドワード・アイランド州:http://www.gov.pe.ca/education
  - ノバ・スコシア州:http://www.ednet.ns.ca
  - ニュー・ブランズウイック州:http://www.gov.nb.ca/education
  - ケベック州:http://www.meq.gouv.qc.ca
  - オンタリオ州:http://www.edu.gov.on.ca
  - マニトバ州:http://www.edu.gov.mb.ca
  - サスカチュワン州:http://www.sasked.gov.sk.ca/k
  - アルバータ州:http://www.learning.gov.ab.ca
  - ブリティッシュ・コロンビア州:http://www.gov.bc.ca/bced
  - ユーコン準州:http://www.gov.yk.ca/depts/education
  - ノースウェスト準州:http://siksik.learnnet.nt.ca
  - ヌナブト準州:http://www.gov.nu.ca/education

第1部 1990年代の教育改革
第1章 民族融合の進むブリティッシュ・コロンビア州の教育

- 小川洋(2000).「カナダにおける不登校問題の現状」『海外不登校問題調査研究会報告書』(研究代表者・二宮皓),広島大学,48〜58頁.
- 佐藤弘毅(2002).「カナダ,BC州における短期高等教育の多様な展開」,舘昭編『短大からコミュニティ・カレッジへ』,東信堂,155〜188頁.
- Balakrishnan, T.R. and Feng Hou (1999). "Residential Patterns in Cities", Shiba S.

Halli & Leo Driedger ed., *Immigrant Canada — Demographic, Economic, and Social Challenges*, University of Toronto Press, pp.116-147.
- Barman, Jean (1991). *The West Beyond The West — A History of British Columbia*, University of Toronto Press.
- British Columbia Royal Commission on Education (1988). *A Legacy for Learners*, Queen's Printer for British Columbia.
- Francis, Daniel ed. (2000). *Encyclopedia of British Columbia*, Harbour Publishing.
- Holmes, Mike (1998). *The Reformation of Canada's Schools*, McGill Queen's University Press.
- Johnston, Hugh J.M. ed. (1996). *The Pacific Province — A History of British Columbia*, Douglas & McIntyre.
- Minister of Education (British Columbia) (1989a). *Mandate for School System Province of British Columbia*, Ministry of Education.
- Ibid. (1989b). *Enabling Learners — Working Plan #1 1989-1999*, Ministry of Education.
- Ibid. (1994). *The Kindergarten to Grade 12 Education Plan*, Ministry of Education.
- Sheehan, Nancy M. et al. ed. (1986). *Schools In The West — Essays in Canadian Educational History*, Detselig Enterprises.
- Ungerleider, Charles (2003). *Failing Our Kids — How We Are Running Our Public Schools*, McClelland & Stewart.
- BC州の統計データのWebsite：http://www.bcstats.gov.bc.ca

第2章　卓越性を求めるアルバータ州の教育
- 岡部敦 (2002)、「1990年代アルバータ州の高校教育改革に関する一考察："Employability Skills Profile"の成立過程を中心に」『カナダ教育研究』第1号、56〜71頁.
- Alberta Education (1984). *Review of Secondary Programs: Report of the Minister's Advisory Committee: Foundation for the Future*, Edmonton: Alberta Education.
- Ibid. (1996). *Framework for Enhancing Business Involvement in Education*, Alberta Education.
- Ibid. (1998). *Career and Technology Studies Program*, Alberta Education.
- Alberta Human Resources and Employment (2000). *Occupational Profile*, http://www.alis.gov.ab.ca 2002/08/09 採取.

- Alberta Learning (1999). *Guide to Education: ECS to Grade 12,* Alberta Learning.
- Ibid. (2002a). *Curriculum Handbook for Parents 2002-2003: Senior High School,* Alberta Learning.
- Ibid. (2002b). Requirements for Teacher Certification in Alberta. http://www.learning.gov.ab.ca/k_12/teaching/Certification/ 2002/07/23 採取.
- Ibid. (2002c). Educator Exchanger Programs. http://www.learning.gov.ab.ca/nie/edcexchg.asp 2002/07/16 採取.
- Ibid. (2002d). Excellence in Teaching Awards. http://www.learning.gov.ab.ca/news/2000/November/nr-ExcelTeachingNom.asp 2002/07/16 採取.
- Ibid. (2002e). *Number of Alberta Schools and Authorities.* http://www.learning.gov.ab.ca/ei/statistics/numberofschools.asp 2002/08/12 採取.
- Alberta Teachers' Association (2001a). *Collective Bargaining Agreements,* http://www.teachers.ab.ca 2002/08/09 採取.
- Ibid. (2001b). *Aspen View Regional Division N.19: Collective Agreements.* http://www.teachers.ab.ca 2002/08/02 採取.
- Business Involvement Advisory Group and the MLA Implementation Team on Business Involvement and Technology Integration (1996). *Creating Independent and Interdependent Learners: Business and Education Working Together: Report.*
- Canadian University College (2002). *Academic Programs.* http://www.cauc.ab.ca 2002/08/1 採取.
- *Certification of Teachers Regulation,* Alberta Queen's Printer.
- *Education Act,* Alberta Queen's Printer.
- Government of Alberta (1997). *People and Prosperity,* Alberta Advanced Education and Career Development.
- Ibid. (2002). *Alberta Certificated Staff Statistics.* http://www.learning.gov.ab.ca 2002/07/23 採取.
- Preitz, Clarence (1998). Development of the Career and Technology Studies Curriculum.（口頭発表資料）

第3章　「子どもを第一に考えよう」とオンタリオ州の新保守主義的教育改革
- 浅野誠(2001).「カナダ教育事情」『中京大学教養論叢』第42巻第1号, 111～182頁.
- Childs, R. & Lawson, A. (2001). *Testing in Ontario: Questions every teacher should*

ask, Ontario Institute for Studies in Education of the University of Toronto.
- Gidney, R.D. (1999). *From Hope to Harris: The reshaping of Ontario's schools*, University of Toronto Press.
- Ontario College of Teachers (2002). *Professional Learning Program (PLP) Information for Teachers.* http://www.oct.on.ca/en/PLP/teacher-information.asp.
- Ontario Institute for Studies in Education of the University of Toronto (2001a). *Bachelor of Education/Ontario Teachers' Certificate of Qualification Program: Initial/ Preservice Teacher Training Education Calendar 2001/2002*, Ontario Institute for Studies in Education of the University of Toronto, pp.22-23.
- Ibid. (2001b). *Additional Qualification Program for Teachers: Admission Requirements at a Glance*, Ontario Institute for Studies in Education of the University of Toronto.
- Ontario Secondary School Teachers' Federation (2002). http://www.osstf.on.ca/
- Professionally Speaking (2002). *Seven Myths About the Professional Learning Program,* pp.12-13.

第4章　変容するケベック州の教育

- 小林順子(1991)．「現代義務教育における教育内容改革の全体構造：3-2, カナダ・ケベック州」『諸外国における義務教育の教育内容の改訂動向に関する比較研究』(研究代表者・桑原敏明)，筑波大学，69～90頁．
- 同上(1993)．「カナダ・ケベック州における後期中等教育の問題―中等学校後期課程と大学前教育機関(CEGEP)との接続関係を中心に―」『後期中等教育の史的展開と政策課題に関する総合的比較研究』(研究代表者・手塚武彦)，国立教育研究所，177～192頁．
- 同上(1996)．「学校と地域社会との連携に関するカナダ・ケベック州の教育政策」『国立教育研究所平成6～10年度特別研究「学校と地域社会との連携に関する国際比較研究」中間報告書(1)』，国立教育研究所，55～68頁．
- Bernard, Jean-Pierre (2002). *La réforme en éducation — Les choix du Québec*, Ministère de l'Éducation du Québec, monographie.
- Commission des États généraux sur l'éduation (1996). *Rénover notre système d'éducation: dix chantiers prioritaires. Rapport final de la Commission des États généraux sur l'éducation*, Gouvernement du Québec.
- Conseil supérieur de l'éducation (1990). *L'intégration des savoirs au secondaire: Au*

- *coeur de la réussite éducative*, Conseil supérieur de l'éducation.
- Ibid. (1991). *Une pédagogie pour demain à l'école primaire*, Conseil superieur de l'éducation.
- Ibid. (1993). *Rapport annuel 1991-1992 sur l'état et les besoins de léducation — La gestion de l'éducation: nécessité d'un autre modèle*, Gouvernement du Québec.
- Ibid. (1994). *Rénover le curriculum du primaire et du secondaire*, Conseil supérieur de l'éducation.
- Ibid. (1998). *L'école, une communauté éducative — Voies de renouvellement pour le secondaire*, Conseil supérieur de l'éducation.
- Ministère de l'Éducation du Québec (1994). *Préparer les jeunes au 21e siècle*, Gouvernement du Québec.
- Ibid. (1997a). *Prendre le virage du succès. Plan d'action ministèriel pour la réforme de l'éducation*, Gouvernement du Québec.
- Ibid. (1997b). *L'école, tout un programme. Énoncé de politique éducative*, Gouvernement du Québec.
- Ibid. (2001a). *Programme de formation de l'école québécoise — Version approuvée — Éducation préscolaire — Enseignement primaire*, Gouvernement du Québec.
- Ibid. (2001b). *La formation à l'enseignement — Les orientations -Les compétences professionnelles*, Gouvernement du Québec.
- Ibid. (2002a). *Échelles des niveaux de compétence — Enseignement primaire*, Gouvernement du Québec.
- Ibid. (2002b). *L'évaluation des apprentissages — Au préscolaire et au primaire — Cadre de réference*, Gouvernement du Québec.
- Ibid. (2002c). *Agir autrement pour la réussite des élèves du secondaire en milieu défavorisé — Stratégie d'intervention pour les écoles secondaires*, Gouvernement du Québec.
- Ibid. (2003). *Horizon 2005 — Une école secondaire transformée — Pour la réussite des élèves du Québec*, Gouvernement du Québec.

第2部　カナダの教育の諸問題
第1章　教育行政の動向
- ジョン・セイウェル／吉田善明監修／吉田健正訳(1994).『カナダの政治と憲法〔改訂版〕』，三省堂.

- 樋口陽一・吉田善明編(2000).『解説 世界憲法集〔第4版〕』, 三省堂.
- Groupe de travail sur la place de la religion à l'école (1999a). *Le discours de l'État québécois sur la place de la religions à l'école (1964-1998)*, Gouvernement du Quebéc.
- Ibid. (1999b). *La place de la religion dans les écoles publiques des provinces anglo-canadiennes —Rapport de recherche*, Gouvernement du Québec.
- Mackey, A. Wayne (1984). *Education Law in Canada*, Emond-Montgomery Publications Ltd.
- Nova Scotia Education and Culture (1996). *Establishing school advisory councils: New roles and responsibilities to support student success*, Nova Scotia Education and Culture.
- Rideout, D. (Summer, 1995). *School councils in Canada*. Education Canada, pp.12-18.
- Young, J. & Levin, B. (2002). *Understanding Canadian Schools: An introduction to educational administration*, Thomson Nelson.

第2章 社会人に対する多様な学習機会の展開
- 溝上智恵子(2002).「カナダの高等教育とオンタリオ集のカレッジ」, 舘昭編『短大からコミュニティ・カレッジへ』, 東信堂, 129〜153頁.
- Dennison, John D. (1995). *Challenge and Opportunity: Canada's Community Colleges at the Crossroads*, University of British Columbia Press.
- Gallagher, Paul, and Dennison, John D. (1995). "Canada's Community College Systems: A Study of Diversity", *Community College Journal of Research and Practice*, No.19, pp.381-393.
- Key, Archibald F. (1973). *Beyond Four Walls*, McClelland Stewart.
- Levin, John S. (2001). "Public policy, community colleges and the path to globalization", *Higher Education*, No.42, pp.237-262.
- Royal Commission on National Development in the Arts, Letters and Sciences (1951). *Report of Royal Commission on National Development in the Arts, Letters and Sciences 1949-1951*, King's Printer.
- Selman, Gordon et al. (1998). *The Foundation of Adult Education in Canada. (Second Edition)*, Thompson Educational Publishing.
- Statistics Canada (1994). *Adult Education and Training Survey*, Statistics Canada.

- Ibid. (1996). *Reading the Future: A Portrait of Literacy in Canada,* Statistics Canada.
- Teather, J. Lynne (1992). "Museum-Making in Canada (to 1972)", *MUSE* (Summer/Fall 1992), pp.21-29.
- Walker, Kenneth P. and Zeiss, P. Anthony (2001). "Designs for Change: Degrees and Skills", *Community College Journal*, Vol.71 No.3, pp.8-11.

第3章 言語教育の特徴
- 伊藤治己(1997).『カナダのバイリンガル教育』,渓水社.
- 中島和子(2000).「カナダにおける継承語教育」『第7回国立国語研究所国際シンポジウム バイリンガリズム―日本と世界の連携を求めて―報告書』, 国立国語研究所, 45-58頁.
- 同上(2001).『バイリンガル教育の方法』増補改訂版, アルク.
- Baker, Colin (2001). *Foundations of Bilingual Education and Bilingualism*, Multilingual Matter.
- Burnaby, Barbara (1996). "Language Policies in Canada", Michael Herriman and Barbara Burnaby ed. *Language Policies in Education ― dominant countries: six case studies*, Multilingual Matters, pp.159-219.
- Ibid. (2002). "Reflections on Language Policies in Canada: Three Examples", James W. Tollefson ed. *Language Policies in Education ― Critical Issues*, Lawrence Erlbaum Associates Inc. Publishers, pp.65-86.
- Canadian Parents for French (2001). *The State of French Second Language Education in Canada 2001*, Canadian Parents for French.
- Cummins, Jim. "Immersion Education for the Millennium: What We Have Learned from 30 Years of Research on Second Language Immersion": http://www.iteachilearn.com/cummins/immersion2000.html
- Day, Richard J.F. (2000). *Multiculturalism and the History of Canadian Diversity*, University of Toronto Press.
- Edwards, Viv and Angela Redfern (1992). *The World in a Classroom―Language in Education in Britain and Canada*, Multilingual Matters Ltd.
- Gouvernment du Québec (1964). *Repport de la Commision royale d'enquéte sur l'enseignement dans la Province de Qiébec*, Tome Ⅱ-B pp.70-77.
- McRae, Kenneth (1998). "Official bilingualism: from the 1960s to the 1990s", John Edwards ed. *Language in Canada*, Cambridge University Press, pp.61-83.

- Ministère de l'Éducation du Québec (2001). *Programme de formation de l'école québecoise — Version approuvée — Éducation préscolaire — Enseignement primaire*, Gouvernement du Québec, pp.98-108.
- Royal Commission on Bilingualism and Biculturalism (1967). *Book I including General Introduction, The Official Languages,* Queen's Printer.
- Ibid. (1969). *Book IV The Cultural Contribution of the Other Ethnic Groups.* Queen's Printer.
- Stern, H.H. (1981). "Immersion schools and language teaching", *Language and Society*, No.5, Commissioner of Official Languages, pp.3-6.

第4章 ITと教育

- 関口礼子 (1999).『学校図書館が教育を変える：カナダの実践に学ぶもの』, 学校図書館協議会.
- 文部科学省(1998).『小学校学習指導要領』『中学校学習指導要領』. http://www.mext.go.jp/a_menu/shotou/youryou/ 2002/8/25 採取.
- 同上(2003).『情報化への対応』. http://www.mext.go.jp/a_menu/shotou/zyouhou/main18_a2.htm. 2003/6/5 採取.
- Alberta Education (1996). *Framework for Technology Integration: A Report of the MLA Implementation Team on Business Involvement and Technology Integration*, Alberta Education.
- Alberta Education (1998). *Illustrative Examples to Accompany Information and Communication Technology Interim Program of Studies Grade 10 to 12. Curriculum Standard Branch*, Alberta Education.
- Alberta Learning (2000). *Information and Communication Technology (K-12): Rational Philosophy,* Alberta Learning.
- British Columbia Ministry of Education (1996). *Information Technology K to 7: Integrated Resource Package.*
- Ibid. (1999). *Conditions for Success: Report of the Teaching, Learning, and Education Technology Advisory Committee to the British Columbia Ministry of Education.*
- Council of Ministers of Education, Canada (1998). "Education initiatives in Canada, 1998: A report from the provinces and territories." Document prepared for the Third national forum on education.

- Erijah Smith Elementary School (2002). http://www.yesnet.yk.ca/schools/elijah smith. 2002/8/25 採取.
- Media Awareness Network (2003). "Media education in Canada." http://www.media-awareness.ca/english/teachers/media_education/index.cfm 2003/3/25採取.
- Ontario Ministry of Education (1989). *Media Literacy Resource Guide: Intermediate and Senior Divisions.*
- Petrina, S. and Dalley, S. (2003). "The politics of curriculum reform in Canada: The case of technology education in British Columbia." *Canadian Journal of Science, Mathematics and Technology Education,* Vol.3, No.1, pp.117-143.

第5章 多文化問題と教育

- 梶田孝道 (1999).「多文化主義・少数民族・先住民―カナダ多文化主義が直面する新たな係争課題」青柳清孝・松山利夫編『先住民と都市：人類学の新しい地平』, 青木書店, 293～313頁.
- 田村知子(1996).「カナダ多文化主義の現実とジレンマ」初瀬龍平編著『エスニシティと多文化主義』, 同文舘, 125～150頁.
- Anctil, P. (1984). "Double majorité et multiplicité ethnoculturelle à Montréal", *Recherches sociodemographiques* No.25, pp.441-456.
- Burnaby, B., James C. & Regier, S. (2002). *The Role of Education in Integrating Diversity in the Greater Toronto Area From the 1960s to the 1990s': A Preliminary Report,* CERIS Working Paper No.11.
- Joshee, R. (1996). "The Federal Government and Citizenship Education for Newcomers", *Canadian and International Education*, Vol.25 No.2, pp.108-127.
- Ibid. (2002). "The Problems and Possibilities of Social Cohesion: The New Lens on Multicultural and Citizenship Education in Canada", a Paper presented at "Ethnic Diversity and Citizenship Education in Multicultural Nation-States", held in Bellagio, Italy June 17-21.
- Juteau, D., McAndrew, M., & Pietrantonio, L. (1998). "Multiculturalism à la Canadian and Intégration à la Québécoise. Transcending their Limits", R. Bauböck & J. Rundell eds. *Blurred Boundaries: Migration, Ethnicity, Citizenship*, Alershot: Ashgate, pp.95-110.
- Laurier, M.D. (2001). "L'évolution des programmes d'enseignement des langues

d'origine", *Commission des États généraux sur la situation et l'avenir de la langue française au Québec.* http://www.etatsgeneraux.gouv.qc.ca/pdf_journees/Laurier_M.pdf
・McAndrew, M. (1991). "L'enseignement des langues d'origine a l'école publique en Ontario et au Québec: politiques et enjeu", *La revue canadienne des langues vivantes, 47,* pp.617-634.
・Mock, K.R. & Masemann, V.L. (1989). *Implementing Race and Ethnocultural Equity Policy in Ontario School Boards,* Ontario Ministry of Education.

第6章　連邦政府の先住民教育制度
・礒貝日月(2001).『ヌナブトーイヌイットの国その日その日 テーマ探しの旅』,清水弘文堂書房.
・加藤普章(1990).『多元国家カナダの実験―連邦制・先住民・憲法改正』,未来社.
・同上(1996).「近代国民国家と先住民―異邦人と市民のあいだ」,初瀬龍平編『エスニシティと多文化主義』,同文舘出版,233～255頁.
・斎藤憲司(1993).「カナダ先住民に関する法制度―権利の憲法保障化」『外国の立法』第32巻第2・3号,国立国会図書館調査立法考査局,104～157頁.
・新保満(1968).『カナダ・インディアン―滅び行く少数民族』,三省堂.
・スチュアートヘンリ(1997).「北部ケベックの先住民」,西川長夫他編『多文化主義・多言語主義の現在―カナダ・オーストラリア・そして日本』,人文書院,109～132頁.
・トーマス・R・バージャー/藤永茂訳(1992).『コロンブスが来てから―先住民の歴史と未来』,朝日新聞社.
・広瀬健一郎(2002a).「『力を結集して―カナダ先住民行動計画』下の教育政策」『カナダ教育研究』第1号,1～24頁.
・同上(2002b).「『力を結集して―カナダ先住民行動計画』の成立・展開過程におけるインディアン問題・北方開発省と先住民団体のパートナーシップについて」『カナダ研究年報』第22号,65～71頁.
・同上(2003).「カナダにおける先住民教育権の保障に関する研究」『文化女子大学室蘭短期大学研究紀要』第26号,19～44頁.
・Assembly of First Nations (1988). *Tradition and Education: Towards A Vision of Our Future: A Declaration of First Nations over Education,* Assembly of First

Nations.
- Auditor General (2000). "Indian and Northern Affairs Canada-Elementary and Secondary Education", *Report of the Auditor General of Canada to the House of Commons*, Minister of Public Works and Government Services.
- Barman, Jean eds. (1987). *Indian Education in Canada*, Vol.2 The Challenge, UBC Press.
- Binda, K.P. and Sharilyn Calliou (2001). *Aboriginal Education in Canada: A Study in Decolonization*, Canadian Educator's Press.
- Cameron, Kirk and Graham White (1995). *Northern Governments in Transition*, Institute for Research on Public Policy.
- Cannon, Kerry Ann (1994). *Indian Control of Indian Education: The Education of Primary and Secondary Education for Native Student in Ottawa, 1972-93*, An unpublished Master Thesis, Trent University.
- Conference Board of Canada (2001). *Nunavut Economic Outlook: An Examination of the Nunavut Economy.* http://www.assembly.nu.ca/english/library/publications/36-1-5/Final%20Final%20Report%20V.21.pdf
- Department of Finance (2002). *Main Estimates 2002-2003.* http://www.gov.nu.ca/Nunavut/English/budget/2003/edu.pdf
- Department of Indian Affairs and Northern Development (DIAND) (1995). *Federal Policy Guide: Aboriginal Self-Government,* Minister of Public Works and Government Services.
- Ibid. (1997). *Gathering Strength-Canada's Aboriginal Action Plan*, Minister of Public Works and Government Services.
- Ibid. (1998a). "Jane Stewart and Phil Fontain Outline Framework for Partnership between First Nations and Government of Canada", *News Release*, January 15.
- Ibid. (1998b). *An Agenda for Action with First Nations,* Minister of Public Works and Government Services.
- Ibid. (2001). *Overview of DIAND Program Date: Education*, Minister of Public Works and Government Services.
- Ibid. (2002a). *Gathering Strength-Investing in Education Reform Some Community Examples.*
- Ibid. (2002b). "A Step forward for First Nation Education- Minister Nault Introduces the National Working Group on Education", *News Release,* June 17,

2002.
- Early Childhood and School Services (2002). *Framework for Nunavut Curriculum Development* (Draft). http://www.ecss.nu.ca/writers/framework/framwork.ptm 2002/10/22 採取.
- Government of Nunavut (1999). *The Bathurst Mandate*. http://www.gov.nu.ca/Nunavut/English/departments/bathurst 2002/12/15 採取.
- Hogg, Peter W. (1997). *Constitution Law of Canada,* Forth Edition, Carswell.
- Hylton, John H. ed. (1999). *Aboriginal Self-Government in Canada: Current Trends and Issues,* 2nd edition, Purich.
- Kirkness, Verna and Sheena Selkirk Bowman (1992). *First Nations and Schools: Triumph and Struggles,* Canadian Education Association.
- Lindau, Juan D and Curtis Cook ed. (2000). *Aboriginal Rights and Self-Government,* McGill-Queen's University.
- Morgan, Nancy A (1998). *Legal Mechanism for Assumption of Jurisdiction and Control over Education by First Nations.* An unpublished document for the First Nations Education Steering Committee, June 1998.
- National Indian Brotherhood (1973). *Indian Control of Indian Education*. National Indian Brotherhood.
- Royal Commission on Aboriginal Peoples (1996). *Report of the Royal Commission on Aboriginal Peoples, Vol.3, Gathering Strength,* Canada Communication Group.

資　料

〔1〕統計資料
1　2001年国勢調査による人口動態
　①州別人口
　②人口の多い都市
　③母語別人口構成
　④家庭言語別人口構成
　⑤公用語の知識別人口構成
2　年齢別人口構成の動態(24歳以下)
3　教育機関数と専任教員数(1998-1999)
4　在籍者数と教育費支出(1998-1999)
5　初等中等教育機関在籍者数(設置者別)
6　公立学校における公用語第二言語履修者数と公用語少数派言語教育在籍者数
7　公用語第二言語によるイマージョン・プログラム在籍者数
8　留学生数(大学)(1998-1999)
　　出身地別留学生数(1998-1999)
9　教育財政
　①教育費支出の動態(教育段階別)
　②教育費支出(財源別)
10　15歳生徒を対象とするOECD国際学力コンクールPISA2000の結果
　①読解テスト
　②数学テスト
　③理科テスト
11　15歳生徒の学習環境とコンピュータ(2000)
　①15歳生徒の学習環境
　②15歳生徒のコンピュータ使用頻度
　③15歳生徒のコンピュータ使用状況
12　社会人の研修等への参加状況

〔2〕カナダ教育年表

〔1〕 統計資料

1 2001年国勢調査による人口動態

①州別人口

州　名	人　口	人口増減(%) 1996年国勢調査との比
ニューファンドランド州ラブラドール地方	512,930	-7.0
プリンス・エドワード・アイランド州	135,294	0.5
ノバ・スコシア州	908,007	-0.1
ニュー・ブランズウィック州	729,498	-1.2
ケベック州	7,237,479	1.4
オンタリオ州	11,410,046	6.1
マニトバ州	1,119,583	0.5
サスカチュワン州	978,933	-1.1
アルバータ州	2,974,807	10.3
ブリティシュ・コロンビア州	3,907,738	4.9
ユーコン準州	28,674	-6.8
ノースウェスト準州	37,360	-5.8
ヌナブト準州	26,745	8.1
カ　ナ　ダ	30,007,094	4.0

(cf. http://www.statcan.ca)

②人口の多い都市

都　市　名	人　口	人口増減(%) 1996年国勢調査との比
トロント(Ont.)	4,682,897	9.8
モントリオール(Que.)	3,426,350	3.0
バンクーバー(B.C.)	1,831,665	8.5
オタワーハル(Ont./Que.)	1,063,664	6.5
カルガリ(Alta.)	951,395	15.8
エドモントン(Alta.)	937,845	8.7
ケベック(Que.)	682,757	1.6
ウイニペグ(Man.)	671,274	0.6

(cf. http://www.statcan.ca)

③母語別人口構成

(上段＝人数・下段＝総人口比)

州　名	1言語のみと回答			複数言語と回答			
	英語	フランス語	非公用語	英語とフランス語	英語と非公用語	フランス語と非公用語	英語とフランス語と非公用語
ニューファンドランド州ラブラドール地方	499,750 98.36	2,180 0.43	5,495 1.08	330 0.06	310 0.06	0 0	10 0.002
プリンス・エドワード・アイランド州	125,125 93.80	5,665 4.25	2,065 1.55	440 0.33	85 0.06	0 0	0 0
ノバ・スコシア州	832,660 92.77	34,025 3.79	26,510 2.95	2,555 0.28	1,660 0.18	125 0.01	35 0.003
ニュー・ブランズウィック州	465,170 64.63	236,665 32.88	11,935 1.65	5,255 0.73	550 0.07	105 0.01	35 0.004
ケベック州	557,040 7.81	5,761,765 80.86	709,420 9.95	50,060 0.70	15,045 0.21	26,890 0.37	5,355 0.07
オンタリオ州	7,965,225 70.57	485,630 4.30	2,672,085 23.67	37,135 0.32	114,275 1.01	8,000 0.07	3,200 0.02
マニトバ州	823,910 74.65	44,340 4.01	219,160 19.85	2,675 0.24	13,070 1.18	435 0.03	110 0.01
サスカチュワン州	817,955 84.92	17,775 1.84	117,765 12.22	1,375 0.14	7,910 0.82	255 0.02	115 0.01
アルバータ州	2,379,515 80.90	58,645 1.99	469,220 15.95	5,780 0.19	26,420 0.89	1,090 0.03	475 0.01
ブリティシュ・コロンビア州	2,825,760 73.03	54,400 1.40	939,945 24.29	6,780 0.17	39,525 1.02	1,705 0.04	745 0.01
ユーコン準州	24,590 86.22	890 3.12	2,705 9.48	85 0.002	250 0.87	0 0	0 0
ノースウェスト準州	28,650 77.21	950 2.56	7,065 19.04	85 0.22	335 0.90	15 0.04	10 0.02
ヌナブト準州	6,940 26.02	395 1.48	18,875 70.77	20 0.07	430 1.61	10 0.03	10 0.03
カナダ(合計)	17,352,316 58.55	6,703,325 22.62	5,202,245 17.55	112.575 0.38	219.860 0.74	38,630 0.13	10,085 0.03

(cf. http://www.statcan.ca)

④家庭言語別人口構成

(上段＝人数・下段＝総人口比)

州　名	1言語のみと回答			複数言語と回答			
	英語	フランス語	非公用語	英語とフランス語	英語と非公用語	フランス語と非公用語	英語とフランス語と非公用語
ニューファンドランド州ラブラドール地方	500,310 98.47	425 0.08	1,980 0.39	2,525 0.50	2,720 0.54	0 0	105 0.02
プリンス・エドワード・アイランド州	126,955 95.18	1,590 1.19	250 0.19	3,585 2.69	975 0.73	10 0.01	35 0.03
ノバ・スコシア州	842,190 93.83	9,920 1.11	6,250 0.70	23,075 2.57	15,445 1.72	145 0.02	540 0.06
ニュー・ブランズウィック州	465,505 64.68	175,065 24.32	2,175 0.30	69,910 9.71	6,350 0.88	345 0.05	355 0.05
ケベック州	480,040 6.74	5,484,280 76.97	245,090 3.44	477,955 6.71	164,515 2.31	205,775 2.89	67,920 0.95
オンタリオ州	8,456,585 74.93	164,550 1.46	906,770 8.03	321,240 2.85	1,394,545 12.36	11,980 0.11	30 0.27
マニトバ州	902,525 81.77	8,960 0.81	43,710 3.96	28,325 2.57	117,555 10.65	530 0.05	1,990 0.18
サスカチュワン州	877,655 91.14	1,845 0.19	18,285 1.90	10,525 1.09	53,726 5.58	115 0.01	1,000 0.10
アルバータ州	2,525,190 85.86	7,865 0.27	121,045 4.12	39,315 1.34	242,020 8.23	1,035 0.04	4,685 0.16
ブリティシュ・コロンビア州	3,027,910 78.26	6,115 0.16	339,230 8.77	37,810 0.98	448,130 11.58	1,795 0.05	7,890 0.20
ユーコン準州	26,090 91.46	200 0.70	295 1.03	640 2.24	1,270 4.45	20 0.07	10 0.04
ノースウェスト準州	30,120 81.19	190 0.51	1,455 3.92	735 1.98	4,530 12.21	10 0.03	60 0.16
ヌナブト準州	6,655 24.96	115 0.43	7,580 28.43	270 10.1	12,010 45.04	10 0.04	20 0.08
カナダ（合計）	18,267,825 61.63	5,861,130 19.80	1,693,125 5.71	1,015,915 3.43	2,463,795 8.31	221,760 0.75	115,480 0.39

(cf. http://www.statcan.ca)

⑤公用語の知識別人口構成

(上段＝人数・下段＝総人口比)

州　　名	英語のみ	フランス語のみ	英語とフランス語	両公用語の知識なし
ニューファンドランド州ラブラドール地方	486,390 95.73	145 0.03	20,890 4.11	650 0.13
プリンス・エドワード・アイランド州	117,240 87.90	95 0.07	15,990 34.48	55 0.04
ノバ・スコシア州	805,545 89.75	790 0.09	90,265 10.06	965 0.11
ニュー・ブランズウィック州	406,995 56.55	66,415 9.23	245,870 34.16	435 0.06
ケベック州	327,045 4.95	3,831,350 53.77	2,907,700 40.81	59,485 0.83
オンタリオ州	9,690,745 85.87	42,305 0.37	1,319,715 11.69	232,780 2.06
マニトバ州	990,280 89.72	1,250 0.11	102,840 9.32	9,325 0.84
サスカチュワン州	910,645 94.55	360 0.04	49,000 5.09	3,150 0.33
アルバータ州	2,704,895 91.97	1,895 0.06	202,905 6.90	31,455 1.07
ブリティシュ・コロンビア州	3,493,680 90.30	1,815 0.05	269,365 6.96	104,020 2.69
ユーコン準州	25,505 89.43	45 0.16	2,895 10.15	75 0.26
ノースウェスト準州	33,550 90.42	40 0.11	3,130 8.44	385 1.04
ヌナブト準州	22,125 82.96	25 0.09	1,010 3.79	3,505 13.14
カ　ナ　ダ（合　計）	20,014,645 67.53	3,946,525 13.32	5,231,575 17.65	446,290 1.51

(cf. http:// www.statcan.ca)

2 年齢別人口構成の動態(24歳以下)

(単位:千人)

	0〜3歳	4〜17歳	18〜24歳	総人口	若年移住者
1986年	1,475.0	5,204.7	3,286.3	26,203.8	25.9
1991年	1,573.4	5,395.4	2,886.1	28,120.1	61.2
1992年	1,601.7	5,437.7	2,869.2	28,542.2	61.2
1993年	1,610.6	5,536.4	2,869.6	28,940.6	73.1
1994年	1,596.1	5,536.4	2,852.0	29,248.1	68.3
1995年	1,595.1	5,620.7	2,823.4	29,562.5	65.9
1996年	1,578.6	5,691.4	2,816.8	29,963.7	66.3
1997年	1,560.7	5,754.0	2,833.0	30,358.5	70.4
1998年	1,550.7	5,795.7	2,865.4	30,747.0	61.2
1999年	1,453.9	5,725.6	2,895.9	30,553.8	—
2000年	1,390.6	5,723.7	2,921.2	30,769.6	—

Cf. Statistics Canada (2002), *Education Quarterly Review*, 2002, Vol.8, no.4, Ottawa, p.46.

(1) 統計資料 271

3 教育機関数と専任教員数(1998-1999)

州　名	教育機関			専任教員		
	初等中等教育	カレッジ	大学	初等中等教育	カレッジ	大学
ニューファンドランド州ラブラドール地方	372	2	1	6,418	698	853
プリンス・エドワード・アイランド州	71	2	1	1,389	97	179
ノバ・スコシア州	512	5	12	9,518	708	1,914
ニュー・ブランズウィック州	384	5	5	7,490	866	1,145
ケベック州	3,002	89	7	68,651	13,054	8,046
オンタリオ州	5,474	40	21	117,098	7,017	12,411
マニトバ州	858	6	6	12,520	718	1,501
サスカチュワン州	903	4	4	11,514	850	1,390
アルバータ州	1,862	19	10	19,999	3,400	3,008
ブリティシュ・コロンビア州	2,080	24	8	33,899	4,401	3,217
ユーコン準州	28	1	—	419	101	—
ノースウェスト準州	89	2	—	1328	178	—
在外施設	2	—	—	18	—	—
カナダ（合計）	15,637	199	75	300,261	32,088	33,665

Cf. Statistics Canada (2001), *Education in Canada, 2000*, Ottawa, pp.20-21

4 在籍者数と教育費支出(1998-1999)

州　名	在籍者数			教育費 (単位：千ドル)		
	初等中等教育	カレッジ	大学	初等中等教育	カレッジ	大学
ニューファンドランド州ラブラドール地方	98,129	5,973	13,115	583,394	40,760	249,319
プリンス・エドワード・アイランド州	24,441	1,899	2,470	143,247	19,476	48,969
ノバ・スコシア州	163,122	7,039	30,027	1,026,563	78,201	521,963
ニュー・ブランズウィック州	130,801	5,221	18,539	862,130	64,515	334,211
ケベック州	1,125,066	164,469	134,162	7,749,828	1,931,869	3,116,067
オンタリオ州	2,128,642	142,341	229,985	17,108,411	1,445,817	4,722,902
マニトバ州	223,013	4,181	20,883	1,690,663	92,399	496,009
サスカチュワン州	209,768	2,740	23,656	1,372,111	60,978	510,742
アルバータ州	566,361	31,999	53,510	3,871,761	462,531	1,171,435
ブリティシュ・コロンビア州	675,874	37,127	54,039	4,898,530	531,997	1,543,268
ユーコン準州	6,199	258	—	77,516	6,937	3,835
ノースウェスト準州	18,041	269	—	207,361	44,372	4,344
在外施設等	258	—	—	47,468	2,878	85,367
カナダ（合計）	5,369,716	403,516	580,376	39,638,730	4,782,730	12,808,431

Cf. Statistics Canada (2001), *Education in Canada, 2000*, Ottawa, pp.20-21

5 初等中等教育機関在籍者数(設置者別)

州 名	学年度	公立学校	私立学校	連邦機関	特殊教育 (視覚聴覚障害)	合 計
ニューファンドランド州 ラブラドール地方	1988-89	132,995	299	—	126	133,420
	1998-99	97,649	384	—	96	98,129
プリンス・エドワード・アイランド州	1988-89	24,814	76	33	14	24,937
	1998-99	24,146	247	48	—	24,441
ノバ・スコシア州	1988-89	167,596	1,914	957	524	170,991
	1998-99	158,967	2,516	1,639	—	163,122
ニュー・ブランズウィック州	1988-89	136,528	951	790	—	138,269
	1998-99	129,129	772	900	—	130,801
ケベック州	1988-89	1,035,152	99,191	4,045	694	1,139,082
	1998-99	1,014,971	102,613	6,921	561	1,125,066
オンタリオ州	1988-89	1,864,705	63,103	8,425	789	1,937,022
	1998-99	2,022,437	90,600	14,969	636	2,128,642
マニトバ州	1988-89	198,788	10,002	10,976	112	219,878
	1998-99	192,478	14,099	16,281	155	223,013
サスカチュワン州	1988-89	202,493	3,045	9,013	57	214,608
	1998-99	193,562	2,565	13,641	—	209,768
アルバータ州	1988-89	461,176	14,464	5,939	95	481,674
	1998-99	530,135	24,715	11,428	83	566,361
ブリティシュ・コロンビア州	1988-89	500,088	37,731	4,100	104	542,023
	1998-99	611,534	59,287	4,953	—	675,874
ユーコン準州	1988-89	5,006	—	—	—	5,006
	1998-99	6,199	—	—	—	6,199
ノースウェスト準州	1988-89	13,449	—	—	—	13,449
	1998-99	18,041	—	—	—	18,041
ヌナブト準州						
カナダ	1988-89	4,742,790	230,776	48,036	2,515	5,024,117
	1998-99	4,999,348	297,798	71,039	1,531	5,369,716

Cf. Statistics Canada (1993), *Education in Canada — A Statistical Review for 1991-92*, Ottawa, pp.62-63, Statistics Canada (2001), *Education in Canada*, 2000, Ottawa, pp.40-41.

6 公立学校における公用語第二言語履修者数と公用語少数派言語教育在籍者数

州　　名	学年度	公立学校在籍者総数	公用語第2言語履修者数	公用語少数派言語を教授言語とする教育の在籍者数
ニューファンドランド州ラブラドール地方	1989-90	130,109	76,157	204
	1998-99	97,649	24,146	268
プリンス・エドワード・アイランド州	1989-90	24,673	15,439	542
	1998-99	24,146	14,618	615
ノバ・スコシア州	1989-90	166,263	101,042	3,555
	1998-99	158,967	88,440	4,157
ニュー・ブランズウィック州	1989-90	134,731	76,795	44,943
	1998-99	129,129	70,865	40,713
オンタリオ州	1989-90	1,893,604	1,082,651	94,464
	1998-99	2,022,437	1,130,950	93,042
マニトバ州	1989-90	197,724	110,147	5,304
	1998-99	192,478	90,791	5,208
サスカチュワン州	1989-90	200,335	116,901	1,073
	1998-99	193,562	95,365	1,331
アルバータ州	1989-90	471,086	181,740	2,338
	1998-99	530,135	145,141	3,526
ブリティシュ・コロンビア州	1989-90	512,609	226,504	2,222
	1998-99	611,634	277,875	2,786
ユーコン準州	1989-90	5,113	3,282	52
	1998-99	6,199	3,631	111
ノースウェスト準州	1989-90	13,732	4,292	9
	1998-99	18,041	3,393	53
ヌナブト準州				
ケベック州以外の合計	1989-90	3,749,979	1,994,950	154,706
	1998-99	3,984,377	1,976,005	151,810
ケベック州	1989-90	1,038,935	597,607	103,489
	1998-99	1,014,971	575,906	101,697

Cf. Statistics Canada (1996), *Education in Canada, 1995*, Ottawa, p.41, Statistics Canada (2001), *Education in Canada*, 2000, Ottawa, p.43.

7 公用語第二言語によるイマージョン・プログラム在籍者数

州　名	学年度	初等教育機関	中等教育機関
ニューファンドランド州ラブラドール地方	1994-95	2,705	2,349
	1998-99	2,101	2,718
プリンス・エドワード・アイランド州	1994-95	1,609	1,853
	1998-99	1,465	1,987
ノバ・スコシア州	1994-95	2,727	7,238
	1998-99	3,000	9,702
ニュー・ブランズウィック州	1994-95	6,770	9,827
	1998-99	9,952	10,073
オンタリオ州	1994-95	97,963	48,719
	1998-99	94,867	67,028
マニトバ州	1994-95	12,886	6,406
	1998-99	11,046	6,355
サスカチュワン州	1994-95	7,042	3,754
	1998-99	5,446	3,671
アルバータ州	1994-95	18,697	8,819
	1994-95	16,652	9,692
ブリティシュ・コロンビア州	1994-95	17,782	11,296
	1998-99	17,309	12,124
ユーコン準州	1994-95	278	162
	1998-99	248	128
ノースウェスト準州	1994-95	320	172
	1998-99	395	297
ヌナブト準州			
ケベック州以外の合計	1994-95	168,779	100,595
	1998-99	162,501	123,675
ケベック州	1994-95	24,194	11,211
	1998-99	25,226	12,040

(cf. http://www.statcan.ca)

8 留学生数(大学) (1998-1999)

州 名	大学 学部	大学院	合計
ニューファンドランド州ラブラドール地方	160	275	435
プリンス・エドワード・アイランド州	76	15	91
ノバ・スコシア州	1,496	374	1,870
ニュー・ブランズウィック州	674	193	867
ケベック州	7,861	5,313	13,174
オンタリオ州	6,228	3,606	9,834
マニトバ州	707	299	1,006
サスカチュワン州	655	456	1,111
アルバータ州	1,519	1,013	2,532
ブリティシュ・コロンビア州	2,782	1,854	4,636
ユーコン準州	—	—	—
ノースウェスト準州	—	—	—
ヌナブト準州	—	—	—
カナダ(合計)	22,158	13,398	35,556

Cf. Statistics Canada (2001), *Education in Canada, 2000*, Ottawa, pp.118-119

＜出身地別留学生数 (1998-1999)＞

出身地	アジア	ヨーロッパ	北アメリカ	アフリカ	南アメリカ	オセアニア	無国籍	不明
留学生数	13,037	8,643	5,983	5,336	1,109	510	125	813

Cf. Statistics Canada (2001), *Education in Canada, 2000*, Ottawa, p.117.

9 教育財政

①教育費支出の動態（教育段階別）

(単位：百万ドル)

	初等中等教育	職業教育	カレッジ	大学	合計	GDP比
1986年	22,968.0	3,275.1	2,999.0	7,368.7	36,610.8	7.3
1991年	33,444.9	4,573.8	3,870.7	11,254.8	53,144.2	7.9
1992年	34,774.5	5,380.9	4,075.3	11,569.8	55,800.5	8.0
1993年	35,582.3	5,631.2	4,105.9	11,736.8	57,056.2	7.9
1994年	35,936.0	6,559.0	4,207.1	11,857.9	58,560.0	7.7
1995年	36,425.3	6,185.2	4,531.8	11,802.0	58,944.3	7.3
1996年	36,804.8	5,301.8	4,477.9	11,600.7	58,185.2	7.0
1997年	37,163.6	7,953.4	4,689.5	12,220.3	62,026.7	7.1
1998年	38,709.4	8,946.2	4,781.7	12,863.2	65,300.4	7.1
1999年	39,321.7	8,391.9	5,498.5	14,549.0	67,761.1	―
2000年	39,738.9e	8,669.9e	4,923.2e	13,168.3e	66,500.2e	―

Cf. Statistics Canada (2002), *Education Quarterly Review*, 2002, Vol.8, no.4, Ottawa, p.47.

②教育費支出(財源別)

(単位:千ドル)

州　名	年　度	地方自治体	州・準州政府	連邦政府	民間財源(私学等)	合　計
ニューファンドランド州ラブラドール地方	1998-99	582	761,671	300,917	151,995	1,215,165
	2000-01	0	789,608	223,966	178,636	1,192,210
プリンス・エドワード・アイランド州	1998-99	0	183,426	51,319	40,119	1,215,165
	2000-01	0	183,648	31,720	42,427	1,192,210
ノバ・スコシア州	1998-99	144,184	1,132,739	236,613	348,655	1,910,441
	2000-01	150,063	1,148,645	260,087	381,126	1,869,183
ニュー・ブランズウィック州	1998-99	63	1,084,512	236,613	201,980	1,523,168
	2000-01	63	1,148,645	160,087	220,175	1,528,970
ケベック州	1998-99	1,016,013	10,320,482	1,578,463	2,192,379	15,107,328
	2000-01	1,034,226	11,301,396	1,256,526	2,384,971	15,977,119
オンタリオ州	1998-99	5,955,004	12,490,267	1,837,351	4,455,231	24,737,853
	2000-01	5,698,689	12,430,159	1,587,701	4,777,967	24,494,516
マニトバ州	1998-99	578,906	1,227,233	417,368	372,463	2,595,970
	2000-01	610,508	1,334,966	383,472	383,079	2,712,025
サスカチュワン州	1998-99	566,314	1,009,639	427,040	282,925	2,285,918
	2000-01	600,171	1,115,506	385,072	263,597	2,364,587
アルバータ州	1998-99	1,290,282	3,275,722	588,543	1,443,784	6,598,331
	2000-01	1,297,925	3,647,320	516,634	1,406,708	6,868,587
ブリティシュ・コロンビア州	1998-99	1,271,895	4,587,320	816,383	1,663,965	8,339,710
	2000-01	1,307,273	4,919,096	697,031	1,740,873	8,664,273
ユーコン準州	1998-99	350	93,296	5,930	8,544	108,120
	2000-01	272	102,931	4,631	7,677	115,511
ノースウェスト準州	1998-99	10,936	280,764	2,373	15,474	309,547
	2000-01	9,266	184,690	1,101	11,596	206,653
ヌナブト準州	1998-99	—	—	—	—	—
	2000-01	900	119,321	16	3,187	123,424
その他(在外教育事業等)	1998-99	0	0	292,106	1,931	294,037
	2000-01	0	12,451	111,616	1,533	123,600
カナダ(総額)	1998-99	10,834,529	36,447,218	6,839,269	11,179,436	65,300,452
	2000-01	10,709,356	38,418,850	5,568,454	11,803,552	66,500,212

Cf. Statistics Canada (2002), *Education Quarterly Review*, 2002, Vol.8, no.3, Ottawa, pp.44-45

278 資　料

10　15歳生徒を対象としたOECD国際学力コンクールPISA2000の結果

①読解テスト

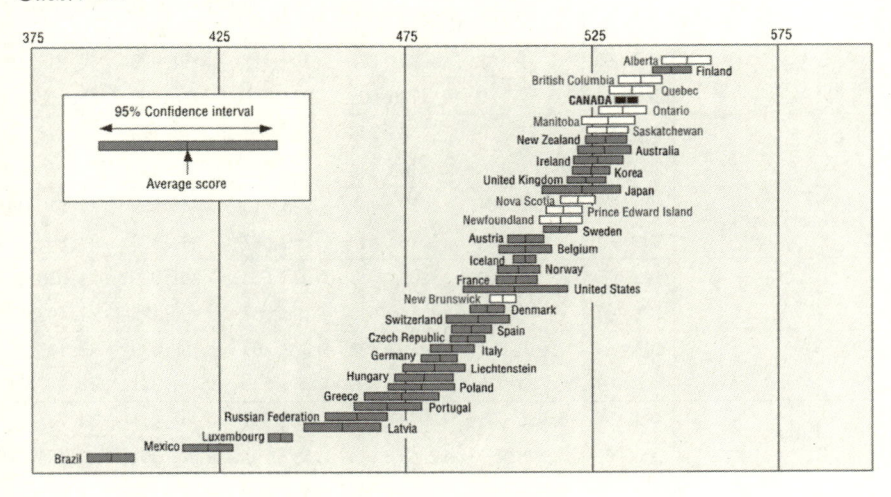

②数学テスト

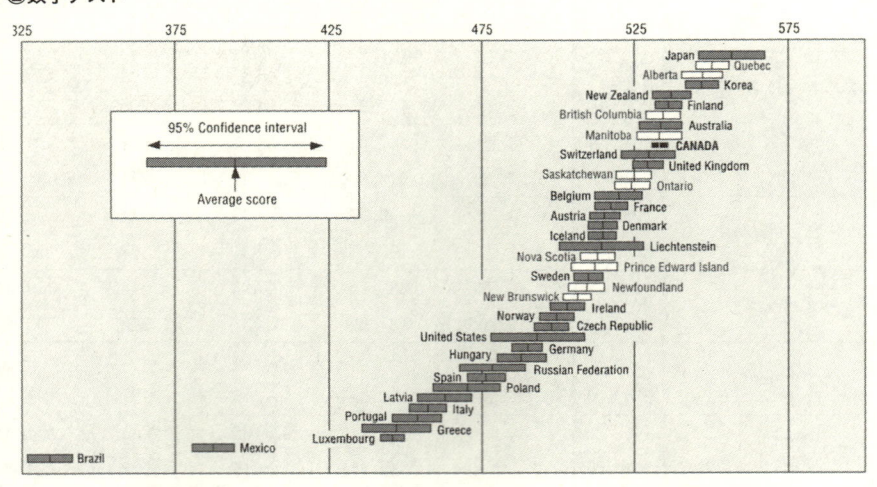

③理科テスト

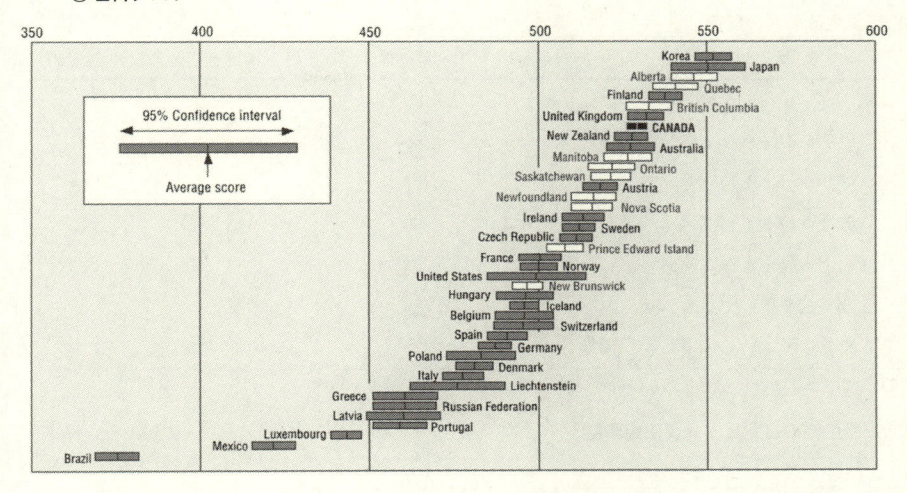

Statistics Canada (2001), *Measuring up: The performance of Canada's youth in reading, mathematics and science—OECD PISA Study—First Results for Canadians aged 15*, Ottawa, pp.14-15.

11　15歳生徒の学習環境とコンピュータ(2000)

①15歳生徒の学習環境
(%)

	カナダ	日本	アメリカ合衆国
家にコンピュータがある	88	67	83
家でインターネット接続がある	69	38	69
ソフトウエアを持っている	77	16	76
計算機を持っている	99	99	98
勉強する静かな場所がある	94	82	91
自分の机を持っている	85	96	78
楽器を持っている	72	80	67

Cf. Statistics Canada (2002), *Education Quarterly Review*, 2002, Vol.8, no.4, p.10

②15歳生徒のコンピュータ使用頻度
(%)

家　庭　で		学　校　で	
ほとんど毎日	51.6	ほとんど毎日	18.1
毎週数回	21.3	毎週数回	21.2
週1回乃至月1回	9.6	週1回乃至月1回	22.9
月1回以下	4.2	月1回以下	22.2
全く使わない	13.3	全く使わない	15.8

Cf. Statistics Canada (2002), *Education Quarterly Review*, 2002, Vol.8, no.4, p.12

③15歳生徒のコンピュータ使用状況
(%)

	ほとんど毎日	毎週数回
インターネット	46	71
電子コミュニケーション	38	60
ワード・プロセシング	17	52
ゲーム	21	48
学校の教材の学習	10	32
プログラミング	11	27
画像作成	9	27
スプレッドシート	6	21
教育用ソフトウエア	5	18

Cf. Statistics Canada (2002), *Education Quarterly Review*, 2002, Vol.8, no.4, p.13

注：278～280頁の統計は、OECD, *Programme of International Student Assessment, 2000* のデータをもとにしてカナダ統計局が作成したものである。調査対象は OECD の国際学力テスト参加者で、国ごとに原則として150校から200校の生徒5,000人ずつであるが、カナダは州としてのデータを得るために1,117校の生徒29,687人が参加した。

12 社会人の研修等への参加状況(1997)

州　名	雇用者の援助による研修		雇用者の援助のない研修		個人的な理由による参加	
	参加者数	参加率	参加者数	参加率	参加者数	参加率
ニューファンドランド州ラブラドール地方	38,700	9.0	22,700	5.3	28,600	6.6
プリンス・エドワード・アイランド州	12,400	12.0	5,300	5.2	7,600	7.4
ノバ・スコシア州	115,400	16.0	38,800	5.4	75,400	10.5
ニュー・ブランズウィック州	66,200	11.3	25,900	4.4	53,300	9.1
ケベック州	493,500	8.6	205,600	3.6	495,200	8.6
オンタリオ州	1,486,200	17.0	473,300	5.4	1,014,300	11.6
マニトバ州	129,100	15.5	44,700	5.4	87,900	10.6
サスカチュワン州	124,700	17.0	32,200	4.4	73,300	10.0
アルバータ州	393,000	18.6	111,300	5.3	239,900	11.4
ブリティシュ・コロンビア州	464,600	15.3	218,800	7.2	424,000	14.0
ユーコン準州	―	―	―	―	―	―
ノースウェスト準州	―	―	―	―	―	―
カ　ナ　ダ　(合　計)	3,324,000	14.4	1,178,700	5.2	424,000	10.8

注)社会人は17歳以上の教育機関に在籍していない人を指す。
Cf. Statistics Canada (2001), *Education in Canada*, 2000, Ottawa, p.94.

〔2〕カナダ

	連邦政府、CMEC等	先住民	ブリティッシュ・コロンビア州
1985	○多文化主義常設委員会設置 ○祝日法制定 ○少年犯罪法制定 ○学生ローン法制定		
1986	○雇用均等法制定	○連邦インディアン問題北方開発省は、先住民自治政府の樹立に向けた交渉に応じる方針を発表 ○ブリティッシュ・コロンビア州でシェセルトインディアン・バンド自治政府が発足	○高等教育・職業訓練省を設置 ○教育検討委員会設置を公約
1987	○国立識字事務局設立計画を発表		○高等教育・職業訓練省が高等教育省に、職業訓練は労働関係の省に統合 ○サリバン教育検討委員会設置 ○教員免許に関する法律改正 ○ブリティッシュ・コロンビア教員協会設立
1988	○多文化主義法制定 ○「全国識字戦略」全国識字水準向上のため補助金5カ年計画を発表		○サリバン報告書『学習者への遺産』 ○教育機会検討委員会報告書『ブリティッシュ・コロンビアにおける高等教育と職業訓練の機会について』 ○公立学校が成人を無償で12年生レベルまで受け入れることを制度化 ○遠隔教育発展のためオープン学習局を設置
1989	○カナダ労働市場生産力センター報告書『労働力向上戦略』 ○労働力向上委員会設置		○政策指針『サリバン報告書への対応』 ○学校教育法改正 ○独立学校法制定 ○教育省『ブリティッシュ・コロンビアの学校教育制度の責任』を発表 ○初等教育課程案 ○『Year 2000：未来のための教育課程と評価』 ○教育諸問評議会設置を発表 ○高等教育・職業訓練省が入学・転学審議会設置

教育年表

アルバータ州	オンタリオ州	ケベック州	
○中等教育改善計画発表	○人種関係に関する州諸問委員会設置	○ケベックの学校と文化集団に関する委員会報告書『ケベックの学校と文化集団』 ○高等教育・科学・技術省を高等教育・科学省に	1985
○学習上の困難を有する生徒のための学習プログラム（IOP）の発表	○カレッジ・大学省が継続教育の現状に関する報告書『成人だけのために』を発表	○教育省『中等学校における職業教育：政策表明と実施計画』を発表 ○フランコフォン・サミット	1986
○中等教育修了資格を普通資格と上級資格の2種類に変更を発表 ○卒業資格取得が困難な生徒のための修了証明書の導入	○『オンタリオ州遺産言語プログラム実施のための提案』によって州教育省が5つの施策を特定	○教育省に文化集団担当課を設置、主として移住者問題を担当	1987
○公用語以外に関する言語教育の制度化	○教育委員会に条件を付して遺産言語プログラム実施を義務付け	○公教育法全面改正 ○成人教育が公教育法の中に位置づけられる	1988
○中等職業教育課程「実業」に関する改善案発表		○『大学レベルの教育機関に関する法律』制定 ○出身地言語教育プログラム（PELO）の対象を実施校生徒の希望者全員に拡大	1989

	連邦政府、CMEC等	先 住 民	ブリティッシュ・コロンビア州
1990	○カナダ国際資格認定情報センター(CICIC)設置 ○移住者向け無料公用語プログラム発足 ○カナダ最高裁がアルバータ州の公用語少数派言語系住民の学校管理権を認める判決	○ミーチレーク憲法改正案、先住民の立場からの反対声明等により不成立 ○オカ危機、ケベック州オカ町のモホーク民族がゴルフ場建設業者を追い出すために道路を封鎖、カナダ軍と対峙	○教育省が卒業課程の教育課程、中間課程の教育課程、初等教育課程に関する案を発表 ○北ブリティッシュ・コロンビア大学設立に関する法律制定 ○幼稚部の年2回入学制導入
1991	○多文化主義・シティズンシップ省設立 ○カナダの将来に関する委員会全国世論調査報告書（スパイサー・レポート）	○連邦政府は王立先住民委員会を設置、先住民に関するあらゆる調査を行うことを諮問	○大学法改正 ○高等教育・訓練・技術省が『未来のためのパートナー』を発表
1992	○連邦政府将来計画委員会報告書、54実施項目の中13項目は学校教育の協力を要請 ○児童タックス・ベネフィット法制定		○州政府が給食への補助制度を導入 ○ブリティッシュ・コロンビア大学協会廃止、高等教育評議会設置 ○北ブリティッシュ・コロンビア大学開学 ○人的資源開発プロジェクト最終報告書
1993	○労働市場の変化と需要に対応する労働力養成のための事業「カナダ職業戦略」に着手 ○多文化主義・シティズンシップ省と遺産省の業務をシティズンシップ・移民省と遺産省に再編成 ○カナダ教育担当大臣協議会（CMEC）の学校教育達成度指標プログラム（SAIP）による全国数学学力テスト実施開始 ○カナダ最高裁がマニトバ州学校教育法を1982年憲法に違反と判決、フランス語系住民の学校管理権を認める ○カナダ・スクール・ネット発足	○連邦政府、ノースウェスト準州政府およびノースウェスト準州東部のイヌイットの間でヌナブト協定を締結 ○ユーコン準州の先住民バンド、連邦政府およびユーコン準州政府との間に、ユーコン・ファーストネーションズ自治政府一括協定を締結	○多文化主義法制定 ○大規模教員ストライキ（2～3月） ○州首相「Year 2000」の改革案破棄 ○教育省『ブリティッシュ・コロンビアの教育の質の改善』を発表 ○中間課程と卒業課程の新教育課程

(2) カナダ教育年表

アルバータ州	オンタリオ州	ケベック州	
○小学校学習指導要領資料編 ○アルバータ産業界が中等教育および中等後教育における職業能力育成の必要性を指摘		○「就学前・初等教育制度に関する規程」および「中等教育制度に関する規程」制定、1981年の規程を廃止 ○成人対象普通課程教育と青少年および成人対象職業課程の財政補助対象科目表の発表を開始	1990
○中等職業教育課程開発方針『職業・技術学習—未来を築く』を発表		○教育高等評議会提言『教育の経営：他のモデルの必要』、『明日の小学校』、『中等学校における知の統合』 ○教育省の文化集団担当課が文化集団担当部に昇格	1991
○フランス語系学校を管轄する地方行政当局設置を認める ○アルバータ教員組合(ATA)が Trying to Teach を発行、教育改革に対する改善を提唱	○州立コミュニティカレッジが事前学習測定認定制度(PLAR)開発に着手 ○連邦政府の「労働力向上戦略」を受け、オンタリオ調整訓練委員会を設置	○公教育法改正 ○教員養成課程認定委員会(CAPFE)発足(1997年に法制化) ○中等普通教育教員養成に関する政策文書 ○CEGEP制度の見直しに着手 ○州内で初のビデオ学級、教育委員会とモントリオール大学共同プロジェクト	1992
○1975年の政策を改正した「地域成人学習プログラム」を発表 ○地域継続教育評議会が地域成人学習評議会に名称変更 ○教育人口減少地区の教育委員会統廃合 ○アルバータ教員組合と家庭・学校評議会は Challenging the View を発表、教育は消費でなく投資と訴える ○『一つの月の下で』アルバータ少年連盟会議 ○「基礎教育協力における西部カナダ協定」締結	○学習に関する審議会設置 ○中等学校への移行期(7, 8, 9学年)の能力別コース制廃止 ○初等中等教育制度検討委員会発足 ○オンタリオ公立教育委員会連盟報告書『教育再編成』 ○教育省の諸問機関として父母評議会設置 ○教育省「政策・覚書プログラム第119号」、教育委員会に反人種主義・民族文化公正に関する政策導入計画の提出と政策実施の期限を設定 ○教育省、カレッジ・大学省、技術開発省の3省が教育・訓練省とカレッジ・大学省の2省へ再編成	○教育省が初等中等教育改善案を発表、 ○教員養成委員会（COFPE）発足(1997年に法制化) ○CEGEPに関する法律改正 ○コレージュ教育評価審議会制度化 ○教育委員会再編成準備委員会発足 ○教育省と高等教育・科学省が統合、教育省となる ○コレージュ評議会と大学評議会が教育高等評議会に吸収合併 ○州最高裁が教育委員会の宗派別設置制度廃止を認める判決	1993

	連邦政府、CMEC等	先住民	ブリティッシュ・コロンビア州
1994	○カナダ学生経済援助法制定、学生ローン法廃止 ○学校から職場への移行に配慮する政策を発表 ○CMECがカナダとしての優先政策課題を討議、始めて父母代表、生徒代表、教育関係者等も出席 ○CMECが最初の全国教育公聴会をモントリオールで開催 ○シティズンシップ・移民省の同意を得て都市問題研究を目的とする国際プロジェクト、メトロポリス・プロジェクトの立ち上げを検討開始	○連邦政府、『ユーコン・ファーストネーションズ自治政府法』を制定	○州政府が『今こそ技能を：現実の世界のための現実的な技能』を発表 ○学校教育法改正 ○『幼稚部から12学年の教育計画』 ○教科指導統合資料の導入 ○新しいタイプの学校トラディショナル・スクール設立 ○英語以外の言語教育に関する言語教育政策導入 ○技能開発と公正な賃金に関する法律制定 ○公教育分野の労働関係に関する法律制定 ○子ども、家庭及び地域サービスに関する法律制定
1995	○「カナダ・ニューファンドランド連邦加入条約」17条修正、宗派別教育委員会制度廃止が可能となる ○CMEC最初の「教育報告書」発表 ○連邦8省と社会科学・人文学研究協会（SSHRCC）がメトロポリス・プロジェクトに基金援助 ○全国モデル・スクール・プロジェクト報告書『カナダの中等学校』	○連邦政府、先住民自治は先住民の固有の権利であると承認、先住民自治政府の樹立に向けた交渉ガイドラインを発表、教育に関する立法権の承認を協議事項の一つに掲げた	○野党自由党が学校選択制とチャータースクールの導入を提言 ○新しい教育課程実施 ○公立学校管理者協会が組織される ○教育諸問評議会機能停止、州教育検討委員会に再編 ○新しい中等教育卒業要件導入
1996	○連邦最高裁はオンタリオ政府の私立宗教系学校への財政補助を認めないという決定は違憲ではないと判決 ○メトロポリス・プロジェクトのセンターをモントリオール、トロント、エドモントン、バンクーバに設立	○先住民対象のスクールネット計画発表 ○連邦政府、6月21日を「全国先住民の日」とすることを宣言 ○王立先住民委員会が最終報告書をカナダ総督に提出、先住民自治政府を連邦および州政府と並ぶ「第三の政府」として承認するべきこと等を勧告	○全学区の教育委員の総選挙 ○学区の統廃合実施、フランス語系学校評議会設置 ○教育省と技能・訓練・労働省の再編により教育・技能・訓練省の設置

アルバータ州	オンタリオ州	ケベック州	
○中等教育修了資格の普通資格と上級資格をアルバータ中等学校修了資格に一本化 ○中等教育改革計画提示 ○『成人学習の新たな方向』を発表 ○カナダで最初の技術準備プログラムの立ち上げ ○小規模教育委員会の統廃合 ○学校教育財政に関しアルバータ学校基金を設立 ○州政府が教育関係者の役割と責任に関する指針を発表 ○教育再建のための3年事業計画の下で教育省職員削減、 ○アルバータ教員組合会長、学級規模縮小を条件に教員給与5%減に同意	○公用語以外の言語教育において「遺産言語」の名称を「国際言語」に変更 ○教育相が州全体のコンピュータ・ネットワーク構築を表明 ○教育省『教育委員会における反人種差別および民族文化公正：政策展開と実施手引き』を発表 ○教育省『オンタリオ公立小学校の宗教教育』を発表 ○父母評議会が学校教育への親の参加を促進することを提言	○初等中等教育に関するプロジェクト委員会報告書『21世紀のためにわれわれの若者を準備する』 ○就学前・初等教育教員養成に関する政策文書 ○職業教育に携わる教員の勤務状況の分析に関する報告書 ○中等学校生徒の就労と学業の関係の調査研究報告書『学ぶことと働くこと』 ○ケベック教員組合（CEQ）が『異文化間教育政策表明』を発表	1994
○バーチャル学習システム開発に関する『変化への構想』を発表 ○チャーター・スクール手引きの草案発表 ○カナダの最初のチャーター・スクール認可 ○学校にスクール・カウンシル設置義務	○学習に関する審議会勧告書『学ぶことが好きになるために』 ○教育省『オンタリオの教育の新しい基盤』を発表、 ○学校にスクール・カウンシル設置義務 ○オンタリオ調整訓練委員会廃止 ○進歩保守党へ州政権移譲、反人種主義政策の撤廃	○州住民教育会議設置 ○教育省『若者の職業教育：高度化への挑戦』を発表 ○教育省文化集団担当部による多民族地域の学校と父母との連携プロジェクト ○教育省、中等学校フランス語新学習指導要領を認可	1995
○州議員を中心とする委員会（MLA）の教育へのビジネス参加に関する提言 ○教育省文書『企業の教育参画の基本的枠組』 ○『テクノロジーを通じたアルバータ成人学習システム強化』発表 ○連邦政府との職業訓練に関する協定、 ○『Employability and beyond』（コンセプト・ペーパー）を発表、 ○『人々と繁栄』（ディスカッション・ペーパー）を発表	○EQAO（教育の質とアカウンタビリティに関するオフィス）設立	○州住民教育会議報告書『教育制度の刷新：優先事項10項目』 ○特殊教育の教員養成に関する政策文書 ○ケベック校長会（FGDE）が『自立した責任主体である学校』を発表 ○教育相「成功へ向かって舵を取る」を標語に教育改革着手を発表	1996

	連邦政府、CMEC等	先住民	ブリティッシュ・コロンビア州
1997	○全国の識字率レベル向上のため識字問題に専門的に取り組む国立識字事務局の設立計画発表 ○CMECが全国理科ガイドラインを発表 ○1867年憲法の教育条項改正、93条Aを追加	○連邦人材開発省、イヌイットと保留地に居住する先住民を対象とする『ファーストネーションズ及びイヌイット青年雇用戦略』を発表 ○先住民青年への職業訓練事業を開始 ○連邦インディアン問題北方開発省とファーストネーションズ議会が王立民委員会勧告に対する新たな政策について協議を開始	○『今こそ技能を』政策に関連して、新しい学習技術を応用したプログラム開発のための新しい学習ネットワークづくり開始
1998	○カナダ統計局報告書『ハイスクールだけでは不十分になるだろう』 ○「全国識字戦略」により、全国の識字レベル向上のために1億1千万ドルを以後5年間投資することを発表	○連邦政府、王立先住民委員会の勧告を受けて先住民に対し「和解声明」を発表 ○連邦政府『力を結集して―カナダ先住民行動計画』を発表 ○「先住民ヒーリング財団」を設置 ○連邦政府、ミックマック教育法制定 ○連邦政府、先住民言語プログラムを開始、運営を主だった先住民諸団体に委ねる ○政府、保留地の先住民に対し、「先住民ヘッドスタート計画」を実施	○学校教育法改正 ○公教育職員の団体交渉に関する法律
1999	○カナダ労働市場生産力センター報告書「労働力向上戦略」を発表 ○全国教育担当大臣合同宣言『21世紀の黎明において共有する教育の優先課題―カナダ教育担当大臣協議会の今後の方針』(ビクトリア宣言)	○ヌナブト準州が発足 ○ヌナブト準州政府イヌイット文化を基盤においた教育制度の構築をすすめることを発表 ○連邦インディアン問題北方開発省、「教育改革基金」を設置、先住民コミュニティの教育プログラムへの助成を開始	○教育諸問審議会が復活

アルバータ州	オンタリオ州	ケベック州	
○職業・技術学習が実業コースに代わって州内全ての中等学校で実施 ○学校外教育課程改訂 ○教育省が学校から職業社会への移行を重視した教育改革プログラム開発を発表 ○州政府全体としての人材育成計画を発表 ○65のボランティア訪問による識字プログラムを開始、地域成人学習プログラムの一環、各地域の成人学習評議会と識字教育組織が協力	○「教育改善法」制定 ○州統一標準テスト実施開始 ○『教育における卓越―オンタリオ教育改革計画―』	○教育課程改革委員会報告書 ○教育省、教育課程改革構想発表 ○教育省、移住者の学校への統合と異文化間教育に関する政策『未来の学校』を発表 ○公教育法の大幅改正 ○学校運営への父母等の参加制度の改正 ○教員養成制度改正 ○既存の成人教育センターとは別に職業教育センターを制度化 ○教育高等評議会、教員の継続教育に関する意見具申 ○学校における宗教教育の位置付けに関する検討チームを設置	1997
○教育省「職業技術学習要領」刊行 ○情報コミュニケーション技術の10～12学年全科目における実施方法を提示	○教育財政制度改正 ○州法廷は「教育改善法」の一部を違憲とする ○科学・技術の新教育課程を発表。CMECの全国理科ガイドラインに基づく最初の試み ○小学校用新成績通知表発表 ○小学校新教育課程実施開始	○教育委員会再編、宗派別から言語別に、教育委員会数も削減 ○教育高等評議会具申『教育コミュニティー、学校：中等学校刷新への道』 ○教育省、継続教育政策発表 ○教育省、異文化間教育に関する政策・実施計画表明	1998
○教育関係2省が学習省に統合 ○学習省、学校から職業社会への移行を重視した教育改革全貌を提示 ○条件を付して私立学校への補助金を増額	○教育・訓練省とカレッジ・大学省が教育省と訓練・カレッジ・大学省に再編成 ○中等学校新教育課程実施開始、中等学校は4年制に、(13学年用OACコースは2003年に廃止) ○識字基礎技術(LBS)の導入、識字及び基礎技術教育に携わる地域団体組織への資金援助開始	○新学習指導要領（暫定版を発表） ○中等職業教育に関する調査報告書 ○障害児教育に関する実施計画『学校はすべての生徒に適応する』 ○教育省、教員養成改善に関する指針を発表 ○教育省、教員の継続教育に関する指針を発表	1999

	連邦政府、CMEC等	先　住　民	ブリティッシュ・コロンビア州
2000		○ブリティッシュ・コロンビア州においてニシュガア自治政府が発足 ○連邦会計検査院、インディアン問題北方開発省の初等・中等教育財政を検査、教育政策の改善を求める	○上級免許状取得要件の引上げ
2001	○移民・難民保護法制定、移民法廃止		○教育省と高等教育省に再編成 ○政策文書『ブリティッシュ・コロンビアの学校における多様性』
2002		○ヌナブト準州政府、議会に「教育法案」（法案第1号）を提出 ○連邦インディアン問題北方開発省、連邦下院議会に「ファースト・ネーションズ統治法案」を提出 ○連邦インディアン問題北方開発省、カナダ全土から13名の先住民教育家を指名し全国教育作業部会を設置 ○連邦政府、北西準州政府および第11条約下のドグリブ民族の間でトリチョー合意調印、トリチョー自治政府発足	○学校企画委員会設置の義務化

注）①本年表は本文関連事項について1990年代を中心とした年表の概略である。②各州の欄に記載されている

(2) カナダ教育年表 291

アルバータ州	オンタリオ州	ケベック州	
○実技見習および技術訓練に関する法律の改正	○州首相が『納税者への報告書―障害者のための学習』を発表 ○職業向けオンライン技術訓練プログラム開発のため「生涯学習挑戦資金」をTVオンタリオに投資委託	○「就学前、初等教育及び中等教育に関する教育制度」制定、1990年の2規程を廃止 ○教育相「教育宣言」 ○小学校新教育課程適用開始 ○教育省が普通教育、職業教育、成人対象普通教育の学習評価政策『学習の評価』を発表	2000
○学校教育法改正 ○高校数学の教育課程改訂 ○教員給与2乃至4% 2年間引き下げ	○「技能習得実習強化資金」を設け、各カレッジの職業技術更新プログラム充実への投資を開始 ○「熟練労働者技術更新プログラム」開始のための投資計画発表 ○ITによる遠隔教育の開発と実施を目的に「生涯学習エクセレンスセンター」の設立計画発表 ○スクールカウンシルに関する新規程	○小学校学習指導要領(認定版)発表 ○教育省『継続教育の観点での成人教育政策―知識への情熱を分かち合うために』を発表 ○教員養成委員会の教員養成内容改善のための報告書 ○「就学前、初等教育及び中等教育に関する教育制度」規程改正	2001
○英語の教育課程改訂 ○キャリア・生活設計の教育課程(11学年必修)改訂 ○『アルバータ州の成人学習システムのプロフィール』を発表 ○教育予算増、学級規模縮小、教室環境の改善を求める、教職員ストライキ ○教員業務に関する法律に教員が反対、教員の持ち出し業務拒否 ○学習省、委員にアルバータ教員組合員を任命	○財政方式見直しに関する報告書 ○教員評価基準を定める授業の質に関する法律を制定 ○オンタリオ州教員協会(OCT)による教員審査発足 ○OCTによる教員研修制度を義務化 ○識字基礎技術教育(LBS)事業の一環として、72の地域プロジェクト研究開発資金助成を開始	○教育相、恵まれない地域における中等学校生徒の学業成功のための特別施策を発表 ○中等学校新学習指導要領が2004年実施に向けて科目ごとに発表開始 ○初等教育学習評価指導書を発表 ○州首相、関係行政機関との連携で成人教育と継続教育に関する政策を発表 ○教育省政策文書『教育の国際化に成功するために』	2002

政府機関、法規等は当該州独自のものである。③先住民政策については連邦レベルに限定している。

付　　　録

国際教育の機会と挑戦：カナダのアプローチ
カナダ連邦政府アジア太平洋担当閣外相
ディビッド・キルゴール(David Kilgour)氏の講演

グラント・マクイーワン・コミュニティ・カレッジ・アルバータ・キャンパス内
アルバータ国際教育事務局において　2002年10月11日

皆様、こんにちは。今日ここで、カナダの鍵となるべき財産のひとつ、教育について話すことは私の喜びとするところであります。（アジア太平洋担当）閣外相として、地域におけるカナダの教育の結果とサービスの促進を図ることは、私の優先課題のひとつです。どこへいっても、私はカナダとその中等後教育制度について、よい評判を耳にします。世界の先頭を走っている私たちの教育委員会や技術関連機関、カレッジおよび大学について、夢中になって話すことは容易なことです。しかしここでは、今日の知識を基盤とした経済を形づくっている、いくつかの鍵となる世界的な傾向に焦点をあててみたいと思います。それと同時に、これらの傾向によって表されている、いくつかの機会についても触れたいと思います。最後に、皆さんの感想もいただきたいと思います。

世界的傾向

A．関係づくり(Connectivity)

世界は変化しています。若い人と教育をうけた人が、その変化を先導しています。私たちは、コミュニケーションのとりかた、ビジネスや貿易のしかた、そして、暮らしかたにおける大きな変化の只中にいます。皆さんも、次のような専門用語を聞いたことがあるでしょう：「ワイヤレス」—「ビジネスの電子化」—「インターネットの力」—「グローバル化」—「地球村」など。私たち

はとても頻繁にこれらを耳にしていますので、無視してしまうのは簡単です。しかし、これらは本当に、私たちのビジネス、生活、そして学習を革新的に変えているのです。カナダはこの環境に上手に適応しています。私たちは、貿易をしている国です。現代的なフェニキア人といってもよいでしょう。

　これが意味することは、私たち1人1人にとって、世界は小さくなってきているということです。挑戦は、誰もこの流れに立ち遅れないようにすることです。カナダにおいては、インターネットの力を利用して、これをおこなっています。1999年、カナダは、公立学校と図書館をインターネットでつないだ世界で最初の国になりました。

　この動きのひとつとして、スクールネット化プログラムが、教室相互の関係づくりをすすめるように動いています。たとえば、衛星を利用して、先住民対象の学校、遠隔地にある学校、図書館を、ネットでつないでいます。そして、学校ネット化のウェブサイトには、子どもたちや教員が家や学校で使える電子化された教材が1000以上あります。すべての州において、遠隔地やそれがなければ大学教育を受けられないグループを対象に、仮想的に大学教育のプログラムを届けるコミュニケーション・メディアを開発しました。関係づくりの指導者として、私たちはこの経験を輸出し、同時に、ほかの国々のデジタル・ディバイドを解消するのを助けています。

　カナダの民間機関では、すでにこの任務を進めています：

- バンクーバーの発明工房(Ingenuity Works)は、長年、インターネットの教材開発において、抜きん出ています。そのオンライン・ポータルサイト、「学習の窓(The Learning Window)」は、世界の3万を超える学校で使われています。
- ノバ・スコシアの指導的企業、数学教材(Math Resources)は、アメリカとアジアの教育機関における数学の教材の需要に応えて、数学の双方向的ソフトウェアやオンライン教材を開発しています。
- ニューファンドランドのメディア・タッチ(Media Touch)は、よく使われ

ている教育機関向けの教育課程管理システムに加えて、宇宙、海洋、石油産業の訓練向けの教育ソフトを開発してきました。

　新しい技術を利用することは、自然に遠隔教育を進めることになります。たとえば、アルバータ州、ブリティッシュ・コロンビア州、ケベック州では、普通の大学によって提供されてきた遠隔教育プログラムにくわえて、イギリスをモデルにした「オープン・ユニバーシティ」を発展させてきました。これらの「オープン・ユニバーシティ」は、柔軟な志願者受け入れ方針を採っていて、学生のほとんどはパートタイム制で学び、その年齢は24歳以上です。教育課程は、自宅での学習用につくられていて、電話による個人指導のもと、印刷資料、音声やビデオテープ、テレビやテレビ面談を利用します。
　遠隔教育の需要は、カナダに限られたことではありません。世界中の多くの国々において、その需要は高まっています。最近、インドの人材資源開発大臣、リタ・バーマさんと話す機会がありました。その席でバーマ大臣は、私たちの遠隔学習プログラムについて、「あなたがたは、プログラムをもっている。私たちは、それらを使う人口をもっている」と語っていました。私たちは、カナダの遠隔教育を世界へもっていく、驚くほどの機会をもっているのです。

B. 多様性(Diversity)

　しかし、私たちは単なるプログラム以上のものをもっています。私たちは特別なもの―それほど多くの国々が提供していないもの―をもっています。一言でいえば、多様性、寛容性、そして、尊敬です。私たちは、世界のほかの国々がちょうど直面しはじめた多くの難題と取り組むことに成功してきました。私たちは、受容的な、多様性のある、洗練された社会をつくることに成功しました。私たちは、おそらく間違いなく、世界を理解することができます。なぜならば、私たちの国境のなかに、世界があるからです。結果として、私たちは世界市民として考え、行動するしかありません。「これ」が、私たちの教材やプログラムやサービスを魅力的なものとし、知識を基盤とした経済に方

向付けてくれるのです。

C. 流動性 (Mobility)

アイデアとノウハウの移動だけではありません。とくに教育の分野では、人々の移動もあります。私たちは、カナダの教育を国際的なものとするよう、カナダを世界にもっていくよう、さまざまな活動をしています。これには、二つの構成要素があります。(1)もっと多くの留学生や研究者をカナダに迎えること。(2)もっと多くのカナダの学生や研究者が、海外で勉強したり働いたりするようにうながすこと。

留学生や研究者をカナダに迎えること

私たちの未来の成功は、ある程度までは、最高の人材、アイデア、そして学問を私たちの国に引きよせる能力にかかっているでしょう。実際の留学生数は、各機関によって決められる方針によります。しかし、その利益が否定しがたいものであり、その可能性が私たちすべてに機会を与えてくれていることは、異論のないところでしょう。留学生と研究者をカナダに迎えることは、友情と交流をすすめ、生涯続く外交官をつくり、カナダのキャンパスを国際的なものにします。それに加えて、昨年の留学生受け入れは43億ドルをカナダにもたらしました。

これは、驚くべきことではありません。私たちは、売りこむに値するすばらしいものをもっています。カナダの技術関係機関やカレッジや大学は、世界のトップクラスです。工学に限っても、北米の40におよぶ指導的な工学部のうち、18校をカナダが占めています。これは、カナダの人口がアメリカの10分の1であるという事実にもかかわらずです。私たちはもうひとつ、数字では表せない、貴重なものも提供しています。すばらしい、高度に洗練された生活の質です。たとえば、カナダは、安全で温かい環境、手ごろな生活費、そして探索し尽くせぬ美しい国土を提供しています。私たちは、魅力的で洗練された、生活するのが楽しい場所にいるのです。私たちは、新しく来た人々を貴重なものと考える包容力のある、多文化の社会をもっています。短

くいえば、私たちは、私たち自身、そして私たちが他の人々に言葉で公言していることを行うことによって、学生を引きよせているのです。

しかし、学生を受け入れるということは、ここにいる皆さんがご存知のように、製品を売るのと同じことではありません。私たちはそのかわりに、人々がその人生のなかでもっとも重要な数年を過ごすために、ここに来るよう招待しているのです。私たちと生活をともにし、私たちから学び、カナダが提供する最高のものを吸収していってほしいのです。

留学生の獲得にあたっては、多くの競争があります。しかし、私たちは、この難題に挑戦するにあたって、次々と成功をおさめています。それをどのようにやっているのでしょうか。まずなによりも、私たちのカナダのアイデンティティを宣伝することによってです。

- 私たちの政府のオンライン事業は、カナダに関する情報を、インターネットに接続できる人すべてに、提供できるようにしています。それが、たまたま興味をもった人でも、子どもたちでも、研究者でも、学生でも、保護者でも構いません。
- 世界中にある、私たちのカナダ教育センターのネットワークは、カナダの教育の情報を直接、それを必要とする学生や保護者に届けます。
- 過去27年間、私たちはまた、他の国々で、カナダ研究の活発なプログラムを設立してきました。今日、30以上の国々において、7000人以上のカナダ関係者がいます。彼らはそれぞれの国の指導的立場の人々にカナダの利益や政策を伝えています。事実、私は昨年の3月、オーストラリアのシドニーにある、南ウェールズ大学のカナダ研究所において、講演をしました。この1月には、インドにある、インド・カナダ学会において、講演するのを楽しみにしています。

それから、もちろん、あなたがた一人一人が率先してやっていることもあります。カナダの諸機関は、共同的な企画において、新しい地平を開こうと

しています。そのうちのいくつかは中国に提携校や分校をもっていて、カナダのアイデアや価値を伝え、カナダへの留学を援助しています。

もっと多くのカナダの学生や研究者が海外で勉強したり働いたりするようにうながすこと

　私たちにとって、カナダの学生や研究者が、海外で勉強したり、旅行したり、働いたりするようにうながすことも、同じように大切なことです。ここでも私たちは、すでに成功をおさめています。しかし、いつでも改善の余地はあります。

- 青少年国際実地研修プログラム(Youth International Internship Program)は、地球上の数10の国々において、学生が職業と結びついた職場体験をもつ機会を提供しています。
- より非公式なレベルでは、ワーキング・ホリディ・プログラム(Working Holiday Program)と学生外国体験プログラム(Student Work Abroad Program)が、若い人々が他の国々で、旅行したり働いたりする機会を提供しています。昨年は、3万6,000人以上の青少年が、カナダと20もの他の国々のあいだを旅行しました。
- 多くのカレッジと大学が、学生が外国で教育を受けることを認める単位互換制度をもっています。

　もちろん、多くの人々は、「頭脳の流出」について心配します。しかし、その危険は、帰国者によって得られた価値で、十分相殺されるものです。もしカナダに仕事や機会があれば、人々は帰ってきます。研究は、完璧な実例です。カナダの大学において、研究責任者の立場にいる人の多くは、ここカナダにおいて、世界レベルの研究をおこなう機会をもとめて、海外から帰国した人々です。

すべてのレベルにおける協同

A. 大学

もし私たちがこの分野において、成功をおさめたいと思うならば、教育機関、民間機関、そして連邦および州政府が協力して働くことを、確保する必要があります。カナダの大学は、その要請を取り上げ、幅広いレベルで国際的な協同を進めています。

- カナダ大学・カレッジ協会によれば、カナダの大学は1996年の段階で、ほぼ1800もの国際交流に関する提携をしています。それらは、芸術分野における100校以上のカレッジとの学生交換プログラムから、工学の多くの細かい分野における研究者交換や共同研究まで、幅広い分野に及ぶものです。
- 姉妹校の提携は、パートナーである機関が相互にその大学の教育課程の一部を提供したり、教え方やテキストや評価基準をモデルとして採用することを認めます。
- 1995年までにおいて、カナダの大学は、発展途上国の機関と、2000以上にわたる国際開発プロジェクトを協同して行っています。それらは、農業から治水学の範囲まで、研究者や学生、そして行政官までふくむものです。
- ロンドンのカナダ政府代表事務所によって始められた「知識のための協力(Partnership for Knowledge)」は、2回目の会合をエドモントンで成功裡に開催し、学問における流動性と協同のためのプログラムを開発するために、イギリスとカナダの研究者とビジネス界の指導者を一堂に集めたのでした。

B. 政府

連邦政府と州政府は、緊密に協働していかなければなりません。私たちはすでに、国際教育の分野で、教育担当大臣協議会、そしてすべての州と準州

とのあいだで、しっかりとした協働関係をもっています。私はここで、多くの協同プログラムやカナダの州が他の国々ともっている流動性について、十分に説明することはできません。そのかわり、私たちの部署が、アルバータの省庁とアルバータ国際教育センターとのあいだにもっている、すばらしい関係について焦点をあてたいと思います。

アルバータ学習省の国際教育政策は、アルバータの人々が世界経済に対して準備し、学生を集めることにより経済的効果を生み出し、国際的に高い質の競争力のある教育を提供する機会のモデルとして評価されてきました。私たちは、アルバータ国際教育センターと直接に、あるいは、最高の実践を分かちあい情報を交換する他の州や連邦政府の教育機関との会議の開催をとおして、しっかりと協働してきました。

これは、たったひとつの例でしかありません。もうひとつの例としては、連邦および州政府、教育機関および民間機関の代表からなる教育助言委員会(Education Marketing Advisory Board)があります。教育助言委員会は、カナダの教育資産をより広めるにはどうしたらよいか、関係者が考えかたを交換する全国会議です。ここ数年は会っていませんが、この12月には、会議のメンバーと会えればと思っています。私の友人でもある、国際貿易省のピエール・ペティグルー(Pierre Pettigrew)が、議長をつとめる予定です。

私たちの大学は、積極的に留学生を集めています。数字が、それを語っています。1998年、カナダの学生ビザの所持者は、7万7480人いました。2001年には、13万3021人いました。これに、ビザを必要としないカナダへの短期間の留学生7500人が加わります。

しかし私たちは、状況をあまりに狭く見ることはできません。挑戦は続きます。私たちができるかぎり成功をおさめるには、解決しなければならない事柄があります。移民やビザの問題、利益とコスト、単位の互換と学位の認知など、枚挙に暇がありません。州政府と連邦政府は、いっしょになって働かなければなりません。教育機関は、海外において、強く主張する必要があります。

私たちは、外を見ることを続けなければなりません。私たちはみな、カナダが新しい知識を基盤とした経済を利用するのに、絶好の立場にいることに同意すると思います。そして、皆さんの考えを聞き、それを実現するために、皆さんと働くことを楽しみにしています。

　どうもありがとう。

（宮本　健太郎訳）

　注：ディビッド・キルゴール氏は2002年秋に教育をテーマに日本の情況を視察するために来日した。カナダ教育研究会の代表も在日大使館主催の昼食会にお招きを受け、直接キルゴール氏を囲んだ教育問題についての話し合いに参加することができた。これを機に、在日カナダ大使館公使ポール・マイヤー氏より、このディビッド・キルゴール氏の講演"The Opportunities and Challenges of International Education: A Canadian Approach"の原稿がカナダ教育研究会に参考として送られたのである。

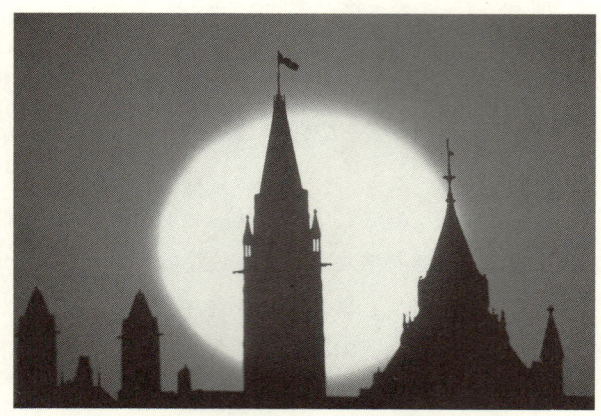

連邦政府議事堂のシルエット©カナダ大使館

カナダ留学① 学位取得(長期留学)

　学位取得をめざす留学について、筆者の限られた経験から述べていきたい。まずは大学探しである。カナダの大学は、一応一般的な評判はあるものの日本のようにすべてを輪切りにして「どこの大学が一番」というわけではないので、それぞれがそれぞれの興味関心にあった大学を選ぶこととなる。情報集めはカナダ大使館の図書室が非常に便利である。大学が決まれば入学のための要件を満たすことが必要になる。必要書類(学位取得証明書や推薦状)を集めて希望大学の入学係に送付する。また語学能力を証明するためのテスト(TOEFLなど)で各大学が定めた得点を挙げる必要がある。この場合、例え点数が1点でも足りなければ入学は認められない、と考えておいた方がいいといえる。また奨学金であるが、カナダ留学に際しては、アメリカのフルブライトのような包括的な奨学金制度はないが、カナダ大使館を通して連邦政府の「国際カナダ研究カウンシル」が留学生向けの奨学金(授業料含む、返済義務なし!)を給付している。

　さて、応募書類が受理され、語学能力テストでも必要な点数を挙げ、晴れて入学許可通知を手にして喜んでいるのもつかの間、大学院での授業が始まる。学位取得までは各大学院、各研究科、各コースによってまちまちであるが、ここでは筆者が在学するトロント大学オンタリオ教育研究所(OISE)教育理論政策研究科教育行政学コースについて見ていく。まずOISEの特徴としては、現職の教員あるいは教育委員会の職員などが学生総数の大半を占める、ということである。これを可能にするため、フルタイムのみでなくパートタイムとしての在籍も認められる。大学院修士課程は学位の種類としてMAとM.Ed(教育学修士)に分かれる。端的にいえば、MAは研究者志望、M.Ed.は実践家向きといえる。ゆえに、M.Ed在籍の学生には現職の教員が多い。同じように博士課程もPh.D.(研究者志望)とEd.D.(教育学博士、実践家向け)に分かれる。学位は定められたコースワーク(授業の履修)をこなした上で論文を提出して、

受理された場合に授与される。

　さて、ここからは筆者が体験している Ph.D. コースについて詳しく述べていく。まずコースワークであるが、筆者の場合は平均の6コースが課された。このうち3コースは必修であり、内容は社会学理論の教育行政学への応用、量的調査の方法論、質的調査の方法論であった。授業の内容として例えばオンタリオ州の教育改革を題材とすることはあっても、その改革の内容を学ぶことが主眼ではなく、あくまでもそれを題材として「方法論を学ぶ」ことが重要視される。さて要件のコースワークをこなして、いよいよ博士論文執筆の準備に入る。これまで得た知識を総動員して研究計画書を作成する。ここから指導教官と緊密な連絡をとりながら作業を進める必要性がでてくる。研究計画書と併行して、自分の論文のテーマが教育行政学全体の中でどのように位置づけられているのかの理解度を示すための「コンプリヘンシブ・ペーパー」も作成しなければならない。指導教官との協議の上研究計画書およびコンプリヘンシブ・ペーパーが一応の完成をみた場合、研究計画書の口頭試問を受けることになる。これに先立って、指導教官以外に2人の教官を含めたコミッティが形成される。口頭試問の前に2人の委員会のメンバーとも計画書について協議しておく必要がある。この3人に加えて当日には外部審査員(「外部」とは言うが、この段階では実際は同じ研究科の教官であることがほとんどである)が2名加わる。口頭試問は平均して1時間半から2時間である。さて口頭試問に受かったとしても安心はしていられない。その直後に「コンプリヘンシブ試験」を受けなければならない。これは先述のコンプリヘンシブ・ペーパーの内容について外部審査員からの質問に答える口頭試問である。この場には本人と指導教官、外部審査員2人の計4人しか入室を許されない。平均して30分から45分くらいである。さて、このコンプリヘンシブにも合格した。これで博士論文執筆のための調査が始められる、というわけにはいかない。人間を対象に調査を行う場合、倫理委員会の審査を受けなければならない。これは調査対象者のプライバシー保護等の観点から重要な手続である。この審査には調査のためのプロトコルを作成・提出し、通常審査に1－2ヶ

月かかる。また、調査計画についていくつかの修正を求められるのが普通である。この倫理委員会の審査に合格してようやく調査を実施できる。そしてデータ収集を行い、博士論文を執筆し、最終口頭試問となる。これは、指導教官に委員会メンバー、その他の投票メンバーに加えて、OISEの外から外部審査員を招いて行われ、これに合格して晴れて「博士」となることができる。この間、カナダ人の学生でも博士号取得に5年以上かかることはざらである。長く険しい道のりである。そのためか、ドロップ・アウトする学生も少なくない。

(ひらた　じゅん)

カナダ留学②　交換留学（短期留学）

　学位取得を目的としない留学の形もあることを紹介しよう。昨今、大学間の交換留学協定が多様な形態で締結され、数ヶ月間、一年間といった短期で留学生活を送る学生が増えている。カナダでも州内、国内、海外と、様々なレベルの二校間、多校間の交換留学協定が結ばれている。交換留学制度上では授業料等の留学生活のための必要経費は協定ごとに異なるが、全額免除、一部免除、登録単位ごとの授業料負担など、学位取得を目的とした留学と比べて経済的な負担が少ない。派遣先では、大学院の所属であっても、学期やサマー・コースなどで学部科目の登録が可能な場合もあり、自分の興味のあることを比較的自由に勉強することができる。また、応募、選考、派遣先との連絡は、協定によってある程度簡素化されており、渡航の何ヶ月も（何年も）前から個人で願書を取寄せたり、書類を揃えたり、留学希望学科や受入れ担当者と連絡を取ったりなどの複雑な手続きを踏んでの留学準備は必要とされない。何より、交換留学制度の利点は、所属大学に籍を置いたまま、留学ができるという点であろう。

　その反面、交換留学にはいくつかの制限もある。聴講を希望していた科目の担当講師がサバティカル（研究休暇）のため、その年は当該授業が開講され

ておらず聴講できないなどという期限付き留学の短所もある。また、留学先で取得した単位を所属校の類似科目に振り替える形で単位認定するという手続きをとる場合、所属校に類似科目が設置されていなければ単位が認められないこともある。

　ケベック州にあるマギル大学(McGill University)は、留学生の受入れに積極的である。多文化・多言語都市モントリオールにあり、多様な背景をもつ人々が学ぶ、まさに"世界の縮図"ともいえる学府である。授業は基本的には英語で行われるが、提出課題をフランス語で書くことも認められている。また、街の中心地にあるため、仕事を終えた人々が学びやすい夜間の授業開講も多く、生涯学習の場としても活用されており、世代、職業、言語、民族を越えた交流を図れることも魅力である。

　筆者はマギル大学大学院で交換派遣留学生として一年間を過ごした。その経験から、学生生活の一端を紹介しよう。日本の大学の事務所は学部ごとの設置が多いが、マギル大学では学科ごとにセクレタリーが配置され、学科所属の教員と同じフロアにあるオフィスに常駐している。セクレタリーは、単位登録の上限・下限などについて学生に助言したり、学生と教員との仲介役としても頼りにされていた。単位互換留学生にもスーパーバイザーがつき、各種相談にのってくれた。

　授業参加にあたっては相当の作業量が必要とされる。毎週、数十頁分(時に数百頁分)の論文のリーディングが課され、数週間ごとに課題書の要約作りやプレゼンテーション課題(個人、あるいはグループ)をこなし、学期の最後には小論文・レポートを提出する(学部授業では試験が課されることが多い)。この流れが一科目の一学期分であり、交換留学生といえども、他の学生と同じように授業参加を求められる。いずれの授業でも学生は単位取得のためにかなりの量の作業が求められているが、このような授業の質・量は、修士論文など論文提出によって学位を取得する代わりに、規定の単位数を満たすことで学位を得るコースに在籍している学生に合わせているためともいわれる。

　図書館利用、コンピュータ環境へのアクセス、アスレチック・ジムやス

ケート・リンクなどの運動施設利用などは、交換留学生であっても、他の学生と同じ条件で利用資格が与えられており、学生生活を送る上で、不便を感じることはなかった。また、留学生向けのバディー制度(Buddy Program)があり、事前に制度の利用を申込んでおけば、渡航前からカナダ人学生のボランティアとEメールで連絡を取りあい、カナダでの生活や勉学に関して質問することができる。学内は留学生同士のネットワークも充実しており、留学生団体が、毎週末にはパーティーや小旅行を企画しており、そこに参加することで世界各国からカナダに学びに来ている学生と交流を図ることができる。

　留学の目的は人それぞれであるが、留学生活の最大の魅力はその土地の人として一定期間生活し、新しい世界を見たり、聞いたり、経験できることではないだろうか。交換留学制度を活用して、カナダのキャンパス・ライフを堪能することもお奨めである。

(こだま　なな)

マギル大学©ケベック州政府東京事務所

あ と が き

　21世紀を迎えた今日、日本からカナダへ年間約1万2千人が留学している。この数字は、アメリカ合衆国、イギリス、中国に次ぐ数字であり、きわめて多くの日本人学生がカナダで学んでいる。

　また、カナダは「多文化主義」を国是とし、多様な文化から成り立つ社会として、ポスト国民国家の政策議論では必ず言及される国である。とりわけ学校教育面では、英語とフランス語の2言語を公用語と制定していることから、バイリンガル教育の先進的事例として、日本の関係者から「熱い」視線を送られてきた。経済における国際化の進展とともに、日本人に対する英語教育を議論する際、あるいは日本へやってくる外国人子弟の教育を議論する際、カナダの事例が必ずといってもよいほど言及されるようになった。

　このようにカナダは私たちにとって「遠い」存在ではなくなりつつあるはずなのに、肝心のカナダの学校教育制度やその改革動向については、極めて限定された情報しか日本には紹介されてこなかった。その結果、カナダの教育は多様であるという基本的認識もないまま、もしくは逆にこうした基本認識のみが先行してしまい、「カナダと日本は違いが大きいから、カナダの教育は参考にならない」、と見過ごされてきたのかもしれない。

　いずれにせよ、日本語ではまとまったカナダの教育情報を得ることができない現状を少しでも打開すべく、カナダ教育研究会がとりまとめ役となり、気鋭の若手研究者も多数参加して、まさに最新の情報をもとに「今日のカナダ教育」を紹介する本書が誕生した。カナダ教育研究者の第一線級の研究者から現在日本やカナダの大学院で学ぶ若き研究者まで、総勢20名に及ぶ執筆陣が各自の得意とする分野を担当した本書は、まさしく今日のカナダ教育研究の最前線を伝えるものである。

　すでに本書で明らかにされたように、今の日本の教育改革は、画一化され

硬直化してしまった教育システムをかえるべく、従来のカナダ的教育を志向する一方、カナダの教育改革のベクトルは、従来の日本的教育を志向している。とはいえ、両国とも財政の均衡をはかる政策の影響をうけて、教育分野における支出削減が課題となっていることや、経済と教育との関係が一層深まりつつあることなど、共通点も少なくない。今や、政策はそれぞれの国が独自に行うものというよりも、有効な政策となれば、国をとわず、極めて短期間に普及するものであることを証明しているといえよう。

　もちろん、カナダにおける教育改革の動きは教育全般にわたっている。しかし、その中で一番重視されているのが、青少年の教育を担う初等中等教育である。そこで、本書はこの初等中等教育に焦点を当てている。日本の初等中等教育改革を考えるうえで一助になるだろう。

　最後になったが、本書ができあがるまでには多数の方々のお力添えをいただいた。桑原敏明・筑波大学名誉教授と中川文雄・筑波大学名誉教授のお二方には原稿の段階からお世話になり、また本書に彩りをそえている写真や資料を快く提供してくださったカナダ大使館とケベック州政府東京事務所、そしてカナダの諸機関・組織をはじめ、ここにお名前を挙げることを略させていただいた多くの方々にお礼を申し上げたい。

　なお、幸いにして本書は2002/2003年度のカナダ首相出版賞受賞の栄誉に浴した。ここにカナダ政府と在日カナダ大使館関係者に心からお礼を申し上げるとともに、学術出版事情が厳しい今日、「カナダの教育をもっと日本に紹介しましょう」と本書の出版を引き受けていただいた東信堂社長の下田勝司氏にも、改めて感謝申し上げたい。

　カナダの教育は多様だからこそ面白い。この「面白さ」を少しでも読者にお伝えすることができれば、編集のお手伝いをした者としては望外の喜びである。

　　　2003年夏

溝上 智恵子

■執筆者紹介(執筆順)　○印編者

○小林　順子(奥付編者紹介参照)
○小川　洋(奥付編者紹介参照)
○関口　礼子(奥付編者紹介参照)
　岡部　敦(おかべ　あつし)
　　・北海道立札幌手稲高等学校／北海道大学大学院教育学研究科
　　・教育行政、教育制度、カリキュラム(中等教育・中等後教育)専攻
　　・著書や論文:「カナダ・アルバータ州における高校教育改革School Career Transitions Initiativeの成立とそのカリキュラムに関する考察」『北海道大学大学院教育学研究科紀要』第85号、2002年
　栗原　和子(くりはら　かずこ)
　　・東京都立国立高等学校
　　・アルバータ州における教員養成の研究
　　・著書や論文:「異文化交流をめざしたオーラル・コミュニケーションの授業」『都立日野台高校紀要』第10号、1996年
　平田　淳(ひらた　じゅん)
　　・弘前大学教育学部
　　・教育行政学専攻
　　・著書や論文:「カナダの校則—カナダ・オンタリオ州における『安全な学校法』と『行動規範』」『東京大学大学院教育学研究科教育行政学研究室紀要』第21号、2002年
　成島　美弥(なるしま　みや)
　　・トロント大学ムンク国際学センター内アジア研究所
　　・成人教育、生涯学習、ＮＰＯとボランティア活動、高齢期の発達と学習の研究
　　・著書や論文:「高齢者ボランティア活動の変わり行く意味と役割」『豊かな高齢化社会の探究』vol. 8、2000年
　坂本　光代(さかもと　みつよ)
　　・ウエスタンオンタリオ大学文学部現代語学・文学科
　　・バイリンガリズム、外国語教育の研究
　　・著書や論文:"Exploring Societal Support for Language Learning and L1 Maintenance: A Socio-cultural Perspective", *Australian Review of Applied Linguistics*, 24(2), 2001
　成嶋　隆(なるしま　たかし)
　　・新潟大学法学部
　　・憲法・教育法専攻
　　・著書や論文:『憲法の歴史と比較』(比較憲法史研究会編)　日本評論社、1998年
○溝上　智恵子(奥付編者紹介参照)
○浪田　克之介(奥付編者紹介参照)
　品田　実花(しなだ　みか)
　　・北海道大学大学院国際広報メディア研究科
　　・言語政策、多文化主義政策、カナダ地域研究専攻
　　・著書や論文:「言語政策の観点から見る言語教育—非公用語とその話者を中心に」『カナダ教育研究』第1号、2002年

風間　香織(かざま　かおり)
- 浦和ルーテル学院
- ケベック州における第二言語としての英語教育
- 著書や論文:「ケベック州仏語系学校における第二言語としての英語教育」『カナダ教育研究』第1号、2002年

浪田　陽子(なみた　ようこ)
- ブリティッシュ・コロンビア大学大学院カリキュラム研究科
- メディア・リテラシー、教育社会学専攻

児玉　奈々(こだま　なな)
- 早稲田大学大学院教育学研究科／日本学術振興会特別研究員
- 比較教育、多文化教育専攻
- 著書や論文:「公教育コンテクストでの多文化教育の可能性」『国際教育』第7号、2001年

時田　朋子(ときた　ともこ)
- モントリオール大学大学院教育学研究科
- マルチリンガリズム、第二・第三言語教育専攻
- 著書や論文:「カナダにおけるアロフォンのトライリンガリズム」『カナダ教育研究』第1号、2002年

広瀬　健一郎(ひろせ　けんいちろう)
- 文化女子大学室蘭短期大学
- 先住民教育・多文化教育専攻
- 著書や論文:「カナダにおける先住民教育権の保障に関する研究」『文化女子大学室蘭短期大学研究紀要』第26号、2003年

下村　智子(しもむら　ともこ)
- 広島大学大学院教育学研究科／日本学術振興会特別研究員
- ヌナブト準州における教育政策、イヌイットの教育専攻
- 著書や論文:「多文化社会における『シティズンシップ』―カナダ先住民イヌイットを事例として」『比較教育学研究』第28巻、2002年

宮本　健太郎(みやもと　けんたろう)
- オンタリオ教育研究所・トロント大学大学院教育学研究科
- 演劇教育・言語教育・教育課程専攻
- 著書や論文:「カナダにおけるメディア・リテラシー教育」『生涯学習社会におけるメディア・リテラシーに関する総合的研究最終報告書―比較教育編』(国立教育政策研究所編)、2002年

水畑　順作(みずはた　じゅんさく)
- 文部科学省初等中等教育局施設助成課
- 教育行財政、教育政策、創造性と教育、カナダの教育行財政・教育政策専攻

索 引

【欧字】

CEGEP（一般教育・職業専門教育
　コレージュ）　　　　98, 100, 121, 159
KPI政策（Key Performance Indicators）　159
NPO（非営利組織）　　46, 54, 148, 153-157

【ア行】

アカウンタビリティ　　　　18, 60, 66,
　　　　　　　　　　　　76-86, 88, 159
アカディアン　　　　　　　　　　138
アプレンティスシップ　　　　　13, 152
アロフォン　　　　　　　　　　　221
アングロフォン　　　　　　　　　222
遺産言語　　　　65, 82, 170, 173, 215, 226
遺産言語教育プログラム（PELO）　223-224
遺産省　　　　　　　　　　　172, 220
イタリア系　　　　　　　　　　　224
イヌイット　　　　131, 232, 239, 243-245
イヌイットとしてのアイデンティティ　244
イヌクティトゥト語　　　　168, 243, 245
イマージョン教育（プログラム）　　44,
　　　　　　　　　　　　　　88, 174, 222
移民言語　　　　　　　　　　　　170
インターネット　　　　156, 180, 187, 191,
　　　　　　　　　　　195-197, 206-211
『インディアン教育はインディアン
　の手で』　　　　　　　　　　234-235
インディアンとしてのアイデンティ
　ティ　　　　　　　　　　　　　234
インディアン法　　　　131, 232-234, 249
インディアン問題北方開発省　　　131,
　　　　　　　　　　　233-242, 246-250
ウクライナ系　　　　　　　　32, 215
英語系教育委員会　　　　　　　　138
遠隔教育　　　　　　　149, 153, 180, 196

応用学士　　　　　　　　　　160-161
王立先住民委員会　　　　　　237, 246
オカ危機　　　　　　　　　　　　246
オルタナティブ・スクール（コース）　27,
　　　　　　　　　　　　　35, 52, 68
オンタリオ州教員協会（OCT）　　　87

【カ行】

カウンセラー　　　　　10, 36, 61, 67, 71
『学習者への遺産』（サリバン報告書）　11-12
学習評価　　　　　　　　　　　　110
学校教育達成度指数プログラム
　（SAIP）　　　　　　　　　　　129
学校評議会　　　　　　　　　　　113
家庭との連携　　　　　　　　　　112
カナダ教育担当大臣協議会（CMEC）　129
カナダへの新規移住者に対する言語
　指導（LINK）　　　　　　　　　228
カナディアン・アイデンティティ　　166
カリキュラム（教育課程）改革　　12, 70,
　　　　　　　　　　　　　　103, 118
環境教育　　　　　　　　　　　　 99
義務教育（就学義務）　　　　9, 17, 35-36,
　　　　　　　　　　　67, 113, 130, 194
キャリア教育　　　　　　　　　13, 99
教育コミュニティ　　　　　　101, 114-116
教育宣言　　　　　　　　　　　　102
教育の質とアカウンタビリティに
　関するオフィス（EQAO）　76-79, 82, 86
教員組合　　　　8, 16, 18, 57, 66, 89, 133, 195
教員研修　　　　　　　　　　　91, 94
教員採用　　　　　　　　　　　　 90
教員資格　　　　　　　54-56, 87, 117-118
教員免許　　　　　　　12, 54-56, 87, 245
教員養成　　　　　　　12, 56, 117, 182, 228

教員養成委員会	116-117
教科別進級制	99
ギリシア系	224
言語問題	96, 102, 137
権利及び自由に関するカナダ憲章	130, 171, 219, 239
公教育法	99-101
公用語	98, 102, 108-109, 137, 168-169, 171-172, 215, 222, 227-229, 245
公用語法	169, 215
コミュニティ・カレッジ	11, 14, 148, 150, 158-162, 228
コルボ・リポート	106

【サ行】

識字教育	153, 155
識字テスト	73, 77
識字と基礎技能教育	153
静かなる革命	97, 99-102, 112, 169, 177, 182, 214, 215, 221
事前学習評価認定	71, 150
シティズンシップ教育	149, 218-220
シティズンシップ・テスト	230
児童生徒記録	76
児童生徒に焦点を当てた財政	68
社会統合	219, 229
州学習ネットワーク(PLNet)	193
宗教教育	107, 136, 163
宗教問題	96, 134
州統一試験(テスト)	17, 19, 41, 110
宗派別学校制度	98
宗派別教育委員会制度	97, 102, 136
州民教育会議	101, 105
生涯学習	149-153, 194
消費者教育	99
情報リテラシー	194, 207
職業教育	45-47, 70, 98, 99, 101, 157-158
職場体験学習	13, 51-54
私立学校	67
人種差別	165, 217-218
新保守主義	65, 84, 91, 149
スクールカウンシル(学校評議会)	43, 66, 80-86, 140-146
性差別	156
成人教育	100, 148-151, 154

絶対評価	19, 21, 40, 76
先住民	7, 15, 99, 132, 141, 145, 168, 174, 248
1982年憲法	130, 134, 137, 219
1867年憲法	130, 134, 243
卒業(修了)資格	47, 49, 50, 54, 71, 110, 114, 122
卒業証書	73
卒業要件	13, 37

【タ行】

第二言語教育	173, 182, 186
第二言語としての英語(教育)(ESL)	25, 65, 73, 82, 88, 132, 149, 228
多文化主義	25, 65, 91, 169-172, 214-221, 228
多文化主義法	162, 172, 217
多文化問題	214-216
地域参加活動	71
地域づくり	154
『力を結集して』	246-248
中国系	22-25
中等教育修了資格(修了証明) (卒業証明)(修了証書)	14, 37
中等後教育	45-49, 157
中途退学(ドロップアウト)	14, 42, 73, 101, 113
追加資格コース	90
通知表	19, 112-113
統一カリキュラム	72, 75
統一教材パッケージ(IRP)	18, 193
独立学校(私立学校)	8, 15-16
図書館	43-44, 205-206
飛び級	40, 71
トライリンガル(トライリンガリズム)	225, 226
トルドー，P.	170, 215

【ナ行】

二言語・二文化主義王立委員会	169, 171, 215
『21世紀のためにわれわれの若者を準備する』(コルボ・リポート)	101, 103

【ハ行】

バイリンガル（バイリンガリズム）	168, 176, 182, 226, 245
パートナーシップ	67, 85, 100, 112, 116, 234, 247
パラン審議会	97, 102, 112, 136, 182-183, 185
反人種主義教育	218
バンド・スクール	235
ビジブル・マイノリティ	23, 216, 218
標準テスト	18, 20, 66, 76-85, 91
ファーストネイションズ議会	238, 246-250
フランコフォン	34, 222
フランス語化政策	226
フランス語系教育委員会	137-139
フランス語憲章	98, 137, 184, 222, 226
フランス語振興法	184, 221
フロンティア・カレッジ	154
分離学校制度	135
ポートフォリオ	49, 111
ホーム・スクーリング	16
ボランティア（活動）	72, 74, 148

【マ行】

マイノリティ	104, 162, 220
マギル大学	11, 178, 245
『マッセイ報告書』	163
マニトバ学校問題	138
ミーチ・レイク憲法改正案	246
ミュージアム法	163
民衆教育運動	151, 157
民族言語教育プログラム	224
メディア・リテラシー	191-195, 204
メティス	138, 141, 232, 248
メトロポリス・プロジェクト	220
メンターシップ	53

【ヤ行】

ユニバーシティ・カレッジ	11, 161

【ラ行】

レイジング・グラニーズ	155
レポート・カード（通知表）	74-76

編者紹介

小林　順子（こばやし　じゅんこ）
・清泉女子大学名誉教授
・教育行政・比較教育学専攻
・著書や論文：『カナダの教育1　ケベック州の教育』東信堂、1994年、『史料が語るカナダ』（日本カナダ学会編）有斐閣、1997年、『多文化教育の国際比較』（江原武一編著）玉川大学出版部、2000年

関口　礼子（せきぐち　れいこ）
・大妻女子大学社会情報学部
・教育社会学・比較教育学専攻
・著書や論文：『誕生から死まで：カナダと日本の生活文化比較』勁草書房、1991年、『カナダハイスクール事情』学文社、1997年、『学校図書館が教育を変える：カナダの実践に学ぶもの』全国学校図書館協議会、1999年

浪田　克之介（なみた　かつのすけ）
・北海道情報大学
・応用言語学専攻
・著書や論文：「二言語主義」『カナダ研究入門』（日本カナダ学会編）、日本カナダ学会、1990年、「『多言語主義』のコスト」『言語』第27巻第8号、1998年、「英和辞典に望むこと―カナダの用例から」『英語青年』第147巻第5号、2001年

小川　洋（おがわ　よう）
・聖学院大学
・教育社会学、教育行政学専攻
・著書や論文：『なぜ公立高校はダメになったのか』亜紀書房、2000年

溝上　智恵子（みぞうえ　ちえこ）
・筑波大学図書館情報学系
・高等教育政策、生涯学習、文化政策専攻
・著書や論文：『短大からコミュニティ・カレッジへ』（舘昭編）東信堂、2002年、「国民統合と文化政策の形成」『文化経済学』第2巻第2号、2000年

Education in Canada at the Dawn of the 21st Century

21世紀にはばたくカナダの教育（カナダの教育2）

2003年9月20日　初　版第1刷発行　〔検印省略〕

＊定価はカバーに表示してあります

編著者ⓒ　小林順子　関口礼子　浪田克之介／発行者　下田勝司
小川　洋　溝上智恵子

印刷・製本　中央精版印刷

東京都文京区向丘1-20-6　郵便振替00110-6-37828
〒113-0023　TEL (03) 3818-5521代　FAX (03) 3818-5514

株式会社　発行所　東信堂

Published by TOSHINDO PUBLISHING CO., LTD.
1-20-6, Mukougaoka, Bunkyo-ku, Tokyo, 113-0023, Japan

ISBN4-88713-515-7　C3037
E-mail:tk203444@fsinet.or.jp

Education in Canada at the Dawn of the 21st Century
Contents

I — Educational Reform in 1990's — Centered on Primary and Secondary Education
  1. Education in British Columbia: **Yo Ogawa**
    — B.C. as the No.3 Province in Canada
    — Educational Expansion and Reform
    — Trends toward Standardization
    — Immigrants and Education in the 21st Century
  2. Education in Alberta   **Reiko Sekiguchi, Atsushi Okabe, Kazuko Kurihara**
    — Overview of the Educational System
    — Transition from Secondary to Vocational and Post Secondary Education
    — Education, Open to Society
    — Formation and Recruitment of Teachers
  3. Education in Ontario   **Jun Hirata, Mitsuyo Sakamoto, Miya Narushima**
    — Educational Policies and System
    — Curriculum Reform in Secondary Education
    — Learning Assessment and School Accountability
    — Certification and Recruitment of Teachers
  4. Education in Quebec   **Junko Kobayashi**
    — Transformation of the French Legacy in the Educational System
    — Curriculum Reform for the 21st Century
    — Major Strategies for the Implementation of the New Curriculum

II — Major Issues in Education in Canada
  1. Trends in Educational Administration
                        Takashi Narushima, Junko Kobayashi, Jun Hirata
    — Overview of Educational Administration Systems
    — The Constitution and Educational Administration
    — The Constitution and School Board Issues
    — New Trends in School Management
  2. Expansion of Learning Opportunities for Adults
                                    Chieko Mizoue, Miya Narushima
    — Building-up a Life-long Learning Society in Canada
    — Policies for Colleges
    — Policies for Museums

3. Characteristics of Language Instruction in Canada
   Katsunosuke Namita, Mika Shinada, Kaori Kazama
   − Background of Language Instruction
   − Language Instruction in Canada
   − Instruction of English as a Second Language in Quebec
4. Information Technology and Education
   Reiko Sekiguchi, Atsushi Okabe, Yoko Namita
   − Policies on IT for Primary Schools in B. C.
   − IT Courses in Senior High School Curriculum in Alberta
   − IT Library Program Integration into Classroom Instruction
   − IT as Transformer of School Education
5. Multicultural Issues and Education   **Nana Kodama, Tomoko Tokita**
   − Multicultural Issues and Education in Ontario
   − Quebec's Challenge to Coordinate French Language Survival and Multicultural/Multilingual Issues
   − Official Language Instruction for Adult Immigrants
6. Federal Policies on Education for First Nations
   Ken-ichiro Hirose, Tomoko Shimomura
   − Legal Systems of Education for the First Nations
   − Aboriginal Jurisdiction over Education
   − Educational Administration under *Gathering Strengths-Canada's Aboriginal Action Plan*

   Collaborators: Kentaro Miyamoto, Junsaku Mizuhata

Acknowledgement

This publication is the recipient of 'CANADIAN PRIME MINISTER'S AWARD FOR PUBLISHING', 2002−2003

― 東信堂 ―

比較・国際教育学〔補正版〕	石附 実編	三五〇〇円
比較教育学の理論と方法	J・シュリーバー編著 馬越徹・今井重孝監訳	二八〇〇円
世界の教育改革	佐藤三郎編	三六〇〇円
教育改革への提言集—21世紀への架ケ橘		二八〇〇円
世界の公教育と宗教	日本教育制度学会編	五四二九円
教育は「国家」を救えるか〔現代アメリカ教育1巻〕	江原武一編	二八〇〇円
永遠の「双子の目標」—質・均等・選択の自由〔現代アメリカ教育2巻〕	今村令子	三五〇〇円
新版・変革期のアメリカ教育〔大学編〕—多文化共生の社会と教育	今村令子	二八〇〇円
アメリカのバイリンガル教育—新しい社会の構築をめざして	金子忠史	四四六六円
ホームスクールの時代—学校へ行かない選択、アメリカの実践	米藤美津子	三二〇〇円
ボストン公共放送局と市民教育—マサチューセッツ州産業エリートと大学の連携	M・メイベリー J・ノウルズ他 秦明夫・山田達雄監訳	二〇〇〇円
現代英国の宗教教育と人格教育（PSE）	赤堀正宜	四七〇〇円
ドイツの教育	新井浅浩編	五二〇〇円
21世紀を展望するフランス教育改革—一九八九年教育基本法の論理と展開	天野正治 別府昭郎 結城忠編著	四六〇〇円
フランス保育制度史研究—初等教育としての保育の論理構造	小林順子編	八六四〇円
変革期ベトナムの大学	大塚豊監訳 D・スローパー、レ・タク・カン編	七六〇〇円
フィリピンの公教育と宗教—成立と展開過程	市川誠	三八〇〇円
社会主義中国における少数民族教育	小川佳万	五六〇〇円
東南アジア諸国の国民統合と教育—多民族社会の展開	村田翼夫編著	四六〇〇円
現代の教育社会学—教育の危機のなかで	能谷一乗	四四〇〇円
教育評価史研究—教育実践における評価論の系譜	天野正輝	二五〇〇円
日本の女性と産業教育—近代産業社会における女性の役割	三好信浩	四〇七八円
		二八〇〇円

〒113-0023　東京都文京区向丘1-20-6
☎03(3818)5521　FAX 03(3818)5514　振替 00110-6-37828
E-mail:tk203444@fsinet.or.jp

※税別価格で表示してあります。

―― 東信堂 ――

大学の自己変革とオートノミー ―点検から創造へ―	寺﨑昌男	二五〇〇円
大学教育の創造 ―歴史・システム・カリキュラム	寺﨑昌男	二五〇〇円
大学教育の可能性 ―教養教育・評価・実践・ [シリーズ教養教育改革ドキュメント・監修寺﨑昌男・絹川正吉]	寺﨑昌男	二五〇〇円
立教大学へ〈全カリ〉のすべて ―リベラル・アーツの再構築	全カリの記録編集委員会編	二一〇〇円
ICUへリベラル・アーツのすべて	絹川正吉編著	二三八一円
大学の授業	宇佐美寛	二五〇〇円
作文の論理 ―〈わかる文章〉の仕組み	宇佐美寛編著	一九〇〇円
大学院教育の研究	バートン・R・クラーク編 潮木守一監訳	五六〇〇円
大学史をつくる ―沿革史編纂必携	寺﨑・別府・中野編	五〇〇〇円
大学の誕生と変貌 ―ヨーロッパ大学史断章	横尾壮英	三二〇〇円
大学授業研究の構想 ―過去から未来へ	京都大学高等教育教授システム開発センター編	二四〇〇円
大学評価の理論と実際 ―自己点検・評価ハンドブック	H・R・ケルズ 喜多村和夫監訳	三二〇〇円
アメリカの大学基準成立史研究 ―「アクレディテーション」の原点と展開	前田早苗	三八〇〇円
大学力を創る・FDハンドブック	大学セミナー・ハウス編	二三八一円
私立大学の財務と進学者	丸山文裕	三五〇〇円
私立大学の経営と教育	丸山文裕	三六〇〇円
短大ファーストステージ論	舘昭高鳥正夫編	二〇〇〇円
短大からコミュニティ・カレッジへ ―飛躍する世界の短期高等教育と日本の課題	舘昭編	二五〇〇円
夜間大学院 ―社会人の自己再構築	新堀通也編著	三二〇〇円
現代アメリカ高等教育論	喜多村和之	三六八九円
アメリカの女性大学：危機の構造	坂本辰朗	二四〇〇円
アメリカ大学史とジェンダー	坂本辰朗	五四〇〇円
アメリカ教育史の中の女性たち ―ジェンダー、高等教育、フェミニズム	坂本辰朗	三八〇〇円

〒113-0023　東京都文京区向丘1―20―6
☎03(3818)5521　FAX 03(3818)5514　振替 00110-6-37828
E-mail:tk203444@fsinet.or.jp

※税別価格で表示してあります。

東信堂

[世界美術双書]

バルビゾン派	井出洋一郎	二〇〇〇円
キリスト教シンボル図典	中森義宗	二三〇〇円
パルテノンとギリシア陶器	関 隆志	二三〇〇円
中国の版画――唐代から清代まで	小林宏光	二三〇〇円
象徴主義――モダニズムへの警鐘	中村隆夫	二三〇〇円
中国の仏教美術――後漢代から元代まで	久野美樹	二三〇〇円
セザンヌとその時代	浅野春男	二三〇〇円
日本の南画	武田光一	二三〇〇円
画家とふるさと	小林 忠	二三〇〇円
ドイツの国民記念碑――一八一三年－一九一三年	大原まゆみ	二三〇〇円

[芸術学叢書]

芸術理論の現在――モダニズムから	谷川渥編	三八〇〇円
絵画論を超えて	藤枝晃雄編	四六〇〇円
幻影としての空間――図学からみた東西の絵画	尾崎信一郎	三七〇〇円

芸術／批評 0号	責任編集 藤枝晃雄	一九〇〇円
美術史の辞典	P・デューロ他 中森義宗・清水忠訳	三六〇〇円
都市と文化財――アテネと大阪	関 隆志編	三八〇〇円
図像の世界――時・空を超えて	中森義宗	二五〇〇円
アメリカ映画における子どものイメージ――社会文化的分析	K・M・ジャクソン 牛渡 淳訳	二六〇〇円
キリスト教美術・建築事典	P・マレー/L・マレー 中森義宗監訳	続刊
イタリア・ルネサンス事典	H・R・ヘイル編 中森義宗監訳	続刊

〒113-0023 東京都文京区向丘1―20―6
☎03(3818)5521 FAX 03(3818)5514 振替 00110-6-37828
E-mail:tk203444@fsinet.or.jp

※税別価格で表示してあります。